D1722630

Alano-Verlag

TILMAN HARLANDER / HEINRICH WAHLEN (HG.)

GERÜSTE BRAUCHTEN WIR NICHT

GENOSSENSCHAFTLICHER WOHNUNGSBAU IM AACHEN DER NACHKRIEGSJAHRE

Titelfoto: Privatarchiv R. Kugelmeier

CIP-Titelaufnahme der Deutschen Bibliothek

Gerüste brauchten wir nicht
Genossenschaftlicher Wohnungsbau im Aachen der Nachkriegsjahre
Tilman Harlander; Heinrich Wahlen (Hg.). - 1. Aufl. - Aachen :
Alano, 1989
    ISBN 3-924007-94-2
NE: Harlander, Tilman [Hrsg.]

© by Alano Verlag/Rader Publikationen
Kongreßstr. 5
D-5100 Aachen
Titelgestaltung: Scala Design, Aachen
Druck: Becker-Kuns GmbH, Aachen
Alle Rechte vorbehalten

ISBN 3-924007-94-2

Inhalt

Vorwort

Der vorliegende Band ist das Ergebnis einer Kooperation. Einer Kooperation zwischen einem gemeinnützigen Aachener Wohnungsunternehmen, der Baugenossenschaft Eigenheimbau Aachen e.G., und einer Forschungsgruppe am Lehrstuhl für Planungstheorie der RWTH Aachen, die sich in dem Bemühen trafen, "Erinnerungsarbeit" und historische Forschung auch für die Diskussion aktueller wohnungspolitischer Probleme fruchtbar zu machen.

Ausgangspunkt waren die Arbeiten der Forschungsgruppe, die sich im Rahmen einer umfangreicheren, von der Stiftung Volkswagenwerk geförderten Forschungsarbeit über "Organisierte Gruppenselbsthilfe im Kleinsiedlungsbau in der Bundesrepublik zwischen 1949 und 1956" innerhalb der empirischen Fallstudien auch eingehend mit dem frühen Siedlungsbau in Aachen und der "Eigenheimbau" beschäftigt hatte. Unabhängig von der Rechtsform - die Genossenschaft war im Kleinsiedlungsbau eher die Ausnahme - wird dabei der gesamte Bereich des "wilden Siedelns" und des Kleinsiedlungsbaus als zweiter Ast einer historischen "Selbsthilfebewegung von unten" im Wohnungsbau verstanden. Mit der Aufarbeitung der Nachkriegserfahrungen im (Gruppen-)Selbsthilfebau versucht die Forschungsgruppe, einerseits generell der aktuellen Selbsthilfedebatte im Wohnungsbau Impulse zu geben und zugleich andererseits in einem lange vernachlässigten Bereich zu einer Sozialgeschichte des Wohnens beizutragen.

Die "Gründerjahre" der "Eigenheimbau" und die Geschichte des Aachener Siedlungsbaus der Nachkriegszeit sind so eng miteinander verflochten, daß die Herausgabe eines eigenen Bandes, der sich die Rekonstruktion dieses Stücks Ortsgeschichte zum Ziel setzt, sinnvoll erschien. Daher wurden aus der Forschungsarbeit neben einem einführenden ideologiekritischen Aufsatz zum wohnungspolitischen Hintergrund des Kleinsiedelns (Harlander) die Beiträge ausgewählt, die sich mit der kommunalen wohnungspolitischen Debatte (Betker, Hater), mit der katholischen Siedlungsarbeit (Gödde), mit der Organisation der Selbsthilfe bei der "Eigenheimbau" (Hater) und mit den Ergebnissen der Siedlungstätigkeit (Betker, Gödde) in Aachen beschäftigen.

7

Für die Ende 1948 gegründete "Eigenheimbau", die im Mai 1949 mit der Siedlung Hörnhang die erste Grundsteinlegung begehen konnte, waren 40 Jahre Unternehmensgeschichte Anlaß und Gelegenheit, mit dem Rückblick auf die im Kontext der allgemeinen (Bau-)Wirtschaftsentwicklung interpretierten Veränderungen des eigenen Selbstverständnisses und der damit korrespondierenden Bauleistungen (Wahlen I) grundsätzlichere Erwägungen zur historischen und aktuellen Rolle genossenschaftlicher Selbstorganisationen zu verbinden (Wahlen II). Tatsächlich erscheint es angesichts der ab 1990 wirksamen Abschaffung der Wohnungsgemeinnützigkeit dringlicher denn je, die Perspektiven dieses in besonderer Weise sozial verpflichteten und sozial verantwortlichen Teils der Wohnungswirtschaft grundsätzlich zu reflektieren. Vorausgesetzt, man hält einen Konsens über sozialverträgliche Verhaltensbindungen auf dem Wohnungsmarkt auch dann für notwendig, wenn der Gesetzgeber ihre Einhaltung nicht mehr kontrolliert. Vielleicht besteht auf diesem Feld auch eine besondere "Bringschuld" der Genossenschaften, die möglicherweise allzu lange im großen Verbund gemeinnütziger Wohnungsunternehmen ihre eigene Identität nicht mehr hinterfragten.

"Erinnerungsarbeit" und historische Forschungen gelingen nicht ohne die Mithilfe einer Vielzahl von Personen und Institutionen. Ganz besonders möchten wir uns zunächst bei den Siedlern selbst und bei den zur Gründergeneration der "Eigenheimbau" gehörenden Mitgliedern Heinz Wahlen und Dr. Friedrich Reiff sowie bei dem langjährigen Architekten der Genossenschaft, Herbert Nowack, für ihre vielfältige Hilfe bedanken. Neben dem Archiv der "Eigenheimbau", dem Stadtarchiv und dem Archiv der Aachener Volkszeitung war für uns vor allem auch der Zugang zum Bischöflichen Diözesanarchiv von besonderer Bedeutung, den uns dankenswerter Weise dessen Leiter, Hans-Günther Schmalenberg, ermöglichte. Gedankt sei auch Robert Kugelmeier für die freundliche Überlassung seines Bildmaterials, Florian E. Schweitzer für die Reproduktionsarbeiten und all den Dienststellen der Stadt Aachen, wie dem Stadtplanungsamt, dem Liegenschaftsamt und dem Katasteramt, die unsere Arbeit unterstützt haben, sowie der Stadtsparkasse Aachen für ihre freundliche finanzielle Hilfe.

Aachen, im Juni 1989   T.H., H.W.

Tilman Harlander

Kleinsiedlung und Selbsthilfe im Wiederaufbau

Heute ist die Kleinsiedlung als Wohnform fast vollständig in Vergessenheit geraten. Nur die wenigsten verbinden noch mit diesem Begriff das ursprüngliche Bild von einem einfachen Häuschen am Stadtrand mit einem Wirtschaftsraum und einer Landzulage für Gartenbewirtschaftung und Kleintierhaltung, die ausreichend groß bemessen sein sollte, um den Familien einen fühlbaren Beitrag zum Lebensunterhalt zu ermöglichen. (1) Dabei stand die Kleinsiedlung wie schon in der Zeit der Weltwirtschaftskrise (2) auch in den Notzeiten nach Ende des 2. Weltkrieges zunächst wieder im Zentrum der Auseinandersetzungen um den Wohnungsbau der Zukunft. Bis Anfang der 50er Jahre war, neben der Trümmerbeseitigung und dem unmittelbaren Wiederaufbau zerstörter Häuser, Wohnungsneubau in Aachen wie anderswo in der Regel zunächst einmal Kleinsiedlungsbau.

Wie in den früheren schweren Notzeiten in diesem Jahrhundert, wenn Geld und Baustoffe knapp, aber Arbeitskräfte im Überfluß vorhanden waren, erinnerte man sich der Werte der Selbsthilfe und der Kleinsiedlung, in deren Förderung sich immer wohnungs- und wirtschaftspolitische Zielsetzungen verbinden ließen.

Doch gerade in den ersten Nachkriegsjahren konnte von einer gezielten staatlichen Kleinsiedlungsförderung noch kaum die Rede sein, auch wenn hier zwischen den einzelnen Bundesländern erhebliche Unterschiede bestanden. Wäre hier nicht die Kirche in die Bresche gesprungen, wären die überall entstehenden Siedlergruppen und Siedlergemeinschaften oft genug ohne jede Unterstützung geblieben.

Mit der Ausbreitung eines massenhaften, nicht kanalisierten "Siedlungswillens" mußte man andererseits die Ausbreitung einer Vielzahl von "wilden", ungeregelten Siedlungsformen fürchten - ein weiterer wichtiger Impuls für staatliches Handeln, an den der Deutsche Siedlerbund (DSB) 1948 nachdrücklich erinnerte: Die beispiellose Not erfordere "gebieterisch, daß alsbald praktisch etwas geschieht. Sonst besteht die große Gefahr, daß die enttäuschten Siedlermassen uns völlig aus der Hand gleiten und diese zu einer unorganisierten

Selbsthilfe, zu einem wilden Bauen und Siedeln auf einem irgendwie selbst beschafften Siedlungsgelände schreiten." (Der Siedler 2/1948,4) Anders als in früheren Zeiten waren nun nicht in erster Linie die Arbeitslosen die wichtigste soziale Zielgruppe für die Kleinsiedlung, sondern die von den Folgen des Krieges unmittelbar betroffenen Ausgebombten, Flüchtlinge, Vertriebenen etc. Vor allem für die häufig aus ländlichen Verhältnissen kommenden Vertriebenen erschien die Kleinsiedlung als ideales Mittel ihrer Integration und Verwurzelung. So Lukaschek, Bundesminister für Angelegenheiten der Vertriebenen: "Ein neues Heimatgefühl gewinnen werden viele Vertriebene erst dann, wenn sie wieder eigenen Boden unter den Füßen spüren und ein angemessenes Heim ihr eigen nennen dürfen ... Ich begrüße daher von ganzem Herzen die Bestrebungen, die Kleinsiedlung nach Kräften zu fördern." (Der Siedler 1950,82f.)

Mit der Verabschiedung des ersten Wohnungsbaugesetzes (I. WoBauG) von 1950 verlor die Kleinsiedlung ihre Sonderstellung und mußte mit dem sozialen Mietwohnungsbau und zunehmend auch mit dem Eigenheimbau konkurrieren - eine Konkurrenz, der die Kleinsiedlung mit dem Fortschreiten des "Wirtschaftswunders" immer weniger gewachsen war. Mit dem II. WoBauG ab 1956 bzw. bei genauerem Hinsehen bereits ab 1953 verlor der Kleinsiedlungsbau rasch an Gewicht und sank in der Folgezeit fast bis zur Bedeutungslosigkeit ab. In den Städten und so auch in Aachen setzte dieser Bedeutungsverlust eher noch früher ein, war aber im wesentlichen ebenso wie auf dem Land und in den Kleinstädten Reflex der grundsätzlichen gesellschafts- und wohnungspolitischen Weichenstellungen auf Bundes- und Landesebene, die im folgenden, auf die Kleinsiedlung bezogen, kurz zusammengefaßt werden sollen.

Hervorstechend ist zunächst die nahezu einhellige Bejahung und Unterstützung der Kleinsiedlung in den ersten Nachkriegsjahren durch fast alle politischen Kräfte. Speziell aus konservativen und kirchlichen Kreisen wurde der Kleinsiedlung allerhöchste Bedeutung im Wiederaufbau zuerkannt.

Die Richtung gab etwa die CSU schon 1946 in ihrem von Franz-Josef Strauß mitverfaßten Grundsatzprogramm an: "Wir bekämpfen die Mietskasernen und die lichtlosen Hinterhöfe. Wir treten ein für die Verwurzelung der Familie in Grund und Boden, besonders durch eine umfassende Siedlungspolitik." (in: Flechtheim 1963,215). Auch die CDU legte sich in ihren "Düsseldorfer Leitsätzen" von 1949 auf die Bevorzugung "einer wirtschaftlichen Form des Kleinhauses - Einfamilienhaus und Kleinsiedlung -" fest. (in: Flechtheim 1963,75) Standen konservative Politiker zudem der Siedlerbewegung nahe, wie dies etwa bei Heinrich Lübke, damals Landwirtschaftsminister von Nordrhein-Westfalen und Vorsitzender der wiedergegründeten Gesellschaft zur Förderung der inneren Kolonisation, der Fall war, so fanden sich auch innerhalb der Eigentumsförderung klare Prioritätensetzungen zugunsten der Kleinsiedlung: "1. Bei den Bemühungen um die Lösung der Wohnungsfrage sollte die Kleinsiedlung als die ideale Wohnform im Vordergrund stehen. 2. In zweiter Linie sollte der Eigenheimbau gefördert werden. Miethäuser sollten nur dort entstehen, wo eine andere Bauweise den gegebenen Verhältnissen nicht entsprechen würde." (Die Volksheimstätte, 11/1949,9) Auch Paul Lücke, damals Vorsitzender des Wohnungsbauausschusses im Deutschen Bundestag und späterer Wohnungsbauminister, sah in der Kleinsiedlung "die Idealform der Krisenfestmachung entwurzelter Menschen" (Die Volksheimstätte 2/1951,3).

Schließlich sei in der Reihe prominenter CDU-Politiker Konrad Adenauer aufgeführt, der im Zuge der sich verschärfenden Debatte um die Novellierung des I. WoBauG 1951 öffentlich erklärte: "Zum Begriff der Familie gehört das Eigentum, nicht nur das Eigentum an beweglichen Gütern, sondern auch das Eigentum am Familienheim. Die Schaffung von Eigenheimen muß deshalb als sozial wertvollster und am meisten förderungswürdiger Zweck staatlicher Wohnungsbau- und Familienpolitik anerkannt werden. Das Eigenheim soll und darf kein Reservat kleinerer Schichten sein, im Gegenteil soll gerade der Besitzlose durch Sparen, Selbsthilfe und öffentliche Förderungsmittel zum Eigenheim gelangen und so der Proletarisierung und der Vermassung entrissen werden. Das Siedlungshaus mit Garten ist nach jeder Richtung hin als die glücklichste Verwirklichung des Familienheimgedankens anzusehen ... 10.000 Eigenheim-Siedlungshäuser im Eigentum von Flüchtlingen, Ausgebombten und Besitzlosen sind auf die Dauer nach meiner Überzeugung sozial viel wertvoller als 20.000 Mietwohnungen in großen Wohnblocks im Eigentum einer kollektiven Baugenossenschaft." (zit. in Schwender 1959,498) Krisensicherung, Eigentumsbildung, Entproletarisierung, Verwurzelung mit dem Boden - hier geriet die Kleinsiedlung einmal mehr zum gewiß überfrachteten Allheilmittel für all die auch von der konservativen Großstadtkritik seit 100 Jahren vorgebrachten Leiden an der industriellen Gesellschaft und der mit dem Verstädterungsprozeß wachsenden Anonymität, Entwurzelung, Haltlosigkeit etc.

Ein für die 50er Jahre und die in ihnen dominante Form des Versuchs konservativer Vergangenheitsbewältigung - und die sich verschärfenden Auseinandersetzungen im Zeichen des Kalten Krieges - typischer und immer wiederkehrender Gedanke war die Kritik der "Vermassung": Nur der besitzlose und entwurzelte "Massenmensch" sei "verführbar" und anfällig für den Radikalismus von rechts und links. Gerade Wohnblocks böten "einen ausgezeichneten Nährboden für die Ideen der extremen Parteien ... Vermassung kommt nicht von ungefähr. Zu ihr tragen auf jeden Fall die neuzeitlichen 'Wohnmaschinen' eines Corbusier ebenso wie die Mietskasernen alten Stils bei." (Kommentar in Informationsdienst, 1.2.1952,4).

Dieser Vermassung und damit auch der Demagogie der "ewiggestrigen" Rechten ebenso wie den "totalitären Doktrinen" der Kommunisten sollte in der Vorstellung vieler Konservativer die Kleinsiedlung in besonders geeigneter Weise Paroli bieten.

Verblüffend ist daran in der Tat, daß der von den Nationalsozialisten im Rahmen ihrer propagandistisch herausgestellten Großstadtfeindschaft und ihrer Blut- und Bodenideologie so nachhaltig ideologisierte und überformte Siedlungsgedanke offensichtlich in keiner Weise diskreditiert oder infragegestellt wurde. Immerhin hatten die Nationalsozialisten die Umstellung des ursprünglichen Brüningschen Kleinsiedlungsprogramms für Erwerbslose von einer primär sozialpolitisch motivierten Wohlfahrtsmaßnahme zu einer in der Aufrüstungsphase auf die Gruppe vor allem der (Rüstungs-) Stammarbeiter bezogenen Wirtschaftsmaßnahme vollzogen und die Kleinsiedlung programmatisch zum "Mittelpunkt der Wohnungspolitik des Dritten Reiches" (Fischer-Dieskau 1938,91) gemacht. Nach dem Krieg bereinigte man dann die Kleinsiedlungsbestimmungen von 1936/37 eher stillschweigend um ihre rassischen und politischen Auslesekriterien und ging dort zur Tagesordnung über, wo eine gründliche Auseinandersetzung mit der jüngsten Vergangenheit des Siedlungsgedankens gefordert gewesen wäre.

Die fand etwa im - während der Zeit des Nationalsozialismus gleichgeschalteten - Deutschen Siedlerbund (DSB) eher hinter verschlossenen Türen und offensichtlich nur in den ersten Nachkriegsjahren statt. Natürlich wollte man trotz erheblicher anfänglicher Auseinandersetzungen auch nicht die mühselig wiedergewonnene Einheit einer starken bundesweiten Organisation aufs Spiel setzen. (3) Immerhin wurde in der (Nachkriegs-) Nummer 1 der Zeitschrift des DSB "Der Siedler" das Ziel der "Bereinigung der Kleinsiedlung von nationalsozialistischen Aktivisten" (1/1948,3) formuliert und vor dem Hintergrund einer Reihe von "Portraits" führender Persönlichkeiten des DSB, die diese als Verfolgte oder "Nicht-Beförderte" der NS-Zeit auswiesen, im August 1949 befriedigt festgestellt, daß der DSB nicht mehr derselbe sei wie vor 1945. (8/1949,4) In diesen Zusammenhang gehört auch der Versuch einer gewissen, in der Praxis aber wenig bedeutsamen Annäherung des DSB an den DGB, dem man sich etwa in der Frage des Arbeiterhausbesitzes durch das Festhalten am Selbstversorgerstatus der Kleinsiedlung und ihren sozialen Bindungen 1951 eher verbunden fühlte als dem Haus- und Grundbesitzerverein. (Der Siedler 1951/123)

Vor allem aber formte und prägte die Siedlungsprogrammatik der Nachkriegszeit eine Kraft, die auch in anderen Bereichen zunächst sehr einflußreich den "moralisch-ethischen Wiederaufbau" als einzige organisatorisch und moralisch halbwegs intakte Kraft betrieb: die Kirche.

Beide Kirchen entfalteten nach dem Krieg eine intensive Siedlungstätigkeit, die nicht müde wurde, die Verbindung mit der eigenen Scholle als erste Voraussetzung eines gesunden, in dem neu entstehenden demokratischen Staat und in der Kirche verwurzelten Familienlebens hervorzuheben.

"Siedeln tut not": Mit dem Verweis auf die päpstlichen Enzykliken und Verlautbarungen seit "Rerum novarum" Papst Leos XIII. aus dem Jahr 1891 identifizierte etwa die katholische Soziallehre nach den bescheidenen Anfängen der 20er Jahre nun in der praktischen kirchlichen Siedlungsarbeit das "Kernstück der Sozialreform". So erklärte Papst Pius XII. 1941 zur 50-Jahrfeier von "Rerum novarum": "Von allen Gütern, die im Privateigentum stehen können, ist nach der Lehre von 'Rerum novarum' keines mehr naturgemäß als der Boden, das Stück Land, auf dem die Familie wohnt oder von dessen Früchten sie ganz oder wenigstens zum Teil lebt. ... daß im Regelfall nur jene Stabilität, die vom eigenen Boden kommt, aus der Familie die ganz vollkommene und ganz fruchtbare Lebenszelle der Gesellschaft macht". (in: Katholischer Siedlungsdienst 1956,5)

Bereits um die Jahrhundertwende gründeten sich erste katholische Wohnungsbaugenossenschaften aus dem Kreis katholischer Arbeiter- und Kolpinggruppen. 1906 kam es in Bayern zu einem ersten Zusammenschluß im Bayrischen Bauvereinskartell. Ende der 20er Jahre wurde dann - gemeinsam mit der landwirtschaftlichen Siedlungsförderung - der Verband Wohnungsbau und Siedlung e.V. gegründet. Der Verband verfolgte in erster Linie das Ziel, durch Anregung, praktische Beratung und Hilfeleistung den Eigenheimbau zu fördern und zu unterstützen, "denn gerade die Erfahrungen im Siedlungsbau beweisen, daß durch weise Beschränkung der Ansprüche und durch Zusammenschluß aller auch den weniger Bemittelten zu einem Eigenheim verholfen werden kann". (ders.,7) Impulse für die Siedlungsarbeit gingen im folgenden von den Katholikentagen aus, die in ihren Arbeitsgemeinschaften jeweils auch die Siedlungsfrage erörterten und Anregungen für die praktische Siedlungsarbeit gaben. So initiierte die Arbeitsgemeinschaft "Familie und Wohnungsbau" auf dem Katholikentag 1929 in Freiburg den Bau von 100 Eigenheimen für "ausgesteuerte Erwerbslose". 1930 wurde dann durch die Fuldaer Bischofskonferenz eine bischöfliche Hauptarbeitsstelle zur Koordination der katholischen Siedlungsarbeit unter dem Namen "Katholischer Siedlungsdienst" eingerichtet, deren Zentralbüro in Berlin vor allem informatorische, propagandistische und bautechnische Arbeit leisten sollte. (ebd.) Doch bereits im Jahr 1933 wurde die praktische Siedlungsarbeit durch die Nationalsozialisten verboten und 1940 nach der Beschlagnahmung und Auflösung des Berliner Büros durch die Gestapo gänzlich unterbunden.

Nach dem 2. Weltkrieg wurde die katholische Siedlungsarbeit dann 1946/47 durch die Wiedergründung des Katholischen Siedlungsdienstes durch Bischof Kaller und durch erste Gründungen von Selbsthilfe-Siedlergruppen (etwa durch den "Siedlervater" Nikolaus Ehlen) und von Diözesansiedlungswerken rasch vorangetrieben. (4) Vor allem der Aachener "Siedlerbischof" van der Velden richtete die Arbeit des Katholischen Siedlungsdienstes und der in ihm zusammengefaßten Diözesan-Siedlungswerke, Bischöflichen Ämter und der in den verschiedensten Rechtsformen arbeitenden Bau- und Siedlungsunternehmen nicht allein auf die Flüchtlings- und Vertriebenenfragen, sondern generell auf die Förderung des Eigenheimbaus und der Kleinsiedlung, die ihm besonders wichtig war: "Uns ist deshalb die Aufgabe der Siedlung eine Aufgabe, die wir aus einer religiösen Verpflichtung, aus der Verpflichtung des christlichen Brudergeistes erfüllen. Sie ist für uns auch eine Volksaufgabe, die wir mit ihren Mühen auf uns nehmen wollen, um den Menschen wieder Raum zu schaffen. Uns verpflichtet die Unsicherheit des heutigen Wirtschaftslebens, die Unsicherheit der irdischen Existenz, die Problematik, der heute diese Existenz, insbesondere in der Lohnfrage, unterliegt, dem Menschen das Heim so zu gestalten, daß dieses Heim ihm eine gewisse Existenzsicherheit gibt, d.h. daß aus der kleinen Scholle, die zum Haus gehören muß, soviel für die Familie produziert werden kann, daß neben der zusätzlichen Ernährung vielleicht sogar zusätzliche Kleidung geschaffen werden kann. Es schwebt uns als Hauptaufgabe ja vor, eine Heimsiedlung mit einem bescheidenen Haus und einem dazugehörigen Stück Land, auf dem die Familie sich entfalten und mit Fleiß und Ernst durchkommen kann." (Eröffnungsrede anläßlich der Siedlungstagung in Köln-Hohenlind, 14.1.1948, BDA 4)

Die katholische Kirche unterstützte diese Siedlungsarbeit auf vielfältige Weise, gab Land und Geld zur Gründung von Wohnungsbauträgern, sammelte Hilfsfonds zur Unterstützung bedürftiger Siedler und konnte 1955 auf eine stattliche Bilanz zurückblicken: 85.000 neugeschaffene Wohnungen, davon 78% in Eigenheimen. (Katholischer Siedlungsdienst 1956,9) (5)

Als programmatisches Kernanliegen katholischer Siedlungsarbeit wurde vor allem nach 1950 zunehmend weniger die traditionelle Kleinsiedlung, sondern generell die Notwendigkeit der Eigentumsbildung bzw. der Schaffung des sogenannten familiengerechten Heimes hervorgehoben. Mit dieser Zielrichtung griff auch der Deutsche Katholikentag mit seinem vielbeachteten "Altenberger Programm" 1951 in die zunehmend schärfer geführten Auseinandersetzungen um die künftigen Anteile von Mietwohnungs- und Eigentumswohnungsbau nach Verabschiedung des I. WoBauG ein. Darin wurde die "Bevorzugung des Geschoßwohnungsbaus" als "Auswirkung des ersten Wohnungsbaugesetzes" scharf kritisiert und - neben einer wirksamen Bodenreform - eine Novellierung des Gesetzes mit dem Ziel gefordert, "einen erheblichen Teil" der öffentlichen Wohnungsbaumittel "mit der Auflage zu versehen, Eigenheime und Kleinsiedlungen zu schaffen, die ins Eigentum der Bewohner zu überführen sind". (in:

ZfdgS 1952,22) Dabei wurde freilich auch betont, daß Eigentumsbildung und Siedlungsarbeit, wie es der Kölner Diözesanpräses Wöste ausdrückte, "zwar die Voraussetzungen schaffen für ein gesundes Familienleben, aber von sich aus noch keinen Gemeinsinn zeugen". Erst durch die religiös-ethische Weiterführung der Siedlungsarbeit könne das Ziel katholischer Siedlungsarbeit erreicht werden: "die gesunde Familie, religiös verwurzelt in Pfarrei und Kirche, geborgen in Heimat und Volk, mitverantwortlich für Staat und öffentliches Leben." (in: Katholischer Siedlungsdienst 1956,6)

So wurden im Rahmen der kirchlichen Siedlungsarbeit nach und nach all die durch den Nationalsozialismus so belasteten Begriffe wie Boden, Gemeinschaft, Volk, Heimat usw. neu mit christlichen Inhalten gefüllt, gewissermaßen entnazifiziert und wieder verfügbar gemacht - ein Vorgang von immenser Tragweite, den keine andere gesellschaftliche Kraft hätte leisten können.

Die Kirche befand sich in diesen Fragen zumeist in enger Allianz mit der übrigen Siedlerbewegung bzw. ihren wichtigsten Repräsentanten, dem Deutschen Siedlerbund, dem Deutschen Volksheimstättenwerk und der Gesellschaft für innere Kolonisation. Einig waren sich auch diese Organisationen in ihrem Einsatz für das "familiengerechte Heim", die Heimstätte bzw. die "Kleinsiedlung und das Eigenheim als Norm des sozialen Wohnungsbaus" (Informationsdienst, 15.8.1951,2), die staatspolitisch motivierte Förderung der Eigentumsbildung und eine starke bodenreformerische Akzentuierung ihrer Forderungen. Allerdings wich das anfänglich noch stark traditionsgebundene und selbstbewußte Selbstbild etwa des Deutschen Siedlerbundes nach 1950 zunehmend einer Haltung, die mehr und mehr in die Defensive geriet und schließlich - mit wenig Erfolg - um eine zeitgemäße Neubestimmung des Kleinsiedlungsgedankens rang. So sah sich 1953 der Bundesvorsitzende des Deutschen Siedlerbundes, Wüstendörfer, genötigt, hinsichtlich des Kostenvergleichs Kleinsiedlung - Mietwohnung einzuräumen, daß Stockwerkswohnungen billiger und bodensparender, wenn auch von viel geringerem staatspolitischen Wert seien. (Der Siedler 7/1953,122)

Die ausgebliebene Bodenreform und die ansteigenden Bodenpreise sowie die seit Ausbruch der Koreakrise um mehr als 25% gestiegenen Baukosten (6) hatten ihre Wirkung getan, die auch durch vermehrte Selbsthilfeanstrengungen nicht mehr hätte kompensiert werden können. Je entbehrlicher mit steigendem Wohlstand die Kleinsiedlung als Wirtschaftsheimstätte schien, je deutlicher ihr unter dem Gesichtspunkt der Wohnungsversorgung die Mietwohnung und unter eigentumspolitischen Aspekten das Eigenheim mit Garten den Rang abliefen, desto mehr versuchte der Deutsche Siedlerbund etwa ab 1954 wenigstens noch die mögliche städtebauliche Rolle der Kleinsiedlung als eines wichtigen Teils des städtischen Grüns, als "grüne Lunge" und "soziales Grün" zu akzentuieren. (Vgl. z.b. Der Siedler 7/1954; Olschowy 1955,114) Schützenhilfe erhielt er dabei durch die in den 50er Jahren dominanten städtebaulichen Leitbilder, "die gegliederte und aufgelockerte Stadt", (7) die "Stadtlandschaft", die "grüne Stadt". Ziel der Auflockerung und Durchgrünung waren in diesen Leitbildern einer radikalen Umgestaltung der traditionellen Großstadt nicht in erster Linie die Parkanlage und das Ziergrün, sondern das "genutzte Großstadtgrün" (Kühn 1953,148). Allerdings stand in den Planungen der Städtebauer weniger die Kleinsiedlung als vielmehr das Einfamilienreihenhaus mit Garten im Vordergrund. Im Endeffekt war trotz aller hochfliegender Planungen zur Ausdehnung des städtischen Grüns, wie der Politologe von Beyme kritisch anmerkt, ohnehin "die Grünbilanz des Wiederaufbaus ... per saldo negativ geblieben" (1987,81).

Aber es waren beileibe nicht allein konservative und kirchliche Kräfte, die die Kleinsiedlung in der Nachkriegszeit bejahten. Auch Exponenten der SPD-Führung und der Gewerkschaften bekundeten - vorbehaltloser als in der Endphase der Weimarer Republik - ihre Unterstützung des Siedlungsgedankens. So erklärte etwa Kurt Schumacher 1950: "Die Kleinsiedlung - das ist Eigentum mit Garten und Kleintierstall - hat die volle Zustimmung der sozialdemokratischen Partei" (Der Siedler 1950,83) und 1952 in einer vielfach zitierten Rede: "Im Streben von Millionen arbeitender Menschen nach dem eigenen Stück Grund und Boden drückt sich ein kultureller Wille aus, der alle diejenigen Lügen straft, die behaupten, daß die Forderungen der modernen Arbeiterbewegung nur aus materialistischen Motiven stammen. So wie die SPD den Kollektivismus in jeder Form ablehnt, so begrüßt sie alle Anstrengungen zur menschenwürdigen Lebensgestaltung. Sie sieht in jeder Siedlerstelle ein Stück vom Willen zur persönlichen Freiheit und wirtschaftlichen Unabhängigkeit und wird deshalb die Siedlung immer nach Kräften fördern." (Die Volksheimstätte 9/1952,4)

Auch Stenzel vom DGB-Bundesvorstand sah 1949 in der Unterstützung der Kleinsiedlung "eine der vornehmsten Aufgaben der Gewerkschaftsbewegung": "Die Notwendigkeit, Grund und Boden heute neu zu verteilen, und die Notwendigkeit, Millionen von Menschen aufs Land zurückzuführen, Millionen von Menschen krisenfester zu machen durch eine eigene, wenn auch kleine Ackernahrung neben der Tätigkeit in den Betrieben, sind die entscheidenden Aufgaben der Zukunft." (Der Siedler 10/1949,2f.)

Trotz derartiger Bekundungen zur Kleinsiedlung entwickelte sich der Abbau vor allem der großstädtischen Massenwohnungsnot durch den staatlich geförderten sozialen Geschoßmietwohnungsbau zum eigentlichen wohnungspolitischen Anliegen von SPD und Gewerkschaften, in dem Selbsthilfe und Kleinsiedlung kaum mehr einen reformerischen Stellenwert hatten. Es ist sicherlich richtig, daß, wie Niethammer bezogen auf die erste Nachkriegszeit schreibt, der "Verzicht auf den Wiederaufbau des Arbeitervereinswesens und basisnaher Genossenschaften ... bei Kommunisten wie Sozialdemokraten ... in der Illusion (gründete d.Verf.), daß der Kapitalismus bereits abgewirtschaftet habe und der sozialistische Aufbau zum Sachzwang werde". (1979,40) Daher setzte man weniger auf Selbsthilfe, sondern bereitete sich auf weiter fortgeschrittene Stufen der Wirtschaftsdemokratie, auf Sozialisierungen, gemeinwirtschaftliche Planungen mit leistungsfähigen Großbetrieben auch im Wohnungswesen vor und überließ im Siedlungswesen Kirchen und konservativen Kräften ein Feld, das in vieler Hinsicht durchaus eine originäre Arbeiter- und Selbsthilfekultur repräsentierte.

Eine Sonderrolle kam hier der IG Bergbau zu, die sich - aufgrund der Schlüsselstellung des Bergbaus im Wiederaufbau auch mit Erfolg - vehement für eine Vorrangstellung des Eigenheims und der Kleinsiedlung in der Bergarbeiterwohnungsbauförderung einsetzte. (vgl. Schulz 1988b,161ff.) So unterstrich der Hauptvorstand der IG Bergbau 1953 seine Forderungen mit dem Hinweis auf Wohnwunschbefragungen unter Bergleuten, die erbracht hätten, daß unter der Bergarbeiterschaft "der Wille zum Eigenheim nicht nur vorhanden ist, sondern in überragendem Maß" existiere. (Informationsdienst, 15.2.1953,3f.)

So tat sich die SPD auch schwer mit präzisen programmatischen Formulierungen. Im Aktionsprogramm von 1952 heißt es unter dem

Abschnitt "Gesunde Wohnungen für alle", daß je "nach Bedarf" "Kleinsiedlungen, sozial gebundene Eigenheime sowie Wohnungen gemeinnütziger Wohnungsunternehmen bevorzugt gefördert werden" sollten. (in: Flechtheim 1963,78) Als die SPD im Rahmen der auf dem Berliner Parteitag 1954 verabschiedeten Erweiterungen das Augenmerk auch programmatisch verstärkt auf die Kleinsiedlung lenkte, war deren Zeit eigentlich schon vorüber: "... das Verständnis der Wohnungssuchenden für die besonderen Werte der Kleinsiedlung und des Kleineigentums (ist) wieder im Wachsen begriffen. Diese Entwicklung wird von der Sozialdemokratischen Partei Deutschlands nachdrücklich begrüßt." (in: Flechtheim 1963,111)

Die Realität - zumal in den sozialdemokratisch geführten Städten sah ohnehin anders aus. Hier galt es, angesichts eines geschätzten Fehlbedarfs von 5-6 Mio. Wohnungen, der sich in erster Linie auf die Städte konzentrierte, vor allem Wohnraum zu schaffen, viel Wohnraum. So erklärte der einflußreiche Verbandsdirektor des Siedlungsverbands Ruhrkohlenbezirk und Mitglied des Bauausschusses des Deutschen Städtetages Rappaport 1949: "Das Ideal freistehender Kleinhäuser inmitten großer Gärten muß als Fernziel bleiben. Aber als Nahziel kann das Motto nur lauten: Wohnungen, Wohnungen und nochmals Wohnungen." (Der Städtetag 1949,85) Ganz in diesem Sinn ist auch die sechste der 1949 vom Deutschen Städtetag verabschiedeten Forderungen zur Wohnungs- und Städtebaupolitik formuliert: "Neben der zunächst notwendigen Wiederherstellung teilzerstörter Wohnräume, soweit sie wirtschaftlich erhalten sind, muß der Bau einfacher, sozial zweckmäßiger Wohnungen, insbesondere der Neubau zweigeschossiger, im Stadtinnern auch mehrgeschossiger Reihenhäuser im Vordergrund stehen. Der Neubau von Einzelhäusern oder von Doppelhäusern auf Einzelgrundstücken ist vorerst nur ausnahmsweise vertretbar." (ders.,86)

Hauptsächlich mit Blick auf die im Vergleich zum Geschoßmietwohnungsbau sehr viel höheren Kosten für Aufschließung, Versorgung, Straßenbau, Kanalisation und Beleuchtung setzte sich im Städtetag die Meinung durch, daß "der Siedlungsbau .. die teuerste Wohnform des sozialen Wohnungsbaus darstellt". (Der Städtetag 1950/144) Da zudem die Bodenbeschaffungsfrage im städtischen Raum zunehmend weniger lösbar erschien, nimmt die ablehnende Haltung des Städtetages, der sich auch nicht scheute, hinsichtlich der Stadtrandsiedlung von einer Häufung von Fehlinvestitionen zu sprechen, "die die Grenzen des Erträglichen seit langer Zeit überschreiten" (zit. bei Fiedler 1952,127), nicht wunder. In einem Aufsatz zu den Forderungen des Städtetages von 1949 faßte Rappaport die Haltung der Städte noch einmal sehr prägnant zusammen: "Der Wunsch zahlreicher Einzelkreise, sich Kleinhäuser am Rande der Stadt zu bauen, anstatt im Innern der Stadt an sich gute und gesunde Wohnungen instandzusetzen und wiederaufzubauen, ist erklärlich. Aber nichts wäre falscher, als unsere Städte in Trümmern liegen zu lassen und rings um diese Trümmerstätten neue Wohnquartiere auf dem noch landwirtschaftlichen Land zu errichten. Die Bodenreform ist dazu da, landwirtschaftliche Intensiv- und Kleinbetriebe zu schaffen, ist aber - von Sonderfällen abgesehen - nicht dazu da, Wohnungen zu schaffen ... *Wir können nicht wenige bevorzugen und Millionen im Elend lassen.* [Hervorh. i. Orig., d. Verf.] Hier werden weite Kreise der Bevölkerung, aber auch weite Kreise der Architekten und der Wohnungsunternehmen umlernen müssen. Die Mehrzahl derer, die heute nach 'Siedlungen' rufen, suchen in Wirklichkeit 'Wohnungen'." (Der Städtetag 1949,120)

Diese Anmerkungen zur Kleinsiedlungsdiskussion der Nachkriegszeit werfen allerdings nur Schlaglichter auf das soziale "Klima", den wohnungspolitischen Rahmen, in dem sich in den einzelnen Bundesländern recht unterschiedliche Realitäten im Wohnungs- und Siedlungswesen herausbildeten. (8)

Grundsätzlich bestanden nach 1945 - bis zu den späteren bundeseinheitlichen Regelungen - die NS-Gesetze im Bereich des Wohnungsbaus fort. Das Kontrollratsgesetz Nr. 18 der Alliierten von 1946 regelte vor allem die Fragen der Wohnraumbewirtschaftung. Wohnungsnotprogramme und Trümmergesetze der Länder suchten den Prozeß der Enttrümmerung und die Winterfestmachung und Instandsetzung von Wohnraum, insbesondere in den durch den Bombenkrieg zum Großteil furchtbar getroffenen Städten zu organisieren. (vgl. zu Aachen Hoffmann 1984).

Nordrhein-Westfalen lag, seinem hohen Anteil an Industrie und städtischen Verdichtungen entspechend, mit einem Anteil von 27% totalzerstörter Wohnungen nach den Stadtstaaten an der Spitze der Bundesländer. (Schulz 1988,152) Daher mußte Nordrhein-Westfalen auch nur einen verhältnismäßig kleinen Anteil der Vertriebenen und Flüchtlinge aufnehmen, deren Hauptstrom nach Schleswig-Holstein, Niedersachsen und Bayern ging: Insgesamt lag der Anteil von Flüchtlingen und SBZ-Zuwanderern bezogen auf die Gesamtbevölkerung in Nordrhein-Westfalen 1946 bei 7,4% und auch 1950 nach einer gewissen Umverteilung erst bei 13%, während die Vergleichszahlen für Schleswig-Holstein schon 1946 bei 37,8% (1950: 38,1%) und für Niedersachsen bei 27,9% (1950: 32,6%) lagen. (vgl. Wiesemann/Kleinert 1984,298) Insofern spielte auch die Kleinsiedlung als Mittel zur Flüchtlingsintegration in Nordrhein-Westfalen keine gewichtige Rolle, auch nicht wie noch in der Zeit der Weltwirtschaftskrise 1931/32 als Instrument zur Bekämpfung der Arbeitslosigkeit. Eine Zwischenbilanz zu den Ergebnissen der Kleinsiedlungsförderung in Nordrhein-Westfalen von 1952 ergab, daß 97% der Siedler vollbeschäftigt waren. (ZfdgS 1952,183) Die einflußreichste Nachfrage kam hier aus den Reihen der Bergarbeiterschaft.

Gegenüber den Aufgaben der Trümmerbeseitigung und Instandsetzung hatte der Wohnungsneubau vor der Währungsreform zunächst so gut wie keine Bedeutung. So beschränkte sich auch die Kleinsiedlungsförderung in Nordrhein-Westfalen bis 1948 trotz programmatischer Festschreibung ihrer - neben dem Bergarbeiterwohnungsbau - wohnungspolitischen Sonderstellung im wesentlichen auf ihre organisatorische und technische Vorbereitung. Interessant als - vorübergehender - Versuch der Demokratisierung des Kleinsiedlungsverfahrens war die Verpflichtung zur Bildung von Gemeinde- und Ortssiedlungsausschüssen, die bei der Landbeschaffung und Bewerberauswahl mit beratender Funktion mitwirkten. In ihnen sollten möglichst alle politischen und gesellschaftlichen Gruppen vertreten sein. Bereits in dieser Phase konnte beim Wiederaufbau zerstörter Kleinsiedlungen der Einbau von Einliegerwohnungen gefördert werden. Eben dieser Einbau von Einliegerwohnungen auch bei den späteren Neuförderungen ist eines der wesentlichen Charakteristika des Nachkriegskleinsiedlungsbaus - ein Charakteristikum, das die mit ihm verbundenen primär wohnungsversorgerischen Zielsetzungen unterstreicht.

Die Jahre nach der Währungsreform 1948, mit der auch allmählich der Wohnungsneubau in Gang kam, bis etwa 1950/51 waren die Jahre der absoluten Vorrangstellung der Kleinsiedlungsförderung in Nordrhein-Westfalen: Von etwa 500 Mio. DM Landesmitteln, die zwischen 1948 und 51 in die Eigenheimförderung flossen, entfielen 98% auf die Kleinsiedlung. (vgl. Die Volksheimstätte 12/1952,22) Grundlage war eine Neufassung der Kleinsiedlungsbestimmungen von 1937/38 durch das Land im Jahr 1949. (vgl. Heseler 1979)

Tabelle 1 zeigt den Anstieg der in Nordrhein-Westfalen bewilligten Kleinsiedlerstellen, der aber bereits ab 1953 wieder abzufallen begann - eine Entwicklung, die parallel zur Abnahme der fertiggestellten Kleinsiedlerstellen von einem Anteil von 6,3% (1953) am gesamten Neubauvolumen auf 3,5% im Jahr 1956 im Bundesgebiet verlief. Auf den Regierungsbezirk Aachen entfiel in dem angegebenen Zeitraum von den sieben Regierungsbezirken des Landes mit insgesamt 2.547 Stellen der geringste Anteil.

Tabelle 1: Kleinsiedlerstellen in NRW zwischen 1948 und 1956

Jahre	Siedlerstellen	Wohnungen
1948-51	20.021	39.309
1952	8.447	16.600
1953	6.141	12.446
1954	4.556	8.974
1955	3.381	6.561
1956	4.634	8.900

Quelle: eigene Darstellung nach: Statistische Informationen des MfW vom 28.6.1956 u. 5.6.1957, HSA NW 81-125

1950 wurde durch den Bundestag, dem das Grundgesetz u.a. auch auf dem Gebiet des Wohnungswesens das Recht der konkurrierenden Gesetzgebung zuerkannt hatte, das I. WoBauG ohne Gegenstimme verabschiedet. Ziel war die größtmögliche Förderung des Wohnungsneubaus, der in verschiedenen Formen als freifinanzierter, steuerbegünstigter und vor allem als sozialer Wohnungsbau für "breite Schichten des Volkes" betrieben werden sollte. Eigenheimbau, Kleinsiedlung und Mietwohnungsbau wurden prinzipiell gleichberechtigt aufgeführt.

Damit war freilich auch die bisherige Sonderstellung der Kleinsiedlung beseitigt. Die Länderbestimmungen mußten dem neuen Recht angepaßt werden. Auch wenn in den Neubauförderungsbestimmungen Nordrhein-Westfalens von 1951 die Kleinsiedlung als die beste Heimstättenform vor allem für sogenannte sozial schwache Volkskreise herausgestellt wurde und weiterhin einige Sonderbestimmungen wirksam blieben, mußte die Kleinsiedlung doch von nun an verstärkt mit dem Eigenheim und der Mietwohnung konkurrieren - ein Wettbewerb, dem die Kleinsiedlung auf die Dauer nicht gewachsen war.

Bereits unmittelbar nach Inkrafttreten des I. WoBauG zerbrach der vorübergehend zustandegekommene Allparteienkonsens wieder. In jahrelangen Auseinandersetzungen wurde gegen die anfängliche faktische Dominanz des Mietwohnungsbaus die Festschreibung der Vorrangstellung der Eigentumsförderung vor allem auf Betreiben der CDU/CSU, des politischen Katholizismus, der Heimstättenbewegung etc. schrittweise durchgesetzt. Durch die Novelle zum I.WoBauG von 1953 wurde diese Förderungspriorität festgeschrieben, die Länder aber wurden nur verpflichtet, einen "angemessenen Teil" (§ 19,2) der öffentlichen Mittel zum Bau von Eigenheimen und Kleinsiedlungen einzusetzen. Die Siedlerverbände sahen hierin einen Schwachpunkt, da den Behörden ein zu großer Ermessensspielraum eingeräumt werde. Deshalb forderte der Deutsche Siedlerbund, allerdings ohne Erfolg, daß von den Bundesmitteln mindestens 25% zur Förderung der echten Kleinsiedlung einzusetzen seien. (Der Siedler 1/1953,2)

Die Landesregierung Nordrhein-Westfalen bewertete die Novelle noch als richtungsweisende Entscheidung für das Eigenheim und die Kleinsiedlung. (9) So erklärte Otto Schmidt (CDU), Minister für Arbeit, Soziales und Wiederaufbau: "Der im Wohnungsbaugesetz gerade in seiner jetzigen Fassung betonte Vorrang der Eigentumsmaßnahmen hat mich in meiner persönlichen Auffassung bestärkt, und ich kann nur sagen, daß ich die Kleinsiedlung als Kernstück aller dieser Eigentumsmaßnahmen ansehe." (Der Siedler 12/1953,186) Aber derartige Lippenbekenntnisse hielten den rasch wachsenden Bedeutungsverlust der Kleinsiedlung nicht mehr auf. Das zuständige Ministerium selbst führte "diese Entwicklung auf die 1953 verstärkte Förderung ausgesprochener Eigenheime (auch Kaufeigenheime) zurück". (ZfdgS 1954,152)

Die lange hart umkämpfte Verabschiedung des II. WoBauG im Jahr 1956, das den Vorrang der Familienheim-/Eigentumsförderung endgültig absicherte und im sozialen Wohnungsbau den Übergang von der Richtsatzmiete zur Kostenmiete brachte, änderte an dieser Sachlage nichts mehr. Zwar wurde hierin die Kleinsiedlung unter den Familienheimen gleichberechtigt neben Eigenheimen und Kaufeigenheimen aufgeführt (§ 2), auch wurde an dem alten Begriff der

Kleinsiedlung als Siedlungs- und Wirtschaftsmaßnahme festgehalten (§ 10), aber es gelang dem DSB nicht mehr, etwa eine adäquate steuerliche Förderung der Selbsthilfe und die Begünstigung des Bodenerwerbs für Siedlerstellen - Mitte der 50er Jahre gewiß unbedingte Voraussetzungen materieller Gleichberechtigung - durchzusetzen.

Ein Resümee

Noch am Ende der Weimarer Republik verbanden angesichts der tiefgreifenden Krise des Industriesystems sowohl das konservative wie das progressiv-reformerische Lager mit der Kleinsiedlung entweder ihre mehr rückwärtsgewandten (Stichwort: "Reagrarisierung") oder utopisch verklärten (Stichwort: "neue Stadt-Land-Kultur") Visionen einer anderen Gesellschaft. In der Nachkriegsphase fehlten derartige gesamtgesellschaftlich bedeutsame Perspektiven, die über einzelne Gruppen und die Beseitigung von Not- und Mangellagen hinausreichten. Die Werte, die die Kirche ins Zentrum rückte, Eigentumsbildung und Familie, waren ja nicht notwendig mit der Kleinsiedlung verknüpft und wurden zunehmend mit dem bürgerlichen Eigenheim mit Garten verbunden.

Für die Städte ging es angesichts der verheerenden Zerstörungen in erster Linie um die Beseitigung der Wohnungsnot und einen rationellen Wiederaufbau und erst dann - allenfalls - um die Probleme des Stadtrands. Die zunächst intensiv geführte Debatte um die kostengünstigste Wohnform ging klar zugunsten des Geschoßmietwohnungsbaus aus. Hinzu trat das vor allem im Großstadtraum kaum mehr zu lösende Problem der Bodenbeschaffung sowie der Kosten für Erschließung und Infrastrukturen. In einer Phase, in der es in den Städten noch 1956 Bunkerbewohner gab, wurde der Erfolg öffentlicher Förderungsmaßnahmen letztendlich an der Zahl der errichteten Wohneinheiten gemessen. Die Kleinsiedlung mit ihrem Bedarf an Zusatzdarlehen und Einrichtungszuschüssen für den Wirtschaftsteil zog bei einer derartigen, an Quantitäten gemessenen Wohnungspolitik den kürzeren.

Ohnehin war die Kleinsiedlung der Nachkriegszeit mehr eine Wohn- als eine Wirtschaftsmaßnahme. Dies zeigt auch die Tatsache, daß sie fast nur zusammen mit einer Einliegerwohnung errichtet wurde.

Im Zuge des "Wirtschaftswunders", steigender Einkommen und der Annäherung an die Vollbeschäftigung spielte dann auch die Möglichkeit zur Siedlerselbstversorgung kaum mehr eine Rolle. Dies drückte sich auch darin aus, daß die Wohnküche oft zum Wohnraum und der Wirtschaftsraum zur Küche wurde - eine Entwicklung, gegenüber der etwa Wiederaufbauminister Otto Schmidt (NRW) mahnend darauf hinwies, "daß die Verpflichtung zur Bewirtschaftung des anvertrauten Bodens in der vom Staat mit Recht geforderten Weise voll und ganz erfüllt wird. Es ist nicht vertretbar, daß mit staatlicher Förderung größere Landflächen Menschen zu eigen gegeben werden, die diese lediglich als Zierde ihres Heimes und als 'grüne Stube' für ihre Familie ansehen, anstatt sie in erster Linie als Lebensgrundlage für sich und ihre Kinder zu bebauen und zu bewirtschaften." (in: ZfdgS, 1954,15)

Während die individuelle Selbsthilfe beim Einfamilienhausbau auf dem Land ihre Bedeutung behielt, waren Selbsthilfe- und vor allem Gruppenselbsthilfeprozesse im Großstadtraum immer schwerer zu organisieren. Da schien es häufig einfacher und praktikabler, den Selbsthilfeanteil in der Finanzierung durch eine Erhöhung des Eigenkapitalanteils, den man durch Überstunden, Doppelverdienertum etc. ansparte, zu ersetzen. Es war nicht so, wie Striefler, Geschäftsführer des Deutschen Siedlerbundes, vermutete, "daß die Kleinsiedlung in Zukunft mit der Einführung der 40-Stunden-Woche und vermehrter Freizeit für den arbeitenden Menschen noch weit größere Bedeutung erlangen müsse als bisher". (in: Informationsdienst 1956,132) Im Gegenteil, Teilhabe am wachsenden allgemeinen Wohlstand implizierte eher die Abkehr von der Kleinsiedlung und dem Notstandsimage, das ihr immer noch anhaftete.

Aber auch die "Modernisierung" des alten Kleinsiedlungsgedankens gelang nur schwer. Zwar wurden gegen erhebliche Widerstände z.T. auch in den eigenen Reihen nach und nach Standardverbesserungen (Kanalisation, Badeinbau etc.) durchgesetzt, damit aber auch gleichzeitig die Unterschiede zum bürgerlichen Eigenheim verwischt. Vielleicht war das Problem bis zu einem gewissen Grad auch ein Generationenproblem. Die Generation der "Kleinsiedlungs- und Siedlerväter", der Poerschke, von Nell-Breuning, Dietrich, Broedrich, Gisbertz, Pauly, Ehlen usw. war Mitte der 50er Jahre durchweg im Ruhestandsalter. Und eine Generation von Nachfolgern mit zugkräftigen

Ideen, die dem Kleinsiedlungsgedanken neuen Inhalt hätte verleihen können, war nicht in Sicht.

Auch die sozialen Bindungen (Erbbaurecht, Reichsheimstätteneigenschaft), die die Kleinsiedlung im Vergleich zum Eigenheim etwa gegenüber den Kreditinstituten deutlich benachteiligten, wurden zunehmend als Last empfunden und im Laufe der 60er und 70er Jahre fallengelassen.

Faßt man zusammen, so spielte die Kleinsiedlung in der Nachkriegszeit vor allem für die Versorgung und Integration von Flüchtlingen und Vertriebenen insbesondere in den norddeutschen Flächenländern eine durchaus gewichtige Rolle, dazu noch im Bergarbeiterwohnungsbau und in einigen "Siedlerhochburgen" wie Velbert (Ehlen), besaß aber darüber hinaus keine Massenzugkraft.

Betrachtet man die durchweg große soziale Stabilität, die meist noch aktiven Siedlergemeinschaften, die bauliche Flexibilität und die hohe Wohnzufriedenheit der Bewohner dieser Siedlungen heute, mag man das frühe Ende dieser sozial gebundenen Eigenheimform bedauern und den immer noch laufenden Umstrukturierungs- und Nachverdichtungsprozessen eine Behutsamkeit wünschen, die die noch vorhandene Identität der Siedlungen nicht vollends zerstört.

Anmerkungen

(1) Das 1956 verabschiedete Zweite Wohnungsbaugesetz definiert den Begriff der Kleinsiedlung in § 10 folgendermaßen: "Eine Kleinsiedlung ist eine Siedlerstelle, die aus einem Wohngebäude mit angemessener Landzulage besteht und die nach Größe, Bodenbeschaffenheit und Einrichtung dazu bestimmt und geeignet ist, dem Kleinsiedler durch Selbstversorgung aus vorwiegend gartenbaumäßiger Nutzung des Landes eine fühlbare Ergänzung seines sonstigen Einkommens zu bieten. Die Kleinsiedlung soll einen Wirtschaftsteil enthalten, der die Haltung von Kleintieren ermöglicht. Das Wohngebäude kann neben der für den Kleinsiedler bestimmten Wohnung eine Einliegerwohnung enthalten."

(2) Vgl. hierzu Harlander/Hater/Meiers 1988. Diese Untersuchung der durch die Regierung Brüning während der Zeit der Weltwirtschaftskrise 1931/32 geförderten Stadtrandsiedlungen für Erwerbslose ist die überarbeitete Fassung eines ebenfalls durch die Stiftung Volkswagenwerk geförderten, am Lehrstuhl für Planungstheorie der Rheinisch-Westfälischen Technischen Hochschule Aachen (RWTH) durchgeführten und 1986 abgeschlossenen Forschungsprojektes.

(3) Vgl. zur Reorganisation des DSB nach 1945, die erst 1952 mit der Gründung des Deutschen Siedlerbundes e.V., Gesamtverband deutscher Siedlerbünde, zu einem Abschluß kam: Deutscher Siedlerbund 1985.

(4) Vgl. zur Geschichte der katholischen Siedlerbewegung: Katholischer Siedlungsdienst 1956, Fiedler 1952, Informationsdienst 1.7.1951.

(5) Vgl. zur Wohnungsbauleistung des Evangelischen Siedlungsdienstes zwischen 1946 und 1955 (18.857 Wohnungen): Evangelisches Siedlungswerk 1956.

(6) Eine Entwicklung, die von dem damaligen Bundesminister Neumayer mit dem Ziel in die Debatte um die Novellierung des Ersten Wohnungsbaugesetzes (I. WoBauG) gebracht wurde, im Wohnungsbau "die Ertragslage zu bessern", mehr Eigenkapital und Kapitalmarktmittel zu mobilisieren und "die starren Richtsatzmieten" im sozialen Wohnungsbau zu lockern. (Informationsdienst, 15.2.1953,2)

(7) So der gleichnamige Titel der maßgeblichen, 1957 erschienenen, aber schon während des Krieges (!) in ihren zentralen Bestandteilen verfaßten Publikation von Göderitz, Rainer und Hoffmann. Vgl. zur Frage der Kontinuität dieses Leitbildes zwischen NS-Zeit und Wiederaufbau: Durth/Gutschow 1988, 161ff.

(8) Vgl. zur Wohnungspolitik der Nachkriegszeit: Fey 1951, Blumenroth 1975, Peters 1984. Zur Eigenheimpolitik und -diskussion im besonderen vgl. Schulz 1988a.

(9) Vgl. zur allgemeinen Charakterisierung der nordrhein-westfälischen Wohnungspolitik unter den verschiedenen Regierungen der Nachkriegszeit: Schulz 1988b, 159f.

Literaturverzeichnis

Blumenroth, U., Deutsche Wohnungspolitik seit der Reichsgründung. Darstellung und kritische Würdigung, Münster 1975

Beyme, K. von, Der Wiederaufbau. Architektur und Städtebaupolitik in beiden deutschen Staaten, München 1987

Durth, W., Gutschow, N., Träume in Trümmern. Planungen zum Wiederaufbau zerstörter Städte im Westen Deutschlands 1940 - 1950, Braunschweig/Wiesbaden 1988

Evangelisches Siedlungswerk, 10 Jahre evangelischer Siedlungsarbeit, Stuttgart 1956

Fey, W., Der Wohnungsbau in der Bundesrepublik Deutschland. Zwischenbilanz und Vorschau, Bonn 1951

Fiedler, H., "Wer will, daß der Stern des Friedens aufgehe ...". Die Grundlagen christlicher Siedlungsarbeit - Aufgaben und Ziele des Katholischen Siedlungsdienstes, in: ZfdgS 1952, 126-129

Fischer-Dieskau, J., Einführung in die Wohnungs- und Siedlungspolitik. Grundlagen und Hauptprobleme, Berlin 1938

Flechtheim, O. (Hg.), Dokumente zur parteipolitischen Entwicklung in Deutschland seit 1945. Programmatik der deutschen Parteien, Erster Teil, Berlin 1963

Göderitz, J., Rainer, R., Hoffmann, H., Die gegliederte und aufgelockerte Stadt, Tübingen 1957

Harlander, T., Hater, K., Meiers, F., Siedeln in der Not. Umbruch von Wohnungspolitik und Siedlungsbau am Ende der Weimarer Republik, Hamburg 1988

Heseler, R., Der soziale Wohnungsbau in Nordrhein-Westfalen 1945-1977, Essen 1979

Hoffmann, H., Aachen in Trümmern, Düsseldorf 1984

Katholischer Siedlungsdienst (Hg.), Heim und Familie. 10 Jahre katholische Siedlungsarbeit, Köln 1956

Kühn, E., Genutztes Großstadtgrün, in: Bandholtz, Th., Kühn, L., Curdes, G. (Hg.), Erich Kühn. Stadt und Natur, Hamburg 1984

Niethammer, L., Rekonstruktion und Desintegration: Zum Verständnis der deutschen Arbeiterbewegung zwischen Krieg und Kaltem Krieg, in: Winkler, H. A. (Hg.), Politische Weichenstellungen im Nachkriegsdeutschland 1945-1953, Göttingen 1979

Niethammer, L., Zum Wandel der Kontinuitätsdiskussion, in: Herbst, L. (Hg), Westdeutschland 1945-1955. Unterwerfung, Kontrolle, Integration, München 1986

Olschowy, G., Die Kleinsiedlung als produktiver Teil des städtischen Großgrüns und ihre Eingliederung in die Landschaft, in: ZfdGS 1955, 114f.

Peters, K.-H., Wohnungspolitik am Scheideweg. Wohnungswesen, Wohnungswirtschaft, Wohnungspolitik, Berlin 1984

Schulz, G., Eigenheimpolitik und Eigenheimförderung im ersten Jahrzehnt nach dem Zweiten Weltkrieg, in: Schildt, A., Sywottek, A. (Hg.), Massenwohnung und Eigenheim, Frankfurt/New York 1988a

Schulz, G., "Weihnachtsmann und Geldbriefträger?" Der Wohnungsbau in Nordrhein-Westfalen und die Wohnungspolitik des Bundes bis zum Ende der fünfziger Jahre, in: Geschichte im Westen H. 2/1988b

Schwender, H.-W., Eigenheim, in: Wandersleb, H. (Hg.), Handwörterbuch des Städtebaues, Wohnungs- und Siedlungswesens, Stuttgart 1959

Wiesemann, F., Kleinert, U., Flüchtlinge und wirtschaftlicher Wiederaufbau in der britischen Besatzungszone, in: Petzina, D., Euchner, W. (Hg.), Wirtschaftspolitik im britischen Besatzungsgebiet 1945-1949, Düsseldorf 1984

Abkürzungen (Archive und Zeitschriften):

BDA: Bischöfliches Diözesanarchiv
HSA-NW: Hauptstaatsarchiv Nordrhein-Westfalen
Informationsdienst: Informationsdienst und Mitteilungsblatt des
Deutschen Volksheimstättenwerks
ZfdgS: Zeitschrift für das gesamte Siedlungswesen

Frank Betker, Katrin Hater

Wiederaufbau: Kleinsiedlung, sozialer Mietwohnungsbau oder Eigenheimförderung
Die kommunalpolitische Debatte in Aachen

Im traditionell konservativen und stark vom Katholizismus geprägten Aachen stand in den ersten Nachkriegsjahren noch stärker als andernorts die Kleinsiedlung im Zentrum der Debatten um den künftigen Wohnungsbau. Bereits 1946 regten sich erste Anfänge einer katholischen Aachener Siedlungsbewegung, die auf den Kreis "Junge Familie" des Aachener Jugendpfarrers Baurmann zurückgingen. (vgl. Zinnen 1949)

Vor allem die CDU avancierte zum entschiedenen Befürworter der Kleinsiedlung und des Eigenheims mit Garten. In ihrer Argumentation stand dabei weniger der quantitative Aspekt der Wohnungsversorgung im Vordergrund als vielmehr das Ziel, "... dem Wunsch vieler deutscher Menschen nach einem Stück eigenem Bodens nachzukommen" (AVZ 12.6.1946, Arbeitsgemeinschaft Jung-CDU) (Abb. 1), denn die "Wurzel aller sozialen Not (ist) die Besitzlosigkeit" (AVZ 12.4.1947, Oberbürgermeister Dr. Maas). Die Frage nach einer geeigneten Wohnform für den "deutschen Menschen" wurde verknüpft mit dem Ziel der "Entproletarisierung" der Arbeiterfamilien (AVZ 23.10.1946, Bürgermeister i.R. Zurhorst) und der "Krisenfestigkeit" entwurzelter Menschen (AVZ 12.4.1947, Oberbürgermeister Dr. Maas) und zur "Siedlungsfrage" stilisiert: "Das Bestmöglichste muß getan werden, wenn unser Volk gesund werden soll." (AVZ 21.12.1946, Konertz)

Aber auch die SPD bemühte sich schon sehr früh um die Kleinsiedlung und initiierte bereits im Mai 1946 die Gründung einer Interessengemeinschaft der Kleinsiedler. Dazu erfolgte am 24.5.1946 in den Aachener Nachrichten folgender Aufruf: "Achtung Kleinsiedler! Alle Kleinsiedler Aachens und Umgebung werden gebeten, zwecks Gründung einer Interessengemeinschaft sich im Büro der Sozialdemokratischen Partei, Aachen, Edelstr. 3 einzufinden." (AN 24.5.1946) Doch diese Initiative fand offenbar wenig Resonanz. Dementsprechend leicht und widerspruchsfrei konnte sich die Aachener SPD in der Folgezeit auf die Forderung nach genossenschaftlichem Wiederaufbau und sozialem Mietwohnungsbau konzentrieren, während die Partei in der angrenzenden Gemeinde Brand auch weiterhin mit Vehemenz die dortige Siedler-Interessengemeinschaft, deren Gründung auf ihre Initiative zurückging, unterstützte. (AN 28.5.1949 und 13.8.1949)

Für eine großzügige Stadtrandsiedlung

Arbeitsgemeinschaft Jung-CDU wünscht baldigen Beginn der Vorarbeiten.

Die Arbeitsgemeinschaft Jung-CDU behandelte auf ihrer letzten Zusammenkunft am 5. Juni zunächst das Thema: „Einzelpersönlichkeit und Staat". Im nationalsozialistischen Staat war der Mensch Sklave desselben. Die nationalsozialistische Führung jagte Millionen von Menschen in den Tod, um ihre staatlichen, machtlüsternen Pläne zu verwirklichen. Kinder von 14—16 Jahren wurden zu Soldaten gepreßt. Greise von 60 Jahren sollten mit der Panzerfaust den letzten Widerstand leisten. Der Staat war der Götze, das Einzelwesen galt nichts, wie auch die Vernichtung von Menschenleben in den Konzentrationslägern beweist. Nach Christi Lehre sei der Mensch Gottes Ebenbild. Der Mensch sei keine Ware. Zerstörte Häuser und sonstige Bauwerke seien irgendwie wieder herzustellen, aber ein Mensch, der getötet sei, könne nie wieder zum Leben erweckt werden. Von der christlichen Lehre aus betrachtet sei jedes Menschenleben zu achten. Aber der einzelne sei auch 'Glied einer Gemeinschaft. Er würde in die Gemeinschaft der Familie hinein geboren, hieraus ergäben sich schon Verpflichtungen. Weitere, natürliche Gemeinschaften seien die Heimatgemeinde und die darüberstehenden politischen Gemeinschaften. Für das Zusammenleben müßten sittliche Bindungen und Gesetze Geltung haben. Einzelpersönlichkeit und Gemeinschaft müßten in christlichem Geist, in das richtige Verhältnis zueinander gebracht werden.

Im zweiten Teil wurden Siedlungsfragen besprochen. Die Zerstörung der Städte und die Frage ihres Wiederaufbaues haben die Siedlungsfrage in den Vordergrund des öffentlichen Interesses gerückt. Erwünscht sei, nicht wieder Mietskasernen zu errichten, sondern Eigenheime zu schaffen und dem Wunsch vieler deutscher Menschen nach einem Stück eigenem Bodens nachzukommen. Am Rande der Städte müsse Land zur Verfügung gestellt werden. Wenn bisher von Enteignungsgesetzen Gebrauch gemacht worden sei zur Anlage von Friedhöfen usw., so soll man jetzt davon Gebrauch machen, deutsche Menschen zu einem Stück eigenem Boden zu verhelfen. Es müsse aber erwartet werden, daß auch die Bauern Verständnis hätten. Stadtrandsiedlungen, wie sie vor 1933 schon in manchen Orten, so auch in Aachen, entstanden seien, könnten auch jetzt in Angriff genommen werden. Die Siedler würden mit ihrer Familie gerne viele Arbeit selbst leisten und Material aus den Trümmern bergen. Die zur Zeit bestehenden Schwierigkeiten wurden keineswegs verkannt, doch müsse es möglich sein, die Bodenfrage in den nächsten Monaten zu klären. Aus städtischem Grundbesitz soll Land zur Verfügung gestellt werden. Ferner würde es wohl möglich sein, Grundstücke, die bisher militärischen Zwecken dienten, für Siedlungszwecke frei zu machen.

Die Versammelten richten an alle in Frage kommenden Stellen die Bitte, mit den Vorarbeiten für eine großzügige Stadtrandsiedlung in Aachen baldigst zu beginnen.

*

Nächste Zusammenkunft der Arbeitsgemeinschaft Jung-CDU am Mittwoch, dem 19. Juni, abends 7 Uhr, Neuforte 5/7. Tagesordnung: 1. Ueber das Wesen der Demokratie. 2. Die Lage der Kriegsbeschädigten und Kriegshinterbliebenen.

Abb. 1: Arbeitsgemeinschaft Jung-CDU setzt sich für die Stadtrandsiedlung ein, Artikel in der AVZ vom 12.6.1946

Noch vor jedem Neubau stand jedoch zunächst gerade in Aachen, einer der am schwersten zerstörten Städte, die Sorge um Trümmerbeseitigung, notdürftige Instandsetzung, Winterfestmachung und Wiederaufbau, um wenigstens der schlimmsten Wohnungsnot abhelfen zu können. Das verheerende Ausmaß der Zerstörungen im 2. Weltkrieg ist an anderer Stelle dargestellt worden (vgl. Hoffmann 1984, Pabst 1987, Wunderlich 1950, Trees u.a. 1978) und wird hier nur zum besseren Verständnis der Wohnungssituation kurz rekapituliert. Denn letztlich prägten ja auch in Aachen ebenso wie in anderen Städten mit hohem Zerstörungsgrad mehr noch als alle ideologischen Debatten die aus den Kriegszerstörungen entstandenen Imperative die erste Wiederaufbauzeit.

Die Grenzstadt war von 1941, dem Jahr der ersten alliierten Luftangriffe, bis zur Kapitulation des nationalsozialistischen Kampfkommandanten Oberst Wilck am 21.10.1944 (Crous 1979, 53) durch 74 Luftangriffe und eine vierwöchige Belagerung mit anschließendem zehntägigen Straßenkampf zum größten Teil zerstört worden. Das im Dezember 1944 bilanzierte Ausmaß der Zerstörungen in Zahlen: Von den 52.356 im Jahre 1942 gezählten Wohnungen wurden 43% restlos zerstört, 21% schwer beschädigt, 19% leicht beschädigt und lediglich 17% blieben verschont. Darüber hinaus waren die Mehrzahl der Kirchen und Schulen sowie ca. 60% der Produktionsstätten betroffen. (AVZ 22.2.1946, 12.11.1955; Kurze 1957, 78 u. 79) Damit wurde auch das Bild der Stadt, das im Prinzip seit dem Großen Stadtbrand des Jahres 1656 entstanden war und seither keine einschneidenden Zerstörungen mehr erfahren hatte, vernichtet. (Lang 1949, 56)

Aachen, die erste von den Alliierten besetzte Stadt, war auch die einzige, die nahezu vollständig evakuiert wurde. Von den 1939 gezählten 162.164 Einwohnern waren nach der Mitte September 1944 auf Anordnung der zuständigen Kreisleitung der NSDAP erfolgten Räumung lediglich noch ca. 6.000 Einwohner illegal in Aachen verblieben. Die amerikanischen Besatzer fanden Ende Oktober 1944 ein "administratives Chaos" vor. Die Partei- und Verwaltungsdienststellen hatten die Stadt bereits in der Nacht vom 12. auf den 13. September heimlich mit sämtlichen Unterlagen, Akten, Plänen usw. verlassen. (Pabst 1987, 14) Für die westlichste Großstadt des Deutschen Reiches hatte Hitler zudem die - allerdings weitgehend unterlaufene - "Taktik der verbrannten Erde" vorgesehen. (von Beyme 1987, 20 u. 29)

Trotz des erheblichen Zerstörungsgrades wurde bereits ab dem 1.11.1944 die erste notdürftige Versorgung der Bevölkerung und der Beginn der Aufräumarbeiten mit einer neu eingerichteten, von den Amerikanern streng kontrollierten Stadtverwaltung aufgenommen.

Da Ende Oktober 1944 weder ein funktionsfähiger deutscher Verwaltungsapparat noch Parteien und Gewerkschaften vorhanden waren, hatten sich die Amerikaner der katholischen Kirche bzw. des höchsten auffindbaren, offensichtlich unbelasteten zivilen deutschen Würdenträgers, Bischof van der Velden, als Berater für den Aufbau einer neuen, ihren demokratischen Vorstellungen entsprechenden deutschen Verwaltung bedient. Bischof van der Velden schlug seinen Rechtsberater, den Wirtschaftsjuristen Franz Oppenhoff, vor, der im November 1944 zum ersten Nachkriegs-Oberbürgermeister in Aachen gewählt wurde.

Nach der Kapitulation des Deutschen Reiches im Mai 1945 setzte in Aachen eine ungeordnete Rückwanderung der Bevölkerung ein. (Crous 1979, 71) Im Dezember 1945 war bereits wieder ein Bevölkerungsstand von 102.124 erreicht. Dies bereitete der Stadtverwaltung zunächst unlösbare Probleme bei der Versorgung mit Wohnraum, zumal in den ersten Monaten ohnehin noch nicht an den Wiederaufbau der zerstörten Bausubstanz zu denken war.

Tabelle 1: Bevölkerungsentwicklung in Aachen 1939-54 (Einwohnerzahl jeweils zum Jahresende)

1939	-	162.164
1944	-	11.139
1945	-	102.124
1946	-	111.200
1948	-	122.321
1950	-	132.045
1952	-	140.556
1954	-	147.429

Quelle: AVZ vom 10.8.1955

Die vordringlichste Aufgabe bestand darin, den Zugang zu den Gebäuden wieder herzustellen und leicht zu behebende Schäden zu beseitigen. Die ersten Maßnahmen der Verwaltung zur Planung und Wohnungsversorgung galten daher der Organisation der Trümmerverwaltung, der Schuttbeseitigung im öffentlichen Straßenraum und der notdürftigen Instandsetzung und Schaffung von zusätzlichem Wohnraum. Es fehlte an allem, an Arbeitskräften, Baustoffen, Benzin, Transportmöglichkeiten. Dennoch gelang es nach Angaben des Architekten und CDU-Stadtvertreters (1) Ohligschläger, schon 1945/46 16.860 Wohnungen wieder bewohnbar zu machen (AVZ 8.3.1947) bzw. - nach einer anderen Zählung - v.a. mit Hilfe von Landesmitteln aus der "Sofortmaßnahme Obdach" bis 1948 5.760 Wohnungen mit 14.500 Räumen instandzusetzen (AVZ 21.12.1948). Weitere 3.000 Schlafstellen wurden in den 18 Bunkern, die seit 1941 zum Schutz vor Luftangriffen errichtet worden waren, geschaffen. Außerdem wurden auf Anweisung der Militärregierung 280 Baracken an verschiedenen Standorten im Stadtgebiet aufgestellt. (Verwaltungsbericht 1944-46, 38)

Was die Reorganisation der politischen Organe betrifft, so folgte nach verschiedenen Zwischenlösungen ab Februar 1946 eine von der britischen Militärregierung eingesetzte Stadtvertretung unter dem Vorsitz von Oberbürgermeister Kuhnen (SPD). (Poll 1960, 348) Die seit dem Mai 1945 die Stadt führende britische Militärregierung war "bestrebt gewesen, allen inzwischen gegründeten Parteien ein einigermaßen gleiches Gewicht zu geben" (Crous 1979, 76) und die Zusammensetzung der Stadtvertretung auf die Grundlage der Kräftekonstellation von 1932 zu stellen (AVZ 18.1.1947), politische Integrität der Kandidaten vorausgesetzt.

Der erste von der neuen Stadtvertretung auf zwölf Jahre gewählte Oberstadtdirektor, Albert Servais, nahm Ende Februar 1946 seine schwierige Arbeit auf. (Poll 1960, 349) Im ersten Verwaltungsbericht der Stadt Aachen vom Ende 1946 nannte er neben den Problemen der Zwangsevakuierung und des außergewöhnlichen Zerstörungsumfangs, "die bei keiner anderen Stadt in gleicher Weise vorliegen ..." (Verwaltungsbericht 1944-46, 5), die Versorgungslage als Hauptproblem. Aachen mußte gleichsam ohne Umland existieren, umgeben von geschlossenen (Belgien/Niederlande) und nicht passierbaren Grenzen (zur französischen Besatzungszone im Süden) sowie völlig vernichteten Städten (Düren und Jülich im Osten). (Verwaltungsbericht 1944-46, 5)

Mit den ersten allgemeinen und geheimen Wahlen vom 13.10.1946 erhielt die Stadtvertretung eine gänzlich neue Zusammensetzung. Die CDU, überlegener Wahlsieger mit 64,1% der Stimmen (SPD: 21,6%, KPD: 5,8%, RVP: 7,9%), stellte nun auch mit Dr. Albert Maas den Oberbürgermeister.

Die sich nun allmählich entwickelnden wohnungspolitischen Debatten waren noch bis weit in die 50er Jahre hinein durch die anhaltende gravierende Wohnungsnot überlagert. Als unzumutbare Härte wurde daher empfunden, daß die Militärregierung trotz der Wohnungsnot noch eine Vielzahl von Wohnungen für Truppenangehörige beschlagnahmte. Dadurch wurde dem Aachener Wohnungsmarkt noch lange, sogar über den Zeitpunkt der offiziellen Beendigung des Besatzungsstatuts am 5. Mai 1955 (Poll 1960, 380) hinaus, Wohnraum in erheblichem Umfang entzogen. Anfang 1949 waren 168 Häuser mit 1.453 Räumen von der belgischen, englischen und amerikanischen Besatzungsmacht beschlagnahmt (AVZ 19.3.1949). Wichtigste Ursache für die anhaltende Wohnungsnot war die Absorption allen neugeschaffenen Wohnraums durch das vor allem rückwanderungsbedingte Bevölkerungswachstum.

Der Minister für Wiederaufbau hatte die Stadt am 19.9.1947 zum "Brennpunkt des Wohnungsbedarfs" erklärt, d.h. nur mit "Zuzugsgenehmigung" konnte ein Wohnsitz erlangt werden. (Poll 1960, 354) Die Rückwanderung konnte faktisch jedoch kaum aufgehalten werden.

Mit effektiver materieller Unterstützung seitens des Landes konnte vor der Währungsreform (20.6.1948) nicht gerechnet werden. Doch auch nach der Währungsreform, unter günstigeren Bedingungen auf dem Baumarkt (Freigabe der Baustoffe etc.), argwöhnte die Stadt, daß sie gegenüber den industriellen Schwerpunkten an Rhein und Ruhr benachteiligt werde (vgl. Schmidt-Hermsdorf 1984, 88).

All diese Faktoren wirkten in so ungünstiger Weise zusammen, daß Oberstadtdirektor Servais auf der Stadtvertretersitzung vom 21.7.1949 eine steigende Zahl von Wohnungssuchenden - 12.712 Personen im Juli 1949 - und eine auf hohem Niveau stagnierende Zahl von Bewohnern in Notunterkünften - ca. 9.000 Personen im Juli 1949 - konstatieren mußte. (AVZ 23.7.1949)

Die katastrophale Lage auf dem Wohnungsmarkt konnte in Aachen auch nach Inkrafttreten des I. WoBauG 1950 und trotz enormer Zuwächse im sozialen Mietwohnungsbau nur allmählich verbessert werden. 1955 waren ca. 16.350 Familien mit ca. 45.000 Personen beim Wohnungsamt als Wohnungssuchende registriert, und noch immer wohnten 1.123 Menschen in Bunkern. (AVZ 3.8.1955) Und dies, obwohl Aachen neben Köln als einzige nordrhein-westfälische Großstadt die Vorkriegs-Bevölkerungszahl im Jahre 1957 noch nicht wieder erreicht hatte. (Kurze 1957, 4) Erleichterung brachte u.a. eine vom Land Nordrhein-Westfalen im Jahre 1956 mit 50 Mio. DM gegründete Stiftung, mit deren Hilfe das Problem der Notwohnungen endgültig gelöst werden sollte. Ein Anteil von 2,7 Mio. DM aus dieser Stiftung sollte nach Aachen fließen (AVZ 18.10.1956). Jedoch "erst am 17. September 1958 wird in Aachen das Bunker-Kapitel abgeschlossen, ziehen die letzten Familien aus den Behelfsunterkünften in richtige Wohnungen". (Hoffmann 1984, 109)

Der Kleinsiedlungsbau konnte zu diesen Wohnungsversorgungsproblemen keinen quantitativ bedeutsamen Beitrag leisten, war aber dennoch aufgrund seiner ideologischen Wertschätzung, seiner Selbsthilfeeignung und seiner Bedeutung auch als Wirtschaftsmaßnahme in Aachen der "Wohnungsbau der ersten Stunde".

Kurz nach seinem Amtsantritt ging Oberstadtdirektor Servais im Januar 1947 mit ersten Neubauplänen für die Stadt Aachen an die Öffentlichkeit. Er räumte neben dem als preisgünstigste Wohnform eingeschätzten mehrgeschossigen Mietshaus der Kleinsiedlung größte Priorität ein: "Die Kleinsiedlung wird die größte Förderung erfahren müssen" und hob dabei besonders auf ihre wirtschaftliche Bedeutung ab: "Gerade dem Arbeiter muß durch die Siedlungheimstätte mit Garten, der ihm auch das Halten von Kleintieren erlaubt, die Möglichkeit gegeben werden, seine Lebenslage wesentlich zu verbessern." Nach seiner Einschätzung stand der Stadt genügend Land zur Verfügung, um auf dem Königshügel 140 und in Forst auf ehemaligem Hüttengelände sowie auf dem Gelände "Plue" 160 Kleinsiedlerstellen planen zu können. (AVZ 18.1.1947, AN 17.1.1947) (Abb. 2)

Im April 1947 unterbreitete der Vorsitzende des Wiederaufbauausschusses, Stadtvertreter Ohligschläger (CDU), der Stadtvertretung den Vorschlag, das städtische Gelände "Auf dem Plue" als Kleinsiedlungsgelände mit 114 Stellen auszuweisen und das Land zunächst für eine gärtnerische Nutzung an Interessenten zu verpachten. Den Pächtern solle ein Vorkaufsrecht eingeräumt werden, das nach drei Jahren wirksam werden würde (2). Von dem von Servais drei Monate zuvor erwähnten Hüttengelände war in der Stadtvertreter-Sitzung nicht mehr die Rede. Jedoch wurden Neuplanungen auch für das Gelände am Königshügel und für das "hinter der Siedlung Branderhof gelegene Gelände" in Auftrag gegeben.

Wohnungs- und Siedlungsbau in Aachen / Von Oberstadtdirektor Servais

Nachdem in der letzten Ausgabe ein Rückblick auf das gegeben war, was früher und bislang in Aachen auf dem Gebiete des Wohnungsbaues geschaffen ist, untersucht der folgende Schlußteil die Möglichkeiten der Zukunft und zwar insbesondere unter dem Gesichtspunkt des Siedlungsbaues.

Wieviel Wohnungen können nun mit den vorhandenen Arbeitskräften gebaut werden? Von dieser Frage muß man heute ausgehen. Vor dem Kriege waren es rund 1200 jährlich Wenn auch im Augenblick die Bautätigkeit sich nur auf die Instandsetzung beschädigter Bauten beschränken muß und dies mangels notwendiger Baumaterialien nur in völlig unzureichendem Maße der Fall sein kann, so muß doch jetzt schon eine Planung durchgeführt werden, die uns bei eintretender Besserung des Baumarktes in die Lage versetzt, den Wohnungsbau in jeder erdenklichen Form zu fördern. Es muß schon jetzt die erforderlichen Bautypen gewählt werden, um gleichzeitig die Finanzierungspläne ohne Verzögerung, gegebenenfalls nach Lösung des Währungsproblems, aufstellen zu können.

Zur Finanzierung können, soweit ein städt. Wohnungsbau in Frage kommt, neben Anleihemitteln, die Rückflüsse der Hauszinssteuerhypotheken in Anspruch genommen werden. Da sowohl die Baukosten als auch die Mieten für ein Mehrfamilienhaus als auch die Mieten für ein Mehrfamilienhaus mit wesentlich geringer gestalten, werden auch Mehrfamilienhäuser gebaut werden müssen, um dadurch möglichst viele Kleinwohnungen für die wirtschaftlich schwachen Schichten der Bevölkerung zu schaffen. Die Kleinsiedlung wird die größte Förderung erfahren müssen. Gerade dem Arbeiter muß durch eine Siedlungsheimstätte mit Garten, der ihm auch das Halten von Kleinvieh erlaubt, die Möglichkeit gegeben werden, seine Lebenslage wesentlich zu verbessern. Dem Siedler muß hierbei Gelegenheit gegeben werden, das notwendige Eigenkapital in Form von Selbsthilfe bei der Ausführung des Baues aufzubringen. Was auch immer gebaut werden wird, die Belastung muß so gestaltet werden, daß sie in einem gesunden Verhältnis zum Einkommen des Bewohners steht.

Prüfungen haben die erfreuliche Feststellung ergeben, daß die Stadt für die Aufstellung eines großzügigen ersten Wohnungsbauprogramms das notwendige Gelände zur Verfügung hat. Es ermöglicht ihr sowohl den Bau von Kleinwohnungen als auch die Förderung von Kleinsiedlungen. Es können für eine Bebauung nachgenannte städtische Baugrundstücke in Betracht gezogen werden:

a) Kleinsiedlungen: 1. Königshügel bis zum Senffenter Weg (eingeschossig mit ausgebautem Dachgeschoß): 140 Häuser; 2. Forst, Hüttengelände und auf dem Plue (Bauweise wie vorstehend): 160 Häuser.

b) Kleinwohnungen: 1. Stolberger Straße (280 m Straßenfront); 2. Hüttenstraße (500 m); 3. Barbarastraße (90 m); 4. Schönforat-straße (140 m); 5. Trierer Straße (181 m); 6. Liebig-Feldstraße (100 m); 7. Jülicher Straße (75 m); 8. Ungarnstraße (96 m); 9. Lombardenstraße (90 m); 10. Lusien-Brabantstraße (143 m); 11. Lochnerstraße (82 m); 12. Mauerstraße (20 m); 13. Hahnbrucherstraße (27 m); 14. Kühlwetter-Henricistraße (89 m); 15. Kühlwetter-Kruppstraße (89 m); 16. Intze-Bunsen-Kruppstraße 129 m).

Auf den vorgenannten Grundstücken lassen sich rund 1200 Wohnungen bauen. Alle diese Grundstücke für Kleinwohnungen liegen an ausgebauten Straßen, so daß die Straßenausbau- und Kanalisationskosten sowie die Materialien hierzu außer Betracht bleiben können Auch ist es möglich, geeignete Bautypen aus den Vorjahren auszuwählen. Da neben dem Neubau von Wohnungen die Instandsetzung beschädigter Häuser erfolgt, der Arbeitsmarkt aber nur eine bestimmte Anzahl von Wohnungsbauten aufnehmen kann, werden die bezeichneten Grundstücke reichen, um die Häuser zu bauen, die auf eine Anzahl von Jahren hinaus möglich sind.

Als Bauträger für diese Bauten könnten Einzelinteressenten, Siedlungsgemeinschaften, dann die Stadt selbst oder die noch bestehende Gemeinnützige Wohnungsgesellschaft" für Aachen A.-G., deren Aktienkapital sich in der Mehrheit in städt. Besitz befindet, in Frage kommen. Darüber hinaus würde die „Gehag" Gemeinnützige Heimstätten-Aktiegesellschaft, die schon vor einigen Jahren von der Stadt Grundstücke an der Trierer und Stolberger Straße erworben hatte, Mietwohnungen bauen.

Die Wohnraumnot in Aachen schafft größte gesundheitliche, soziale und sittliche Not bei Tausenden von Mitbürgern. Die Arbeitsfähigkeit ist vermindert, die Gründung eines eigenen Hausstandes für viele unmöglich geworden. Wir dürfen hoffen, daß in absehbarer Zeit Baumaterialien in wesentlich größerem Maße als bisher zur Verfügung stehen. Mit der zunehmenden Zahl der rückkehrenden Kriegsgefangenen wird sich die Zahl der Arbeitskräfte vermehren. Grundstücks-, Bau- und Finanzierungsfragen müssen bis dahin nach Möglichkeit geklärt werden. Meine Ausführungen sollen einen Beitrag dazu liefern und die Aussprache über die Wohnraumfrage, die eine Lebensfrage für die Stadt geworden ist, fördern.

Abb. 2: Wohnungs- und Siedlungsbau in Aachen, Artikel in der AVZ vom 18.1.1947

In der darauf folgenden Sitzung wurde den Vorschriften des Ministers für Wiederaufbau entsprechend ein Gemeinde- und ein Stadtkreis-Siedlungsausschuß gewählt. (3) Dem Gemeinde-Siedlungsausschuß kam die Aufgabe zu, die Siedlerparzellen an die Bewerber zu vergeben. Die Stadtvertretung beschloß, weitere 84 Siedlerparzellen am Königshügel bereitzustellen. Die ursprünglich projektierten 300 Siedlerstellen waren damit nach präziseren Planungen auf knapp 200 reduziert worden.

Alle Fraktionen der Stadtvertretung standen zu diesem Zeitpunkt noch einhellig positiv zur Kleinsiedlung, so daß ihr profiliertester Verfechter, gleichzeitig aktives Mitglied der im Januar 1947 aus dem Kreis "Junge Familie" gegründeten Aachener Siedlergemeinschaft e.V., CDU-Stadtvertreter Krehwinkel, wie selbstverständlich von der "unbedingte(n) Notwendigkeit der Schaffung von Siedlungen" ausging und sich darin auch durch die Siedlungserlasse des Landes unterstützt fühlte. (Prot. 11.4.1947, StaA) Er forderte von der Stadt weitere Anstrengungen, mehr Siedlungsland zur Verfügung zu stellen und auch die Trümmerverwertung nicht nur dem Kanal-, sondern auch dem Siedlungsbau zugute kommen zu lassen. Stadtvertreter Hünerbein von der SPD ergänzte die Forderung dahingehend, daß auch "auf Privatgelände zurückgegriffen werden (müsse), das durch gesetzliche Maßnahmen in Gemeindebesitz zu überführen" sei. (Prot. 16.5.1947, StaA)

Ende April 1947 erfolgte ein Aufruf an alle Siedlungsinteressenten, sich bei der Stadt zu melden. 1.329 Anmeldungen wurden bis Ende 1947 registriert, ein Großteil davon bereits in den ersten Wochen nach dem Aufruf. 753 Anträge wurden allein von Mitgliedern der Aachener Siedlergemeinschaft e.V. gestellt. Andere Organisationen, wie die Betreuungsstelle für politisch Geschädigte mit 53 Anträgen und die Arbeiterwohlfahrt mit 16 Anträgen, erlangten in Aachen kaum eine Bedeutung. Auch die bereits erwähnte frühe Initiative der SPD hatte offensichtlich nicht zur Bildung einer Siedlergruppe geführt. Als überlokale Organisation wurde lediglich noch der Deutsche Siedlerbund (DSB) zum bevorzugten Sammelbecken für die 507 Siedler, die als Einzelpersonen bei der Stadt die Zuweisung einer Parzelle beantragten. 175 Siedlerparzellen wurden von der Stadt im Laufe des Jahres 1947 vergeben, davon 90 an die Aachener Siedlergemeinschaft (vgl. Zinnen 1949) und der Rest an Einzelbewerber. Die Parzellen waren innerhalb des Stadtgebietes auf das Gelände an der Trierer Straße (28 "Wasserwerk" und 72 "Auf dem Plue") sowie den Königshügel (75) verteilt worden.

Nach diesem frühen und von allen politischen Kräften getragenen Beginn der Siedlungsarbeit waren über längere Zeit kaum Fortschritte zu verzeichnen. Der Verwaltungsbericht der Stadt Aachen von 1948 kommentierte: "Der vom Wiederaufbauminister bereits im März 1947 in Aussicht gestellte Finanzierungserlaß für den Bau von Kleinsiedlungen blieb aus und lähmte die Absicht weiterer Planung." (Verwaltungsbericht 1948, 49)

Auch in der Stadtvertretung fand erst im Dezember 1948 erneut eine ausführliche Debatte über den Wohnungs- und Kleinsiedlungsbau statt, in der Oberstadtdirektor Servais insbesondere das Fehlen eines geeigneten Trägers in Aachen als weiteren Grund für den zögerlichen Gang der Kleinsiedlungsarbeit angab. Anlaß der Debatte war u.a. ein Erlaß des Ministers für Wiederaufbau, in dem endlich Fördermittel für den Bau von Kleinsiedlungen in Aussicht gestellt und die Kommunen aufgefordert wurden, eine Aufstellung über Kleinsiedlungsvorhaben in der Durchführung zu machen und den Mittelbedarf für deren Fertigstellung anzumelden. Als Rechtsgrundlage für die Planung und Durchführung von Kleinsiedlungsmaßnahmen wurden die Kleinsiedlungsbestimmungen von 1937 angegeben.

Mit Bezug auf die darin enthaltenen Miet-(Belastungs-)Obergrenzen forderte Servais vom Land statt zins- und tilgungspflichtiger Darlehen Zuschüsse, um die Preissteigerungen seit 1937 auszugleichen. Von Aachen aus habe man bereits Zuschüsse für die geplanten Kleinsiedlungsvorhaben beantragt. Die Parzellen der Siedlung "Auf dem Plue" seien, entsprechend den nun verbindlichen Vorgaben, neu vermessen und von 400 qm auf 700 qm Mindestgröße angehoben worden. Damit könne auch auf eine teure Kanalisation verzichtet werden. Die Mindestgrundstücksgröße für die Zulässigkeit einer Befreiung vom Kanalanschlußzwang war bei diesem Anlaß von 1.200 qm auf 600 qm reduziert worden. (4) Die durch die Neuvermessung verlorengegangenen etwa 30 Parzellen in der Siedlung "Auf dem Plue" würden durch eine Aufteilung des Zupachtlandes der älteren Stadtrandsiedlung in Forst (Schönforst) ersetzt werden. Auch müßten nun die Vorarbeiten für weitere Kleinsiedlungsvorhaben geleistet werden. Städtisches Gelände stünde dafür am Königshügel und am Branderhof zur Verfügung. Aufgrund des Bodenreform- und Siedlungsgesetzes sei mit weiteren Grundstücken aus privatem Besitz zu rechnen. Als Trägergesellschaften kämen für Aachen die Rheinische Heimstätte und die Aachener Siedlergemeinschaft e.V. in Frage, sofern letztere die staatliche Anerkennung erwirken könne. (Prot. 17.12.1948, StaA)

Doch die anfängliche Hoffnung, der Kleinsiedlungsbau könne auch quantitativ einen bedeutsamen Beitrag leisten, die Wohnungsnot zu bewältigen, erwies sich trotz Fortschritten in der Planungspraxis als trügerisch. Die an Oberstadtdirektor Servais' Ausführungen anschließende Debatte der Stadtvertreter-Versammlung vom 17.12.1948 offenbarte die wachsende Skepsis sowohl auf seiten der SPD als auch der CDU, jedoch jeweils unterschiedlich nuanciert.

Typisch für die CDU war der Beitrag Ohligschlägers, in dem sich die Grenzen zwischen Kleinsiedlung und Eigenheim mit Garten immer mehr zu verwischen begannen. Er forderte Vorarbeiten für die Bereitstellung von weiteren 1.000 Siedlerstellen, da bereits 800 Anträge von der Aachener Siedlergemeinschaft e.V. vorlägen. "Darüber hinaus gibt es noch eine Reihe von Familien, die sich ebenfalls ein Eigenheim errichten wollen." (ebd.)

Bereits im Oktober 1948 hatte die SPD ihre Prioritäten für einen genossenschaftlich organisierten Wiederaufbau in der Presse deutlich gemacht (AN 9.10.1948 u. 16.10.1948) und sich eindeutig gegen den Siedlungsneubau ausgesprochen. "Mit kleinen Stadtrandsiedlungen und Schrebergärten allein können wir diese Grundnot (Wohnungsnot, d.Verf.) unserer Stadt nicht beheben", schrieb Stadtvertreter Moll (SPD) in einem Offenen Brief an die Aachener Bürger. (AN 9.10.1948) Ganz ähnlich äußerte sich auch Valder, der für das Wohnungswesen zuständige Dezernent: "Aus Gründen der Einsparung von Baumaterial wird sich der Bau von Einfamilienheimen auf absehbare Zeit von selbst verbieten ... die Frage der Versorgung der Ausgebombten und Flüchtlinge mit dem notwendigen Wohnraum (ist) das Kernproblem ... In der Lösung dieser Frage liegt die Formung des deutschen Menschen zum staatsbejahenden Bürger und damit die Zukunft des deutschen Volkes." (AN 16.10.1948)

Während der Stadtvertreter-Versammlung vom 17.12.1948 argumentierte Moll: "Wenn man die Wohnungsnot in Aachen beseitigen will, glaube ich kaum, daß der Weg über die Kleinsiedlung der zweckmä-

ßige und geeignete ist" und schlug vor, "im Interesse der Wohnungssuchenden das Gelände Branderhof mit Zweifamilien-Reihenhäusern
zu bebauen". Stadtvertreter Hünerbein, ebenfalls von der SPD, warn-
te davor, Kleingartenland in Kleinsiedlungsland umzuwidmen, bevor
die Finanzierung der Kleinsiedlungen gesichert sei. Stadtvertreter
Braun (KPD) wies darauf hin, daß neben der Kleinsiedlung vor allem
der Wiederaufbau zu fördern sei. CDU-Stadtvertreter Krehwinkel
fühlte sich als Fürsprecher der Kleinsiedler offensichtlich etwas in
die Enge getrieben und kündigte an, daß die Siedler, "Angehörige des
Klein- und Mittelstandes", im kommenden Frühjahr beweisen würden,
was in Selbsthilfe zu leisten sei. Die konservative Presse kommentierte die Sitzung mit einer Aufforderung zu mehr "sachlicher Zusammenarbeit der Parteien", ohne wohnungspolitisch Stellung zu be-
ziehen. (AVZ 21.12.1948) Die Aachener Nachrichten dagegen wieder-
holten die Forderung nach stärkerer Förderung der Instandsetzung
beschädigten Wohnraums anstelle von Neubau. (AN 21.12.1948)

Stärker als die Probleme des Kleinsiedlungsbaus rückten in der
Folgezeit die Möglichkeiten kommunaler Geldbeschaffung und privater
Investitionsanreize im Wohnungsbau ins Zentrum der wohnungspolitischen Erörterungen. Modelle zur partiellen Lockerung der Woh-
nungszwangswirtschaft, Prämien für die Unterbringung von Bunkerbewohnern, Koppelung von Baugenehmigungen für Gewerberäume mit
einer Verpflichtung zum Mietwohnungsbau, Erhebung eines Sozialzu-
schlags bei allen Veranstaltungen, Sonderumlagen in Aachener Betrieben, freiwillige Überstunden der Arbeitnehmer, Erhebung eines
"Wohnungspfennigs" bei der Strom- und Gasversorgung wurden in den
Stadtvertretersitzungen des Jahres 1949 ausführlich und zum Teil
sehr kontrovers diskutiert. Andere Kommunen hatten ebenso über
derart unkonventionelle Wege zur kommunalen Geldbeschaffung
nachgedacht und diese teilweise auch verwirklicht. Mit der Bereitstellung von Landesmitteln für den Sozialen Wohnungsbau im Frühjahr 1949 verloren diese Modelle jedoch zunehmend an Bedeutung.
In Aachen wurde nach Berichten des Informationsdienstes des Deutschen Volksheimstättenwerkes (vom 1.5.1949) lediglich die Prämien-
vergabe für die Aufnahme von Bunkerbewohnern praktiziert.

Das Thema Kleinsiedlung wurde erst im Juli 1949 von Stadtvertreter
Krehwinkel wieder angesprochen. Er überbrachte die Forderung der
Siedler, das Land in Eigentum und nicht, wie bis dahin geplant, im
Erbbaurecht übertragen zu bekommen. Die Stadt willigte ein und

war bereit, den Kaufpreis zu stunden, so daß er wie ein Darlehen mit 4 % Zinsen und 1 % Tilgung pro Jahr in die Erstellungskosten einging. Eine Kaufpreis-Sicherungshypothek war ins Grundbuch einzutragen. Trotz ausdrücklichen Lobes der Aachener Siedlergemeinschaft e.V. und ihrer Selbsthilfeaktivitäten seitens des Oberbürgermeisters Dr. Maas war auf dieser Sitzung von Planungsarbeiten für weitere Kleinsiedlungen nicht mehr die Rede.

In der Praxis konnte endlich im Frühjahr 1949 mit den Bauarbeiten für die ersten Siedlungshäuser begonnen werden. Trägergesellschaften waren die Rheinische Heimstätte und die im November 1948 aus der Aachener Siedlergemeinschaft e.V. hervorgegangene gemeinnützige Baugenossenschaft Eigenheimbau Aachen e.G.m.b.H. (im folgenden Eigenheimbau). (5) Das Baumaterial wurde teilweise von den Siedlern in Eigenproduktion hergestellt. (Abb. 3 u. 4)

Abb. 3: Steineproduktion auf dem Bauhof der Siedlergemeinschaft Aachen e.V.

Die Aachener Siedlergemeinschaft e.V. sorgte für eine ständige Berichterstattung der Presse über ihre Bauvorhaben. Anfang Mai 1949 lud sie die Stadtvertreter und die Presse zur Besichtigung des Bauhofes ein (AVZ 7.5.1949, AN 7.5.1949), und Ende Mai war die Grundsteinlegung für die erste Aachener Nachkriegssiedlung "Hörnhang" zu feiern. Bischof van der Velden, Oberbürgermeister Dr. Maas, Oberstadtdirektor Servais und Regierungspräsident Richter nahmen persönlich teil, Ministerpräsident Arnold telegraphierte Glückwünsche. (AVZ 28.5.1949, AN 28.5.1949) (Abb. 5, 6 u. 7) Im August 1949 war Richtfest auf Hörnhang. (AVZ 3.8.1949) Die zweite Grundsteinlegung am 18.9.1949 in der Siedlung "Auf dem Plue", nunmehr unter alleiniger Regie der Eigenheimbau, war allerdings nur eine Kurzmeldung wert. (AVZ 17.9.1949)

Abb. 4: Steineproduktion auf dem Bauhof der Siedlergemeinschaft Aachen e.V.

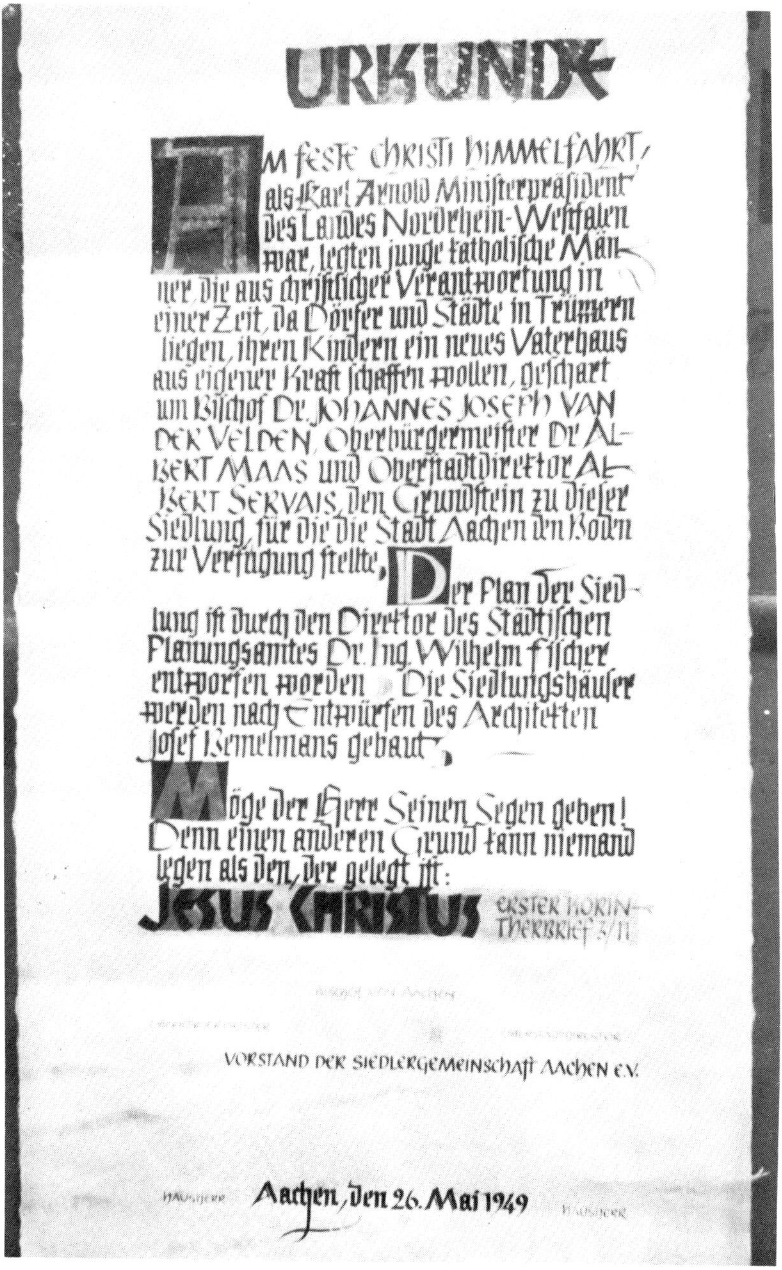

URKUNDE

Am feste Christi Himmelfahrt, als Karl Arnold Ministerpräsident des Landes Nordrhein-Westfalen war, legten junge katholische Männer, die aus christlicher Verantwortung in einer Zeit, da Dörfer und Städte in Trümmern liegen, ihren Kindern ein neues Vaterhaus aus eigener Kraft schaffen wollen, geschart um Bischof Dr. Johannes Joseph van der Velden, Oberbürgermeister Dr. Albert Maas und Oberstadtdirektor Albert Servais, den Grundstein zu dieser Siedlung, für die die Stadt Aachen den Boden zur Verfügung stellte.

Der Plan der Siedlung ist durch den Direktor des Städtischen Planungsamtes Dr. Ing. Wilhelm Fischer entworfen worden. Die Siedlungshäuser werden nach Entwürfen des Architekten Josef Bemelmans gebaut.

Möge der Herr Seinen Segen geben! Denn einen anderen Grund kann niemand legen als den, der gelegt ist:

JESUS CHRISTUS ERSTER KORINTHERBRIEF 3/11

VORSTAND DER SIEDLERGEMEINSCHAFT AACHEN E.V.

Aachen, den 26. Mai 1949

Abb. 5: Urkunde zur Grundsteinlegung in der Siedlung "Hörnhang"

Im Oktober waren wieder die Stadtvertreter eingeladen, die Baustellen der Siedlung Hörnhang zu besichtigen, mit dem Erfolg, daß die Forderungen der Siedler nach mehr Siedlungsland und niedrigeren Straßenbaukosten Gegenstand der folgenden Stadtvertreter-Versammlung am 20.10.1949 wurden. Ein Jahr später, im Dezember 1950, verabschiedete die Stadtvertretung immerhin - u.a. auf die Forderungen nach niedrigen Straßenbaukosten eingehend - ein Elf-Punkte-Programm zur Förderung des Wohnungsbaus, das einen Sondertarif bei den Anliegerkosten in Kleinsiedlungen ermöglichte. Außerdem konnten die Aufschließungskosten durch Selbsthilfeleistungen der Siedler beim Straßenbau und geringe Ausbaustandards reduziert werden. Im wesentlichen ging es um die Möglichkeiten der Stadt, durch geschickte Boden- und Anliegerkostenpolitik den Wohnungsneubau zu fördern und das "Wilde Bauen" (6) an unbefestigten Straßen zu verhindern.

Abb. 6: Grundsteinlegung in der Siedlung "Hörnhang"

In der gleichen Sitzung im Dezember 1950 wurde noch einmal grundsätzlich über die künftigen Wege in der Wohnraumbeschaffung diskutiert. Auch die CDU rückte nun definitiv von der Kleinsiedlung ab. Die Auseinandersetzung verlagerte sich auch vor dem Hintergrund der Debatten auf nationaler Ebene auf den Konflikt (Reihen-)Eigenheim - Mietwohnung. So plädierte Stadtvertreter Ohligschläger (CDU) nunmehr gegen jeden Neubau am Stadtrand und für den Wiederaufbau, da diese Form der Wohnungsbeschaffung weitaus billiger sei. Die "nicht ganz richtige Lenkung des Kapitals" in Neubauten sei ausschließlich von der Landesregierung zu verantworten, die die Mittel zweckgebunden vergebe. Doch wenn schon am Stadtrand neu gebaut würde, dann sollte man doch von der "Erstellung von Eigenheimen in aufgelockerter Bebauung" abgehen und "mehr zum Reiheneigenheim" übergehen. Auch Oberbürgermeister Dr. Maas glaubte nun, man brauche "die Siedler nicht vor den Kopf zu stoßen", doch könne man die Wohnungsnot "praktisch am besten durch den Reiheneigenheimbau" bekämpfen.

Abb. 7: Die erste Grundsteinlegung wurde zum Großereignis

Die SPD teilte diese Ansicht nur begrenzt und sah die Lösung des Wohnungsproblems eher im Mietwohnungsbau: "Ich weiß auch, daß Herr Oberbürgermeister ein besonderer Verfechter des Eigenheimgedankens ist ...", meinte ihr Sprecher, aber man müsse eine "größte Anzahl von Wohnungen schaffen", und das gehe am besten beim Wiederaufbau. (Prot. 28.12.1950, StaA)

Die siedlerwirtschaftliche Bedeutung der Kleinsiedlung, die noch 1947 von Servais betont worden war, wurde nicht mehr erwähnt, ebenso wenig wie der Begriff Kleinsiedlung fiel. Der Unterschied zwischen Eigenheim und Kleinsiedlung reduzierte sich vielmehr auf einen zwischen Reihenhausbebauung und offener Bebauung. Aus dieser Perspektive mußte die Kleinsiedlung in der Tat als eine luxuriöse Wohnform für einige wenige erscheinen. In den Neubaugebieten, die damals in der Planung waren, die Restflächen des Königshügels und das große Gelände zwischen Branderhof und Trierer Straße, waren keine neuen Kleinsiedlungsgebiete mehr vorgesehen.

Die Hoffnungen der Siedlerbewegung, daß die Kleinsiedlung im Rahmen der in den 50er Jahren auch in Aachen dominanten Leitbilder der "durchgrünten Stadtlandschaft" und der "gegliederten und aufgelockerten" Stadt eine neue Funktionszuweisung erhalten könnte, erfüllten sich in der Aachener Wiederaufbauplanung nicht.

Die Wiederaufbauplanung hatte ihre ersten Anfänge bereits mitten im Krieg. Schon 1941, nach den ersten schweren Bombenangriffen, wurde Professor Mehrtens von der Stadt Aachen mit der Wiederaufbauplanung beauftragt. (Hofmann 1953, 230) Am 19.9.1944 erklärte ein Führer-Erlaßentwurf die Stadt Aachen zu einer von 42 "Wiederaufbaustädten" im Deutschen Reich. (Durth 1986, 233f.) Nach dem Krieg erhielt im Herbst 1946 Professor von Schöfer von der Stadtvertretung den Auftrag zur Neuplanung. In einzelnen Stadtteilen wurden zur Eindämmung des "Wilden Bauens" vorübergehende Bausperren erlassen. (AVZ 2.10.1946) Erst am 20.2.1948 beschloß die Stadtvertretung die Einrichtung eines Planungsamtes unter Leitung von Dr. Fischer, der die durch von Schöfer begonnene Planung zum Wiederaufbau der Stadt fortsetzte. (Poll 1960, 355)

Das erste Ergebnis der Arbeit von Fischer war ein am 5.1.1949 der Stadtvertretung in einer außerordentlichen Sitzung unter Ausschluß der Öffentlichkeit vorgestellter Wiederaufbauplan für die Stadt

Aachen, der im wesentlichen aus einem General-Baulinienplan mit großen Rahmenplänen für Verkehr, Flächennutzung und Grünflächen bestand. (AN 12.1.1949) Fischers Programmatik zur zukünftigen Wohnform für die Aachener Bevölkerung wurde von der AVZ folgendermaßen wiedergegeben (Auszug): "Aachen wird eine große Stadt sein können und noch werden müssen, eine wahrhaft große Stadt in bezug auf Charakter und Haltung. ... Dazu trägt auch die Wohnform bei, nicht die Zahl der Wohnungen. Es müssen Wohnungen errichtet werden, die als Keimzelle dieser 'Größe' der Stadt dienen sollen. Dazu ist das Aachener Dreifensterhaus und die Mietskaserne nicht geeignet. Auch das Wohnhochhaus ist undiskutabel. Das Einfamilienhaus mit Garten muß den Mosaikstein abgeben für das Bild der Stadt, allerdings in Bescheidenheit und Schlichtheit, die form- und stilgebend sein können." (AVZ 12.1.1949)

Doch auch diese anfängliche vage Verknüpfung der Ziele der Wiederaufbauplanung mit der Wohnform, ohnehin nicht speziell auf die Kleinsiedlung gerichtet, trat mehr und mehr in den Hintergrund. Dies um so mehr, als der dem ersten Wiederaufbauplan folgende Neuordnungsplan für die Innenstadt absoluten Vorrang hatte, während die Außenbezirke nur in "dringenden Einzelfällen ... in Arbeit genommen" wurden. (Verwaltungsbericht 1949, 24)

Fischer führte zwar auch die Planungen für die Gesamtstadt weiter, doch wurden in seinen Vorstellungen einer "vom Grün durchwachsenen Stadtlandschaft", von einer "Gartengroßstadt" (1949, 76), von "Ansiedlungsgebieten im Sinne eines gesünderen und schöneren Wohnens" außerhalb der dicht bebauten Innenstadt, durchzogen von "keilförmigen Einschnitte(n) des Grüns längs der Radialstraßen" (1975, 25) und von Nachbarschaften als den Keimzellen des städtischen Lebens, die hierbei nötigen Wohnformen nicht näher konkretisiert.

Auch ohne Unterstützung aus der Programmatik der Stadtplanung wurden die im Bau befindlichen und konkret geplanten Kleinsiedlungsvorhaben nach Kräften gefördert. Insbesondere der örtliche Siedlungsträger, die Aachener Siedlergemeinschaft e.V., erhielt eine Reihe von Hilfestellungen. So überließ die Stadt der Siedlergemeinschaft ein Trümmergrundstück zur Erweiterung ihres Bauhofes und berechtigte sie, Trümmerschutt aus der Stadt zu verarbeiten. Eine ganz wesentliche Hilfe erfuhr der Träger der Aachener Siedlergemeinschaft durch das Arbeitsamt. Die Siedlungen der Eigenheimbau wurden als Lehrbaustellen für Maurerumschüler anerkannt (AN 8.11.1950). Weitere Helfer fand die Eigenheimbau durch die Beschäftigung von Strafgefangenen beim Straßenbau.

Die Siedlergruppen der Rheinischen Heimstätte, die nicht über eine so starke und lokal eingebundene Interessenvertretung verfügten, waren sehr viel mehr auf eigene Organisationsleistungen angewiesen. Anstelle eines eigenen Bauhofes nutzten sie die angemieteten Einrichtungen eines Betonwerks während der Feierabendstunden. Den kostenlosen Trümmerschutt ersetzten sie durch Splitt, den sie erst von Unternehmen kaufen mußten. Maurerumschüler kamen in den von uns untersuchten Siedlungsabschnitten nicht zum Einsatz, wohl aber ebenfalls Strafgefangene.

Im Vergleich zwischen der Eigenheimbau und der Rheinischen Heimstätte in Aachen spiegelte sich deutlich die allgemeine Erfahrung wieder, daß eine kleine, örtlich agierende Genossenschaft in sehr viel stärkerem Maße geeignet war, lokale Ressourcen für den Siedlungsbau zu nutzen als große überörtliche Träger (vgl. Der Siedler 1949, H. 2, 5).

Ein Teil der Privilegien der Eigenheimbau/Aachener Siedlergemeinschaft ging mithin auf deren besondere Aktivitäten und kommunalpolitische Präsenz, das heißt, auch auf eine entsprechende Lobby in der Stadtvertretung, zurück. Die anderen Siedlergruppen konnten diese Vorteile nicht ausgleichen (AN 26.11.1949 u. 30.11.1949), denn die Stadt scheint von sich aus wenig Anstrengungen unternommen zu haben, um eine Gleichbehandlung aller Siedlergruppen zu gewährleisten. (7)

Auch der DSB hatte neben der Aachener Siedlergemeinschaft kaum eine Chance, kommunalpolitisch präsent zu sein und daraus materielle Vorteile zu ziehen. (8) In den Siedlungsausschüssen der Stadt besetzten Vertreter der katholischen Siedlungsbewegung (Bischöfliches Siedlungsamt oder Aachener Siedlergemeinschaft e.V.) als Vertreter der Landbewerber die stimmberechtigten Plätze, der DSB war bei der ersten Besetzung nur als beratendes Mitglied vertreten.

Die dem DSB angeschlossenen neuen Siedlergruppen fühlten sich auch materiell gegenüber der Aachener Siedlergemeinschaft benachteiligt. Im November 1949 beschwerten sie sich öffentlich: "Bis zum heutigen Tage ist seitens der Stadtverwaltung Aachen kein Pfennig für Siedlungsvorhaben verausgabt worden, weder bar noch in Form von Hypotheken. Dies gilt vor allem für alle dem 'Deutschen Siedlerbund e.V.' angeschlossenen Gruppen." (AN 26.11.1949) Der Vorwurf ließ sich zwar nicht verifizieren, er belegt jedoch den allgemeinen Unmut der betroffenen Siedler. Darüber hinaus wurde beklagt, die Stadt verschleppe die Bereitstellung der notwendigen Unterlagen über Boden- und Aufschließungskosten, so daß "einer der Träger, der längst bedeutend weiter im Bau seiner Kleinsiedlungen sein könnte", keine Förderungsanträge beim Regierungspräsidenten stellen könne. (AN 30.11.1949)

Die Stadt wies solche Vorwürfe natürlich zunächst zurück, mußte jedoch zugeben, daß die Koordination der beteiligten Ämter - des Siedlungs-, Planungs- und Vermessungsamtes - einige Probleme bereite.

Zusammenfassend läßt sich sagen, daß es trotz hervorragender Öffentlichkeitsarbeit und bester Verbindungen zur Stadtverwaltung und zur Stadtvertretung (über Stadtvertreter Krehwinkel) der katholischen Siedlungsbewegung in Aachen nicht gelang, eine längerfristige Kleinsiedlungsförderung und weitere Neuausweisungen von Kleinsiedlerstellen durchzusetzen. Eine entscheidende Ursache dafür lag in der schleppenden Bewilligung der Landesdarlehen, die einen überzeugenden quantitativen Erfolg der Siedlerbewegung verhinderten. (9) Hinzu kam, daß während des Bauprozesses in den beiden großen Kleinsiedlungen erhebliche technische Schwierigkeiten aufgrund der Bodenverhältnisse auftraten, die entgegen den ursprünglichen Planungen eine Kanalisation erforderlich machten, die Kosten entsprechend in die Höhe trieben (AN 20.4.1950) und damit ungünstige Kostenvergleiche zwischen Neubau und Wiederaufbau provozierten (AN 8.12.1950).

In der Stadtverwaltung differenzierten sich die wohnungspolitischen Positionen zwischen 1947 und 1950 immer mehr aus. Unter dem Vorzeichen möglichst ökonomischer Stadtentwicklung und in Erinnerung an den erfolgreichen kommunalen sozialen Mietwohnungsbau in der Hauszinssteuerära plädierte Oberstadtdirektor Servais verstärkt gegen die Kleinsiedlung und das Eigenheim und für einen sozialen Mietwohnungsbau. Damit wurde er zu einem argumentativen Gegenspieler von Oberbürgermeister Dr. Maas, der, wenigstens in der ersten Nachkriegszeit, zu jeder Gelegenheit "blaublumige Worte" - so die ironische Formulierung der dem DSB angeschlossenen Siedlergruppen in ihrem Leserbrief an die AN vom 30.11.1949 - für den Siedlungs- und Eigenheimbau fand.

Aber auch die Parteien rückten immer deutlicher vom überkommenen Kleinsiedlungsbau ab: die SPD schon seit 1948 mit klarer Prioritätensetzung für den Wiederaufbau und den Mietgeschoßwohnungsbau, die CDU sehr deutlich seit 1950 mit der Hinwendung zum bürgerlichen Eigenheim mit Garten. In der Konkurrenz zwischen Kleinsiedlung und Eigenheim in den Reihen derer, die grundsätzlich für das Einfamilienhaus votierten, hatte auch die Aachener Siedlergemeinschaft e.V. dem unaufhaltsamen Trend zum Reiheneigenheim nicht viel entgegenzusetzen, da sie selbst in auffälliger Weise den Begriff Kleinsiedlung in ihren Schriften vermied (vgl. Zinnen 1947 u. 1949, Reiff 1949) und mit weniger klar definierten Worten, wie "Siedlung", "Siedlungsheimstätte", "Siedlungsstätte", "Volksheimstätte", das eigene Haus mit großem Garten umschrieb.

So führte die spezifische Konstellation in Aachen mit einer unangefochtenen konservativen Mehrheit in der Stadtvertretung und einer katholischen Siedlerbewegung zwar anfänglich zu viel programmatischer Siedlungseuphorie, im Ergebnis aber nur zu einer relativ kurzen Phase aktiver Kleinsiedlungsförderung und einer quantitativ bescheidenen Zahl von neugeschaffenen Kleinsiedlerstellen.

Anmerkungen

(1) Erst ab dem 9.11.1952 galt die neue Gemeindeordnung für das Land Nordrhein Westfalen, nach der die bis dahin so genannte Vertretung der Bürgerschaft bzw. Stadtvertretung Stadtrat und die Stadtvertreter Stadträte genannt wurden.

(2) Die folgenden Ausführungen basieren vielfach auf einer Auswertung der Protokolle der Sitzungen der Stadtvertreter-Versammlungen (Standort: Stadtarchiv Aachen) und werden mit Rücksicht auf die Lesbarkeit des Textes nur in Einzelfällen nachgewiesen.

(3) Vertreter der Landbesitzer im Gemeindesiedlungsausschuß war Stadtvertreter Bayartz, Vertreter der Landbewerber der Leiter des Katholischen Siedlungsamtes Konertz. Der DSB war nur als beratendes Mitglied vertreten. Im Stadtkreissiedlungsausschuß vertrat der Vorsitzende der Aachener Siedlergemeinschaft e.V., Dr. Reiff, die Interessen der Landbewerber. (Prot. 16.5.1947, StaA)

(4) Tatsächlich erforderten dann jedoch die schlechten Bodenverhältnisse des Geländes einen sofortigen Kanalanschluß.

(5) Vgl. hierzu die Aufsätze von H. Wahlen (I) und K. Hater in diesem Band.

(6) Die durch das "wilde Bauen" entstandenen, als "Schwarzbauten" bezeichneten Gebäude stellten nicht nur Planungshindernisse dar, sondern offenbarten daneben auch noch eine für die damalige Situation kaum erträgliche Ungerechtigkeit. Anders als in der Weltwirtschaftskrise gehörte die Mehrzahl derer, die "wild" oder "schwarz" bauten, nicht zu den Ärmsten der Armen, die eine Bretterbude auf freiem Feld der Unterbringung in Obdachlosenasylen vorzogen, sondern im Gegenteil: wer in der Nachkriegszeit "wild" baute, der stand im Verdacht, vor allem über ausreichend "Kompensationsgüter" zur Beschaffung von Baumaterial zu verfügen, also zu den Großhändlern, Bäckern, Metzgern und sonstigem "fettigen Gewerbe" zu gehören. (AN 24.1.1947, Crous 1979, 86)

(7) So war die Eigenheimbau z.B. auch beim Abschluß der Kaufverträge mit der Stadt, die wiederum Voraussetzung für die Auszahlung von Hypothekengeldern war, der Rheinischen Heimstätte stets um einige Monate voraus. Die entsprechenden Verzögerungen des Bauprozesses lassen sich an den Datierungen ablesen.

(8) Dies läßt sich auch aus der Berichterstattung der Presse ersehen, die ungleich mehr Artikel über die Aachener Siedlergemeinschaft e.V. als über den Deutschen Siedlerbund brachte.

(9) 1949 und 1950 waren 75 Landesdarlehen für Kleinsiedlungen bewilligt worden, 1951 48, 1952 41 und 1953 nur noch 12. (Verwaltungsbericht 1950, 1951)

Literatur- und Quellenverzeichnis

Aachener Nachrichten, Das Ende war ein Anfang. Zehn Jahre Wiederaufbau im Aachener Grenzgebiet, Sonderbeilage 19.11.1955

Aachener Volkszeitung, Das Werk, das alle schufen. 1945-1955 Rückblick und Ausschau, Sonderbeilage 12./13.11.1955

Beyme, K. von, Der Wiederaufbau. Architektur und Städtebaupolitik in beiden deutschen Staaten, München 1987

Brunn, G. (Hg.), Neuland: Nordrhein-Westfalen und seine Anfänge nach 1945/46, Essen 1986

Crous, H.A., Aachen - so wie es war 2, Düsseldorf 1979

Durth, W., Deutsche Architekten. Biographische Verflechtungen 1900-1970, Braunschweig 1986

Fischer, W.K., Grundriß der Zukunft, in: Merian 1949

Fischer, W.K., Die Neuplanung Aachens nach dem Zweiten Weltkrieg, in: Huyskens, A. (Hg.), Das alte Aachen. Seine Zerstörung und sein Wiederaufbau, Aachen 1953

Fischer, W.K., Aachen plant 1950-1975. Neuauflage der 1950 erstmals veröffentlichten Broschüre "Aachen plant" zum Wiederaufbauplan Aachen, Aachen 1975

Hoffmann, H., Aachen in Trümmern. Die alte Kaiserstadt im Bombenhagel und danach, Düsseldorf 1984

Hofmann, W., Die städtebauliche Entwicklung der Badebezirke in

Aachen und Burtscheid 1656-1950, in: Huyskens, A. (Hg.), Das alte Aachen. Seine Zerstörung und sein Wiederaufbau, Aachen 1953

Kühn, E., Die fünfziger Jahre. Persönliche Erinnerungen an die Zeit des Wiederaufbaus, in: Arch+ 56, April 1981

Kurze, A., Oberstadtdirektor Stadt Aachen (Hg.), Aachen - eine Stadt an der Grenze baut auf, Stuttgart 1957

Kurze, A., Oberstadtdirektor Stadt Aachen (Hg.), Aachen 1945-1970. 25 Jahre Baugeschehen, Stuttgart 1971

Lang, E., Das innere Gesicht, in: Merian 1949

Massenberg, C., Aufbau der Städte, Kleinsiedlung in der Großstadt, in: Der Städtetag, 1952

Matzerath, H., Städte nach zwei Weltkriegen, in: Först, W. (Hg.), Städte nach zwei Weltkriegen, Köln 1984

Pabst, K., Die Nachkriegszeit begann in Aachen, in: Först, W. (Hg.), Beiderseits der Grenzen, Köln 1987

Poll, B., Das Schicksal Aachens im Herbst 1944, in: Zeitschrift des Aachener Geschichtsvereins, Bd. 66/67, Aachen 1955

Poll, B., Geschichte Aachens in Daten, Aachen 1960

Schmidt-Hermsdorf, Chr. u. G., Stadtlesebuch. Ein historischer Längsschnitt durch die Aachener Stadtentwicklung, Werkberichte Planungstheorie, Reihe Planungsgeschichte 2, Aachen 1984

Stadt Aachen, Statistisches Amt (Hg.), Zehn Jahre Aufbau in Aachen. Bericht über die Verwaltung der Stadt Aachen in der Zeit vom 1. November 1944 bis Oktober 1954, Aachen 1954

Stadt Aachen, Verwaltungsberichte der Stadt Aachen, Jg. 1 1944-46 bis Jg. 11 1956

Stadt Aachen, Statistisches Amt (Hg.), Statistisches Handbuch der Stadt Aachen 1956, Aachen 1956

Trees, W., Whiting, Ch., Omansen, Th., Drei Jahre nach Null. Geschichte der britischen Besatzungszone 1945-1948, Düsseldorf 1978

Wunderlich, P.W., Königs, H. (Hg.), Aachen. Krieg - Wiederaufbau, Aachen 1950

Archiv der Aachener Volkszeitung:
- Zinnen, P., Grundsatzreferat zu den Aufgaben und Zielen der Aachener Siedlergemeinschaft, 1946

Archiv der Eigenheimbau Aachen:
- Festschrift zur Grundsteinlegung der Siedlung Hörnhang, 1949, darin: Reiff, F., Warum Siedlungen?; Zinnen, P., Aus dem Werden unserer Gemeinschaft

Stadtarchiv Aachen (StaA):
- Protokolle der "Vertretung der Bürgerschaft" Aachen 1946-1956 (ab 9.11.1952 "Rat der Stadt" Aachen)

Aachener Nachrichten (AN): Jahrgänge 1945-1956
Aachener Volkszeitung (AVZ): Jahrgänge 1946-1956
Der Siedler, Zeitschrift des Deutschen Siedlerbundes e.V., Jg. 1 1948/49 bis Jg. 8 1956
Kirchenzeitung für das Bistum Aachen, Jg. 1 1946 bis Jg. 11 1956

Hermann Gödde

Katholische Siedlungsarbeit in Aachen

"Siedeln tut not"

Das Rheinland und hier vor allem die Achse Aachen-Köln waren in der ersten Nachkriegszeit ein, wenn nicht das Zentrum katholischer Siedlungsarbeit überhaupt.

Welche Bedeutung die Kirche auf der Basis der ersten Sozialenzyklika Papst Leos XIII. "Rerum novarum" aus dem Jahr 1891 der Siedlungsarbeit als dem "Kernstück der Sozialreform" zumaß und wie eng zugleich der Zusammenhang "Familie - Eigenheim - Verwurzelung mit dem Boden - soziale Stabilität" geknüpft wurde, wurde bereits in dem in diesem Band veröffentlichten Text von T. Harlander dargestellt.

Einer der wichtigsten Verfechter kirchlicher Siedlungsarbeit war der zum Siedlungsreferenten der Fuldaer Bischofskonferenz bestellte Aachener "Siedlerbischof" Johannes Joseph van der Velden: "So glaube ich, sind wir nicht auf Irrwegen, wenn wir uns nun innerhalb der sozialen Aufgabe der der Siedlung ganz besonders zuwenden; denn wenn die Urzelle allen Gemeinschaftslebens, die Familie, die Urzelle der Kirche und des Staates, sich nicht gesund entfalten kann, dann wird die ganze Gesellschaft davon Schaden haben. Die Familie bedarf des Heimes und zwar genügenden Raumes, daß sie und auch wieder ihre Kinder überhaupt leben können." (BDA 4)

Das offensive Eintreten der katholischen Kirche für Kleinsiedlung und Eigenheim reichte jedoch über ein bloßes Engagement als Ideenträger hinaus und schloß eine organisierte, praktische Siedlungsarbeit ein. Als Bauträger übernahmen die vielerorts gegründeten katholischen Siedlungswerke die bauwirtschaftliche Betreuung der Siedlungsvorhaben mit einer Bilanz von nahezu 85.000 errichteten Wohnungen in den Jahren 1945 bis 1955. Als Sammelbecken für katholische Siedlungsbewerber kam den Siedlungswerken ferner die Aufgabe zu, die Gründung von Siedlergruppen zu initiieren, diese Gruppen zu betreuen und im Sinne der katholischen Soziallehre zu schulen, um "in den neu entstehenden Siedlungen den christlichen Familien- und Nachbargeist zu pflegen." (Wosnitza 1956, 4)

Spontane Selbsthilfegemeinschaften, denen sich die Kirche so als Unterstützung und Träger anbot, entstanden nach 1945 in zahlreichen Städten und Landgemeinden und gingen vielfach auf Basisinitiativen aus dem kirchlichen Bereich wie im Fall des Freiburger Pfarrers Magnani oder der von Nikolaus Ehlen gegründeten Laieninitiativen zurück.

Auch in Aachen, wo die katholische Kirche traditionsgemäß eine führende Rolle im gesellschaftlichen und politischen Leben einnahm, entstanden aus einer katholischen Laieninitiative erste Ansätze einer katholischen Siedlungsarbeit, die im weiteren Verlauf so erfolgreich war, daß die aus dieser Initiative gebildete Siedlergemeinschaft Aachen e.V. bereits 1948 feststellen konnte, "daß in Aachen die Siedlerbewegung weitestgehend in katholischen Händen liegt". (BDA 6) Trotz aller anfänglichen Unterstützung, die der örtlichen Siedlungsbewegung von seiten der Kirche und im besonderen von Bischof van der Velden zukam, blieb das Verhältnis von Basisinitiative und Amtskirche nicht spannungsfrei. Die katholische Kirche favorisierte mit der Gründung eines überörtlichen Bauträgers, der Aachener Gemeinnützigen Siedlungsgesellschaft mit späterem Sitz in Köln, ein eher zentralistisches Organisationskonzept. Die Aachener Siedlerbewegung wollte hingegen ihre lokale Autonomie wahren und gründete einen lokal begrenzten Wohnungsbauträger in der Rechtsform einer Genossenschaft, die Eigenheimbau Aachen e.G.m.b.H. (im folgenden Eigenheimbau). (Abb. 1)

"Die Junge Familie"

In der Aachener Pfarre "Herz Jesu" bildete sich zu Beginn des Jahres 1946 ein Kreis "Junge Familie" aus zumeist jungen Ehepaaren, die zum Teil schon in der katholischen Jugendbewegung aktiv waren. Man traf sich regelmäßig, um theologische Fragen zu diskutieren, die Pfarrarbeit zu organisieren, aber auch um alltägliche Probleme zu besprechen. Ein wichtiges Thema, das immer wieder erörtert wurde, war die schlechte Wohnungsversorgung der einzelnen Mitglieder. In den katastrophalen Wohnverhältnissen der Nachkriegszeit sah man die Gefahr eines "immer weiter um sich greifenden gesundheit-

lichen, sozialen, sittlichen und geistigen Zerfall unseres Volkes."
(Zinnen 1949) Eine Lösung der Probleme schien einzig im Bau von
Heimstätten in Form der Kleinsiedlung und des Eigenheims zu liegen: "Am eigenen Leib spürten sie täglich, in welchem Ausmaße diese Not die Persönlichkeit zerstören kann. Mit dem Recht, das jede

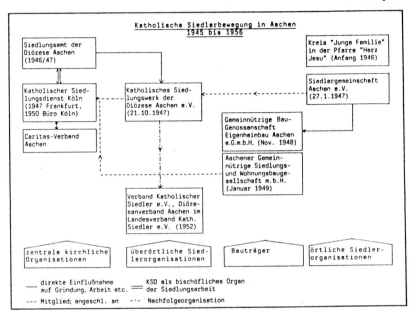

Abb. 1: Katholische Siedlerbewegung in Aachen 1945-1956

gesunde Jugend für sich in Anspruch nehmen darf, wehrten sie
sich gegen diesen Niedergang. Auf der Suche nach einem Ausweg
erkannten sie bald, daß die furchtbare Wohnungsnot nicht durch
den Bau von 'Mietskasernen' beseitigt werden kann, in denen nur
neue Vermassung, neue Verelendung und soziale Mißstände groß werden würden. Die Lösung lag einzig und allein in der Schaffung
einer Heimstätte, in der sich die Familie nach der von Gott gegebenen Ordnung bilden, entwickeln und entfalten kann. Heimstätte
kann aber nur das Einfamilienhaus mit großem Garten sein, wo in
der Verbindung mit dem Boden die Voraussetzung für die Gesunder-
haltung und Gesundung der Familie gegeben ist." (ebd.)

Einige Mitglieder des Kreises "Junge Familie" wurden daher auf
verschiedenen Ebenen aktiv, um auch praktische Schritte in die

59

Wege zu leiten. Ihnen war bewußt, daß sie vorerst keine nennenswerte Unterstützung von staatlichen Stellen zu erwarten hatten
und auf ihre Eigeninitiative angewiesen waren. Sie entschlossen
sich auf Anraten von Nikolaus Ehlen, an den sie herangetreten waren, die Siedlergemeinschaft Aachen e.V. in der Rechtsform eines
Vereines zu gründen. "Man hatte von dem Siedlungsvater Nikolaus
Ehlen gehört, hat ihn besucht, der hat dann Tips gegeben, wie was
zu machen ist." (Interview F10)

Siedlergemeinschaft Aachen e.V.

Die Siedlergemeinschaft Aachen e.V. wurde am 1.1.1947 in das Vereinsregister beim Amtsgericht Aachen eingetragen. Die Gründung
des Vereins hatte einen derartigen Erfolg, daß sich bis zur Währungsreform der Siedlergemeinschaft mehr als 800 Mitglieder an-
schlossen. Aktiv arbeitete der Verein in verschiedenen kommunal-
politischen Gremien, so in dem 1947 neu geschaffenen Orts- sowie
im Kreissiedlungsausschuß mit. Enge Kontakte zur städtischen Verwaltung trugen sicherlich dazu bei, daß dem Verein schon kurz nach
seiner Gründung seitens der Stadt 90 Siedlerstellen zur Verfügung
gestellt wurden, 45 Siedlerstellen "Auf dem Plue" und 45 "Auf Hörnhang".

"Wir brauchten Land, Grundstücke, und wir fanden mit diesen Dingen
Anklang beim damaligen Oberbürgermeister Maas, der auch dem
Siedlungsgedanken sehr nahe stand, und der hat es dann wohl durch-
gesetzt, daß wir die ersten Grundstücke kaufen konnten, von der
Stadt Aachen auf der Hörn und auf dem Plue." (Interview F10)

Diese Grundstücke konnten bereits am 12.4.1947 durch die Siedler
- vorerst allerdings nur zur gartenbaumäßigen Nutzung - in Besitz
genommen werden. Im darauffolgenden Jahr richtete die Siedlergemeinschaft einen Bauhof ein, der als Lagerplatz für die aus Trümmerschutt gewonnenen Baumaterialien diente und auf dem im November 1948 mit der Produktion von Hohlblocksteinen begonnen werden
konnte. Gleichzeitig wurden ein Büro zur Koordination der Selbsthilfearbeit und als Anlaufstelle eröffnet, ein hauptamtlicher Geschäftsführer eingestellt und Verhandlungen über den Ankauf von
45.000 qm Baugrund aus Privatbesitz geführt.

Ein wichtiger Ansprechpartner blieb weiterhin die katholische Kirche. Diese richtete, in Anerkennung der Bedeutung der Siedlungs- und Wohnungsfrage, bereits im Jahre 1946 auf Diözesanebene ein Bischöfliches Siedlungsamt im Seelsorgeamt ein, das von einem Mitglied und Mitbegründer der Siedlergemeinschaft Aachen e.V. hauptamtlich besetzt wurde. Siedlungsamt und Siedlergemeinschaft förderten somit zusammen die Verbreitung des katholischen Siedlungsgedankens und wirkten auf die Gründung eines katholischen Siedlungswerkes als dem Zusammenschluß aller im Bereich des Bistums Aachen arbeitenden katholischen Siedlergemeinschaften hin. Da sich die Gründung eines kirchlichen Bau- und Verfahrensträgers hinauszögerte, entschloß sich der Vorstand der Siedlergemeinschaft Aachen e.V., mit der Eigenheimbau Aachen e.G.m.b.H. einen eigenen, auf das Stadtgebiet begrenzten lokalen Träger in der Rechtsform einer Genossenschaft zu gründen. "Das war eine Entscheidung des Vorstandes der Siedlergemeinschaft Aachen. Die Siedlergemeinschaft hatte einen recht großen Vorstand. ... Die Siedlergemeinschaft wurde darüber ... informiert." (Interview F10) Mit der Gründung der Trägergenossenschaft verlor die ursprüngliche Siedlergemeinschaft rasch an Bedeutung und "hat sich dann mit der Zeit aufgelöst, weil sie ihr Ziel als erreicht angesehen hat". (ebd.)

Die "geistige Ausrichtung der Siedlungsarbeit" (Wosnitza 1956,4) übernahmen das Siedlungsamt beim Bischof und das katholische Siedlungswerk der Diözese, die Eigenheimbau dagegen die Aufgabe und Funktion des Bauträgers sowie der Organisation der Siedler. (Abb. 2 u. 3)

Siedlungsamt der Diözese Aachen

Die Aufgabe des Bischöflichen Siedlungsamtes der Diözese Aachen bestand darin, die katholische Siedlungsarbeit in der Diözese langfristig zu sichern und zu fördern. Es sollte Koordinierungsaufgaben wahrnehmen, die von den zum Teil zeitlich und räumlich begrenzt arbeitenden Siedlergemeinschaften nicht erfüllt werden konnten. Scharrenbroich, Arbeiterseelsorger der Diözese, und Konertz, Leiter des Bischöflichen Siedlungsamtes, erarbeiteten 1946 ein Fünf-Punkte-Programm (BDA 1) für die Arbeit des Siedlungsamtes. Ziele der Arbeit sollten sein:

„Wir bauen uns ein Haus . . ."

Grundsteinlegung am Branderhoferweg

Zum dritten Male konnte die Siedlergemeinschaft Aachen e. V. (Gemeinnützige Baugenossenschaft Eigenheim e.G.m.b.H.) zur Grundsteinlegung für ein neues Siedlungsvorhaben einladen. Am Sonntagnachmittag versammelten sich am Branderhoferweg die Siedler mit ihren Angehörigen und Vertreter der Stadt und der Regierung, um in einer würdigen Feierstunde den Grundstein zur „Siedlung Vogelsang" zu legen.

Vier Häuser sind schon bis zum Erdgeschoß „gewachsen" und bilden den Anfang einer Siedlung die schon allein wegen ihrer schönen Lage als ein glückliches Bauvorhaben bezeichnet werden kann. Die Nähe des Aachener Waldes und der herrliche Ausblick von der Höhe über das Stadtgebiet, sind sicherlich reizvolle Momente. Der Grundstein ist ein Stein aus der Pfarrkirche Herz-Jesu und wurde der Siedlungsgemeinschaft als vielversprechendes Sinnbild enger Zusammengehörigkeit von dieser Pfarre geschenkt. Er trägt die Aufschrift: ANNO SANCTO 1950.

Nachdem der „Singekreis" unter J. Leitner durch einen Gesangvortrag die Feierstunde eröffnet hatte, nahm Dr. Reiff im Namen des Vorstandes der Siedlergemeinschaft das Wort und führte u. a. aus, daß die Geißel der Wohnungsnot die Menschheit hart bedränge, zumal in den zerbombten Städten. Der Kampf gegen die Wohnungsnot, sei auch ein Kampf gegen Elend und Vermessung.

Der Diözesanjugendseelsorger Rektor Baurmann, der als Mitbegründer des Siedlungswerkes gelten darf, richtete vor der kirchlichen Segnung des Grundsteines eine recht nachdenklich stimmende Ansprache an die Siedler und ihre Gäste. Er sagte u. a., daß dieses Siedlungswerk von einer kleinen Zahl junger, christlicher Eheleute geschaffen wurde, die sich zu Beginn des Jahres 1946 in der Pfarre Herz-Jesu, Aachen, zu einem Kreis „Junge Familie" zusammengefunden hatten. Sie wehrten sich gegen die Not der Nachkriegszeit, vor allem gegen die katastrophalen Wohnungsverhältnisse. Auf der Suche nach einem Ausweg fanden sie die Lösung allein in der Schaffung einer Heimstätte, in der sich die Familie nach der von Gott gegebenen Ordnung bilden, entwickeln und entfalten kann. Rektor Baurmann sagte abschließend: „Eine Stadt auf dem Berge kann nicht verborgen bleiben! Das verpflichtet. Möge diese Siedlung eine lichtvolle Stadt werden!"

Nach der Segnung des Grundsteines wurde die Urkunde verlesen und eingemauert.

Ein zukünftiger Siedler sprach Worte des Dankes. Mit einer Darbietung des „Singekreis", der die Feststunde wirkungsvoll mit Liedern umrahmte, schloß die Feier.

K. A. M.

Abb. 2 u. 3: Geistliche Begleitung der Grundsteinlegung in der Siedlung "Auf Vogelsang"

1. das Hinwirken auf die Gründung örtlicher katholischer Siedlergemeinschaften, die in einem Dachverband zusammengeschlossen
werden sollten, "damit wir so stark werden, daß wir in der Lage
sind, unsere berechtigten Forderungen mit dem nötigen Nachdruck
erfolgreich auch den höchsten Stellen gegenüber vertreten und
durchsetzen zu können";
2. die praktische Unterstützung der Siedlergemeinschaften, damit
"im kommenden Frühjahr an möglichst vielen Stellen mit der praktischen Siedlungsarbeit begonnen werden kann";
3. die Gewährleistung einer moralischen und ethischen Betreuungsarbeit zur Vermittlung des "notwendigen geistigen Rüstzeugs", damit
die Siedler "ihre Arbeit durchführen ... können und ein wirkliches
Gemeinschaftsleben möglich wird";
4. die Sorge dafür, "daß für unsere Siedler nur das Beste geschaffen
wird";
5. Schulungsmaßnahmen für die praktische Siedlungsarbeit (Gartenbau, Kleintierzucht etc.).

Auf der Grundlage dieses Arbeitsprogrammes ging das Siedlungsamt
nach einer kurzen Einarbeitungszeit im Frühjahr 1947 an die Öffentlichkeit. (vgl. Abb. 4) Das Ziel der Arbeit lag eindeutig in der
Gründung katholischer, lokal bezogener Siedlergemeinschaften sowie
dem möglichst raschen Zusammenschluß dieser Siedlergemeinschaften
zu einer diözesanen Dachorganisation.

Die forciert betriebenen Anstrengungen des Siedlungsamtes zur
Gründung eines katholischen Siedlungswerkes als Dachverband der
Siedlergemeinschaften werden verständlich, wenn neben den prak-
tisch-organisatorischen Gründen auch die politischen Motive berücksichtigt werden. Die Antwort auf die Frage, warum "größte Eile"
geboten war, beantwortete das Siedlungsamt mit dem Hinweis, daß
"sehr deutliche Anzeichen dafür vorhanden sind, daß von seiten
der marxistischen Parteien und der Gewerkschaften der Versuch unternommen wird, das Siedlungsproblem marxistisch zu lösen und
alle Siedlergemeinschaften unter Kontrolle zu bringen. Es besteht
die latente Gefahr, daß unsere Siedlergemeinschaften von diesen
Strömungen aufgesogen werden, wenn sie nicht durch das Siedlungswerk den notwendigen Rückhalt bekommen." (BDA 2)

Leser schreiben

Siedlungen

Wir stellen die Forderung nach ¾ Morgen Land für jede Familie, die gewillt ist zu siedeln. Diese Größe einer Siedlung ist das Ergebnis jahrzehntelanger Versuche, die von ersten Fachleuten angestellt wurden. ¾ Morgen Land machen eine Familie, insbesondere Arbeiterfamilie, denn die Arbeiterfamilien berührt das Siedlungsproblem am meisten) krisenfest. Das heißt, daß die Arbeiterfamilien mit einem solchen Grundstück eine Existenzgrundlage haben und nicht mehr jeder Krise schutz- und hilflos preisgegeben sind.

Man komme nicht mit dem Einwand, ein einzelner könne neben seiner Berufsarbeit ein solches Grundstück nicht bearbeiten. Ein einzelner kann es, wenn er es will. Natürlich ist richtige Landaufteilung und Arbeitseinteilung wesentliche Voraussetzung. Jeder Siedler ist ja auch Kleinviehhalter und braucht mindestens ½ seines Grundstückes als Weide für sein Schaf. In Verbert, in den von Dr. Nikolaus geschaffenen Siedlungen, kann jeder sehen, daß man neben seiner Berufsarbeit ¾ Morgen Land mit dem Spaten bearbeiten kann. Aber auch hier im Landkreis man selten einen Arbeiter finden, der weniger als ½ Morgen Land unter dem Spaten hat. Man hört immer wieder den Wunsch, noch mehr Land zu bekommen. Dies alles sind keine Erwerbslose, sondern Arbeiter, die im Berufsleben stehen. Darüber hinaus ist das Siedeln nicht nur eine Sache des Familienvaters, sondern eine Angelegenheit der ganzen Familie.

Auch kann der Siedler sich den für seinen Garten notwendigen Dünger beschaffen. In einem Siedlerhaushalt geht nichts verloren. Die menschlichen Exkremente und aller Abfall werden der Kompostierung zugeführt. Dazu kommt der Tierdünger des Schafes, der Kaninchen usw. und der Kompost. Wenn man in Mietskasernen wohnt, hat man allerdings keine Düngemittel und dann können auch keine Gärten gedeihen. Hieraus ist ohne weiteres zu folgern, daß es volkswirtschaftlich gesehen, eine große Dummheit ist, nicht im großen Ausmaße zu siedeln.

Aber die volkswirtschaftliche Seite ist noch nicht einmal die ausschlaggebendste für unsere Forderung. Aus dem Leserbrief: „Arbeit im Siedlergarten", Nr. 78, vom 20. November 1946, spricht eine Haltung, die uns tief erschreckte. Nur nebenbei sei erwähnt, daß der Verfasser die Begriffe Siedlergarten und Schrebergarten durcheinander wirft. Nach seiner Behauptung daß ein Arbeiter ein solches Grundstück nicht bearbeiten kann, spricht der Verfasser dem Arbeiter das Recht auf eigenem Grund und Boden ab. Es ist ein Naturrecht des Menschen. Grund und Boden zu besitzen. Er darf aber nur dann Boden besitzen, wenn er ihn bearbeiten kann.

Wir treten für dieses Recht ein. ¾ Morgen Land ist das Minimum, um einer Arbeiterfamilie eine sichere Existenzgrundlage zu geben. Darum müssen wir aus christlicher Verantwortung auf diese Forderung bestehen. Es liegt nicht in unserer Absicht, irgend jemand zum Siedeln zu zwingen. Wer nicht will, soll es bleiben lassen. Die nicht siedeln wollen, haben aber in keiner Weise das Recht, den Siedlungswilligen und -fähigen hierzu die Möglichkeit zu nehmen und die Berechtigung abzusprechen.

Papst Leo XIII. sagt in seiner Enzyklika Rerum Novarum: Nicht nur muß der private Besitz, will man zu einer Lösung der sozialen Frage gelangen, als ein unantastbares Recht gelten, sondern der Staat muß auch dieses Recht in der Gesetzgebung begünstigen und sollte in seinen Maßregeln dahin zielen, daß möglichst viele aus den Staatsangehörigen eine eigene Habe zu erwerben trachten.

Wir wollen die Erfüllung dieses Papstwortes. Möglichst vielen soll die Möglichkeit gegeben werden, ein angemessenes Besitztum zu erwerben. Daß viele danach trachten, bedarf keines Beweises mehr. Die Siedlungsfrage steht im Mittelpunkt. Auch wir werden sich die Geister scheiden. Mögen die Verantwortlichen sich nicht mit halben Lösungen begnügen und die Bedeutung der Siedlungsfrage erkennen. Das Bestmöglichste muß getan werden, wenn unser Volk gesund werden soll.

Klaus Konertz,
**Bischöfliches Seelsorgeamt, Siedlungsamt.
Aachen, Bergdrisch 44.**

Deutschland bittet!

Weihnachten 1946 steht vor der Tür. Zum zweiten Mal nach der Beendigung des blutigsten

---

Abb. 4: Öffentlichkeitsarbeit durch den Vertreter des Siedlungsamtes Klaus Konertz, Leserbrief in der AVZ vom 21.12.1946

Das Siedlungswerk sollte demnach nicht nur Dachorganisation der katholischen Siedlergemeinschaften sein, sondern auch ein Instrument der politischen Auseinandersetzung. Das Siedlungsamt selbst, als bischöfliche Verwaltungsstelle, schien für diese Arbeit aufgrund der organisatorischen und verwaltungsmäßigen Struktur nicht geeignet: "Um diesen Aufgaben gerecht zu werden, erscheint es zweckmäßig, das Siedlungswerk in der Rechtsform eines eingetragenen Vereins zu bilden. ... Das Siedlungswerk muß so ausgestattet werden, daß es von Laien mit geistlichem Beirat geleitet und getragen wird." (ebd.)

Landbeschaffung

So umfangreich die katholische Kirche - gewöhnlich in Erbpacht - im ländlichen Bereich der Diözese Land aus Kirchenbesitz für Siedlungszwecke zur Verfügung stellte, so zurückhaltend agierte das Siedlungsamt im Stadtbezirk Aachen. Ihren Unmut über diese Passivität formulierte die Siedlergemeinschaft in mehreren Schreiben an das Bischöfliche Generalvikariat: "Die Stimmung unter unseren sehr willigen Siedlern ist dadurch stark gedrückt. Vereinzelt werden Stimmen des Unwillens laut. In zunehmendem Maße wird dabei nach Kirchenland gefragt. Wiederholt konnten wir, gestützt auf mündliche Zusicherung unseres Bischofs, auf die grundsätzliche Bereitwilligkeit der Kirche durch Hergabe von Land aus kirchlichem Besitz hinweisen. Jetzt ist es aber an der Zeit, den Versprechungen die Tat folgen zu lassen." (BDA 6)

Um dieser Forderung größeren Nachdruck zu verleihen, erinnerte die Siedlergemeinschaft in dem gleichen Schreiben an die enge Verbundenheit der Aachener Siedlerbewegung mit der katholischen Kirche: "Die Bildung des Siedlungsamtes der Diözese Aachen ist mit aus den Gedanken entstanden, die in dem Kreis 'Junge Familie' an der Herz-Jesu-Pfarre als ausschlaggebend für eine religiöse Erneuerung erkannt wurden, daß nämlich der moderne Mensch - zumal der Not leidende - erst dann wieder religiösen Werten zugänglich werden kann, wenn er zu den natürlichen Kraftquellen zurückgefunden hat. Hierzu verhilft ihm die Siedlung. Gott Dank, daß bei vielen Städtern der Wille zur Bodenverbundenheit vorhanden ist. Möge er nicht ertötet werden! Heute noch sind die maßgebenden Vorstandsmitglieder der Siedlergemeinschaft Aachen e.V. aktive Mitglieder dieser

Gruppe. Daß in Aachen die Siedlerbewegung weitestgehend in katholischen Händen liegt, ist der Tatkraft und dem Opferwillen dieser Angehörigen junger Familien zu verdanken. Wir glauben, aus dieser Tatsache auch die Berechtigung herleiten zu können, die Unterstützung der Kirche zu erbitten." (ebd.) Die Aachener Kleinsiedlungen der Nachkriegszeit entstanden dessenungeachtet aber alle auf Gelände, das aus städtischem, in einem Fall ("Auf Vogelsang") aus Privatbesitz erworben wurde.

Siedlungskollekte

Eher publizistische Wirkung hatten die alljährlichen vom Siedlungsamt ins Leben gerufenen Siedlungskollekten (Abb. 5) in den einzelnen Pfarreien der Diözese. Die gespendeten Beträge sollten zur Spitzenfinanzierung für in Not geratene Siedler eingesetzt werden: "Aber nicht immer können die Geldmittel in genügender Menge und zum rechten Zeitpunkt bereitgestellt werden. Inzwischen steigen die Baukosten an, und es entstehen immer wieder Lücken in der Finanzierung, die den Fortgang und die Vollendung der Siedlungsbauten gefährden ... Hier ist der Platz des Einsatzes der von den Gläubigen gesammelten Mittel in Gestalt von kurzfristigen, zinsfreien oder zu einem geringen Zinssatz gegebenen Darlehen, zuweilen als Schenkungen." (Kirchenzeitung für das Bistum Aachen 1952, H. 6,7)

Die Mittel aus den Kollekten waren allerdings so gering, daß sich viele Siedlergemeinschaften und Siedler vergebens um Mittel aus dem Hilfsfonds des Bistums bemühten. In dem von Domkapitular Dr. Schümmer unterzeichneten Aufruf zur Siedlungskollekte 1952 hieß es dazu: "Die wenigen Pfennige sind ein beschämendes Ergebnis in Anbetracht der noch immer schreienden Wohnungsnot. Vergleicht man damit, was für Vergnügen und Genußmittel hingegeben wird, besonders in den Kirmes- und Fastnachtstagen, so kann man nur mit Kopfschütteln fragen: Begreift unser Volk denn gar nicht die Zeichen unserer Zeit?" (Schümmer 1952, 6)

Abb. 5: Aufruf zur Siedlungskollekte in der Kirchenzeitung für das Bistum Aachen

Katholisches Siedlungswerk der Diözese Aachen e.V.

Mit der Gründung des Katholischen Siedlungwerkes verblieb dem Siedlungsamt selbst lediglich eine Koordinierungs- und Aufsichtsfunktion auf Diözesanebene. Um sich diese aber langfristig sichern zu können, sollte das Katholische Siedlungswerk "de facto und de jure der Aufsicht des Bischöflichen Seelsorgeamtes" unterliegen. (BDA 2)

Die Gründungsversammlung des Siedlungswerkes der Diözese Aachen fand auf Initiative des Siedlungsamtes der Diözese am 21.10.1947 in den Räumen des Caritas-Verbandes Aachen statt. Die im Katholischen Siedlungswerk zusammengeschlossenen Siedlergemeinschaften schufen sich damit erstmals eine eigene arbeitsfähige Körperschaft, in der sich bis Mitte 1948 25 Siedlergemeinschaften aus der Diözese Aachen mit ca. 4.000 Mitgliedern zusammenschlossen. (1)

In seinem ersten Quartalsbericht vom 18.5.1948 betonte der Vorstand des Siedlungswerkes die dringliche Notwendigkeit, die zur Gründung des Siedlungswerkes geführt hatte. Eine straffere Organisation in Form einer juristischen Körperschaft sei notwendig geworden, um zu verhüten, "daß der sich in den Gemeinden regende Siedlungswille abglitt, von unsachlichen Bestrebungen getrübt und durch gewissenlose Elemente zu politischen Geschäften mißbraucht wurde."

Die bereits vom Siedlungsamt Aachen im Jahre 1947 in seiner Denkschrift vorgegebenen Zielsetzungen zur zukünftigen Arbeit des Siedlungswerkes fanden sich auch in dessen Satzung wieder:

"Das Siedlungswerk der Diözese Aachen e.V. ist ein gemeinnütziger Verein und hat den Zweck:
a) den Siedlungsgedanken zu vertreten und zu verbreiten und die Errichtung von Siedlungen zu fördern,
b) bei der Planung und Errichtung von Siedlungen mitzuwirken und die Selbsthilfe und den Einsatz der Siedler zu organisieren,
c) die betreuten Siedlergemeinschaften zu vertreten, zu beraten und zu unterstützen." (BDA 3)

Gleichzeitig sicherte sich die katholische Kirche maßgeblichen Einfluß auf die praktische Arbeit des Siedlungswerkes. Drei der fünf Vorstandsmitglieder wurden vom Aachener Bischof ernannt, lediglich die beiden Beisitzer konnten von der Mitgliederversammlung des

Siedlungswerkes auf die Dauer von zwei Jahren gewählt werden. (2)
Das Bistum stellte zwar für den Start eine finanzielle Unterstützung zur Verfügung, ansonsten sollte sich das Siedlungswerk allerdings aus eigenen Mitteln tragen: "Um den sofortigen Arbeitsbeginn
des Siedlungswerkes zu ermöglichen, erscheint es zweckmäßig, den
für das Siedlungswerk bereitgestellten Betrag von 20.000,- diesem
frei verfügbar zu machen. Die Notwendigkeit der Beheimatung der
Entwurzelten, um sie so zu Christus zurückzuführen, ist Richtschnur
und Leitgedanke, mit dem das große Werk begonnen werden soll."
(BDA 2)

Von der Satzung nicht ausgeschlossen wurde die Möglichkeit, daß
das Siedlungswerk in der Rechtsform eines eingetragenen Vereins
die Trägerschaften von Bauvorhaben selbst übernahm. (3)

Von dieser Möglichkeit machte das Siedlungswerk jedoch nur selten
Gebrauch, nicht zuletzt, weil erhebliche Rechtsunsicherheit darüber
bestand, ob die Rechtsform eines Vereins ausreichte, um eine Bauträgerschaft zu übernehmen. Zudem verstand sich das Siedlungswerk
"naturgemäß" nicht als Bauträger, sondern sah in der sozialethischen
Betreuung der Siedler seine Hauptaufgabe. (Abb. 6) Diese rechtfer-
tigte auch erst das Engagement der katholischen Kirche in der
Siedlungsarbeit, gab ihr den tieferen Sinn. Auf der Jahrestagung der
katholischen Siedlungswerke hieß es noch 1956:
"Der Arbeitskreis ist der Auffassung, daß sich die kirchliche Siedlungsarbeit in erster Linie darum bemühen muß, die einzelnen Siedlergemeinschaften als künftige Pfarrgemeinschaften zu betreuen
und nach Möglichkeit durch eine systematische Bildungsarbeit für
den christlichen Siedlungsgedanken zu gewinnen, damit dem Anliegen
der deutschen Bischöfe in diesem wichtigen Bereich des apostoli-
schen Wirkens Rechnung getragen werden kann." (Das Familienheim
1956, H.4,10) (Abb. 7)

Ein weiterer wichtiger Gesichtspunkt für die Zurückhaltung im
Bauträgergeschäft war die Tatsache, daß bereits parallel zur Gründung des Siedlungswerkes Vorbereitungen zur Gründung eines eigenen
kirchlichen Bau- und Verfahrensträgers auf Diözesanebene getroffen
worden waren. Dieser Bau- und Verfahrensträger sollte zur ange-
strebten klaren Aufgabenverteilung kirchlicher Siedlungsarbeit bei-
tragen.

Abb. 6: Werbung für den Siedlungsgedanken in der Kirchenzeitung für das Bistum
Aachen

"Der Träger erstellt die Häuser, er ist, wenn auch gemeinnützig, doch in erster Linie ein wirtschaftliches Unternehmen ... Dazu kommen aber noch zwei wichtige Gründe: 1. Erfahrungsgemäß gibt es häufig Spannungen zwischen Träger und Siedler, die ja sehr schwer zu vermeiden sind. In solchen Fällen würde aber eine religiös-ethische Betreuung bei dem Siedler kaum ankommen. 2. Nicht alle katholischen Siedlergruppen bauen mit einer katholischen Trägergenossenschaft. ..." (Wöste 1955,5)

Die Gründung eines eigenen Verfahrensträgers wurde dann vom Caritas-Verband Aachen und vom Siedlungswerk Aachen, die zunächst auch als alleinige Gesellschafter vorgesehen waren, vorangetrieben. Beiden Verbänden erschien die Gründung dringend geboten, da verschiedene Siedlergemeinschaften bereits Kontakt mit anderen Verfahrensträgern aufgenommen hatten, die, so wurde befürchtet, die Siedlerinteressen nicht im Sinne christlichen Gemeinschaftslebens gewährleisten konnten. Die bestehenden Verfahrensträger galten zudem als zu "verbeamtet, verbürokratisiert und zu anonym". (BDA 7)

Die Aufgaben, die der neu zu gründende Träger zu übernehmen hatte, reichten von
- der Entwicklung geeigneter Siedlungstypen, die "die Grundforderungen, die aus christlicher Schau an ein Siedlerhaus zu stellen sind", erfüllen sollten (BDA 8) über
- die Prüfung der Bebaubarkeit von Land für ca. 1.000 Siedlerstellen in der Diözese Aachen,
- und die Finanzierung bis zur
- Baudurchführung und Bauberatung.

Die Währungsreform und die damit einhergehenden Schwierigkeiten bei der Beschaffung und Einzahlung des Stammkapitals verzögerten die Gründung noch um einige Monate. Die Aachener Gemeinnützige Siedlungsgesellschaft mbH mit Sitz in Aachen (später Köln) wurde schließlich am 4.1.1948 als alleiniger, überregionaler Verfahrensträger der katholischen Kirche in das Handelsregister eingetragen. Bis Ende August 1948 war von seiten des Siedlungswerkes noch die Möglichkeit eines lediglich auf Diözesanebene arbeitenden Trägers offengehalten worden (vgl. Siedlungswerk an den Verband Rheinischer Wohnungsunternehmen, 31.8.1948, AEgH).

Um die katholische Siedlungsarbeit auf Landesebene weiter zu ver-
einheitlichen und zu koordinieren, wurde die Arbeit der diözesanen
Siedlungswerke vier Jahre später, im Februar 1953 in dem "Verband
Katholischer Siedler e.V., Landesverband Nordrhein-Westfalen" zusammengefaßt. (vgl. Schümmer 1955,13)

Mit der Gründung der "Aachener" hatte das Siedlungswerk eines
seiner wichtigsten Ziele erreicht und löste sich am 8. Februar 1953
nach einstimmigem Beschluß des Vorstandes auf. (BDA 15) Noch am
gleichen Tag gründete sich, mit der gleichen personellen Besetzung,
der Verband Katholischer Siedler, Diözesanverband Aachen e.V. Die
Gründung des Landesverbandes folgte am 11.2.1953.

Damit endete gleichzeitig eine Phase im Siedlungswesen, die neben
einer Vielzahl von örtlichen Selbsthilfegruppen, Siedler- und Bau-
willigengemeinschaften sowie Bauträgergesellschaften auch eine
Vielfalt an Organisationsstrukturen, -formen und Möglichkeiten
basisdemokratischer Entscheidungsprozesse (z.B. in den Orts- und
Kreissiedlungsausschüssen) hervorgebracht hatte. Auch im kirchlichen
Raum wurden nun Bestrebungen deutlich, diese Strukturen mehr und
mehr zu bürokratisieren, zu kanalisieren und in überlokale Organisationsstrukturen zu integrieren. In Aachen selbst erübrigte sich
allerdings eine weitere direkte lokale Einflußnahme, da die Kleinsied-
lungstätigkeit mit dem Jahre 1953 zum Erliegen kam; lediglich bereits
begonnene Kleinsiedlungsvorhaben wurden zu Ende geführt. Die
Wohnbautätigkeit konzentrierte sich hier wie vielerorts auf den
Bau von (Reihen-)Eigenheimen und Mietgeschoßwohnungsbau.

Abb. 7: Bischof van der Velden bei der Grundsteinlegung in der Siedlung "Hörnhang"

Verband Katholischer Siedler e.V. (VKS)

Die Gründung des Verbandes Katholischer Siedler e.v. als neuem Dachverband für die einzelnen Diözesanverbände 1952 kann als ein erstes Ereignis der Neuorganisation und Loslösung von zu engen lokalen Bindungen katholischer Siedlungsarbeit angesehen werden. Der Verband stellte sich zur Aufgabe, "Kleinsiedlung, Heimstätte und Eigenheim als Erfüllung katholischer Soziallehre und als Grundlage einer religiös-sittlichen Lebensführung, eines christlichen Familienlebens in wirtschaftlicher Sicherheit, in der Entfaltung persönlicher Freiheit, der biologischen und geistigen Gesundheit (zu) fördern." (Das Familienheim 1953, Nr.1,3)

73

Untrennbar war in dieser Sicht mit der Wohnungsbeschaffung das Ziel verknüpft, "den wohnungsuchenden Menschen zum Eigentum und Eigenheim zu führen, ihn aus seiner Vereinzelung, aus seiner Entwurzelung und Vermassung herauszulösen und in eine lebendige Gemeinschaft einzugliedern." (Krampe 1956,14) Dabei wurde die Errichtung von Kleinsiedlungen und Eigenheimen jedoch nicht als Selbstzweck der Verbandsarbeit angesehen, ebenso nicht die Eigentumsbildung. Beide Aufgaben galten "lediglich" als Voraussetzung, damit der Siedler "mit seinem Eigentum in die kirchliche Gemeinde hineinwachsen" konnte. "Mit der Siedlung soll eine neue Pfarrgemeinde entstehen, und in den bestehenden Gemeinden sollen sich neue Zellen christlichen Gemeinschaftslebens entwickeln." (ebd.); Zellen, die einen Gegenpol zu den "kollektivistischen Tendenzen" bilden sollten. In der "Forderung und Schaffung des familiengerechten Heimes" verstand sich der VKS als "ein Teil jener großen Bewegung, die sich im Bekenntnis zur christlichen Sozialreform die Lösung der sozialen Frage ... zur Aufgabe gestellt hat." (Schirpenbach 1953,4)

Mit diesem "Grundsatzprogramm" (Krampe 1956,14) sollten zudem Bestrebungen unterstützt werden, Hauptarbeitsfelder katholischer Siedlungsarbeit voneinander abzugrenzen. Als diese wurden genannt: Bauträgergeschäft, Siedlerorganisation und -betreuung, Ideen-/Ideologieträgerschaft. Dem Vorwurf, die Gründung eines eigenen katholischen Siedlerverbandes würde die Siedlungsbewegung als Ganzes schwächen, wurde entgegengehalten, daß diese Gründung keine Zersplitterung bedeute, "sondern eine ebenso notwendige wie wertvolle Ergänzung der deutschen Siedlerbewegung, weil wir in der religiösethischen Betreuung und in der Eingliederung des Siedlers in die Pfarrgemeinde eine Lücke ausfüllen, die bisher in der deutschen Siedlerbewegung vorhanden war. Der Verband ist zugleich eine notwendige und sinnvolle Ergänzung aller kirchlichen Bemühungen um die Rettung der gefährdeten Familie. ... weil wir in der Forderung und Schaffung des familiengerechten Heimes eine Erfüllung katholischer Soziallehre und die natürliche Grundlage religiös-sittlicher Lebensführung sehen." (Schirpenbach 1953,4)

Organisation der Diözesanverbände

Die Gliederungen des am 8.2.1953 gegründeten Diözesanverbandes Aachen waren die Siedlergemeinschaften und die Kreisgruppen, deren jeweilige Organe die Mitgliederversammlung und ein gewählter Vorstand waren. (BDA 9) Die Kreisgruppe Aachen umfaßte die Siedlergemeinschaften des Stadt- und Landkreises, gründete sich aber erst am 7.4.1954. Erster Vorsitzender wurde P. Zinnen, Gründungsmitglied der Siedlergemeinschaft Aachen e.V. und der Eigenheimbau.

Zweck und Aufgaben des Diözesanverbandes regelte die Satzung, die noch von Bischof van der Velden genehmigt worden war. In Nr.2 der Satzung ist u.a. ausgeführt, daß sich der Diözesanverband vor allem folgende Aufgaben stellt:
"a) Entfaltung der religiösen und sittlichen Werte durch Betreuung und Schulung seiner Mitglieder,
b) Aufklärung der Öffentlichkeit über die Bedeutung der Kleinsiedlung und der familiengerechten Heimstätte,
c) Förderung der Kleinsiedlung und des Heimstättenwesens durch Zusammenarbeit mit Parlamenten und Behörden, politischen Parteien, Kirchen und Religionsgemeinschaften, Gewerkschaften, Siedlungsträgern und allen anderen die Kleinsiedlung und das Heimstättenwesen fördernden Stellen,
d) Sammlung der Kleinsiedler und Besitzer von Heimstätten und Eigenheimen,
e) ständige Verbesserung der Siedlerwirtschaft (Gartenbau, Kleintierhaltung und Hauswirtschaft) durch Schulung und Beratung der Kleinsiedler, Heimstätter und Eigenheimer sowie durch Unterhaltung von Gemeinschaftseinrichtungen und Mitwirkung bei der Wirtschaftsplanung und Ersteinrichtung von Siedlerstellen,
f) Beratung der Kleinsiedler, Heimstätter und Eigenheimer in allen Fragen ihres Haus- und Grundbesitzes sowie des Kleinsiedlungs- und Heimstättenwesens,
g) Unterstützung einer umfassenden Neusiedlung sowie die Erfassung, Förderung und Beratung Siedlungswilliger und Selbsthilfe-Siedlergruppen." (BDA 9)

Einen wesentlichen Bestandteil dieses Aufgabenspektrums stellte die wirtschaftliche und finanzielle Beratung und Betreuung der Siedler dar, "zumal eine ständig wachsende Zahl unserer Mitglieder ihre Häuser vollendet hat und mit der Einrichtung und Bewirtschaftung der Siedlerstelle beginnt". (Das Familienheim 1953, H. 7,9) (4)

Diese Beratung setzte allerdings nicht erst nach der Bauzeit ein und beschränkte sich auch nicht auf eine rein gärtnerische Beratung, sondern sie war Teil einer umfassenden Betreuungsleistung, die schon vor der Bauzeit einsetzte und in drei Phasen zu unterteilen war:

1. Betreuung vor der Bauzeit
   - Beratung bei der Auswahl der Siedler und Einlieger
   - Beratung und Mithilfe bei der Baulandbeschaffung
   - Beratung und Mithilfe bei der Finanzierung
   - Beratung und Auskunftserteilung bei der Wahl der Trägergesellschaft
2. Betreuung während der Bauzeit
   - Anleitung bei der Organisation der Selbsthilfearbeiten in Zusammenarbeit mit dem Träger
   - Interessensvertretung gegenüber dem Träger u.a.
   - Vermittlungsfunktion bei Streitigkeiten o.ä.
   - Beratung über den örtlich zweckmäßigsten Aufbau der Siedlerwirtschaft
3. Betreuung nach der Bauzeit
   - rechtliche Beratung und Betreuung (kostenloser Rechtsschutz)
   - Übernahme der üblichen Grundstücks- und Haftpflichtversicherung
   - Beratung und Betreuung bei der Erstbepflanzung (u.a. Erarbeitung eines Pflanzplanes) in Zusammenarbeit mit Träger und DSB
   - weitere Fachberatung (Seminare, Siedlerzeitschrift u.a.)
   (vgl. Das Familienheim 1953, H. 7,9 u. Krampe 1956,14f.)

Mit zunehmender Bedeutung einer gesicherten Finanzierung der Bauvorhaben weitete der Verband seine Finanzierungsberatung aus. Um diese so effizient wie möglich zu gestalten und den Bedingungen des Kapitalmarktes anzupassen, gründete der Verband 1955/56 mit Unterstützung der Bischöfe der Diözesen Nordrhein-Westfalens als Selbsthilfeeinrichtung des Verbandes einen Aufbausspardienst. In einem Aufruf zur Gründung des Aufbausspardienstes hieß es:

"Zur Förderung des Sparens, dem nach dem Fortfall größerer manueller Eigenleistungen zur Finanzierung der Familienheime größte Bedeutung zukommt, wurde im Verband Katholischer Siedler ein 'Aufbausspardienst' gegründet, der die Bauwilligen über die beste Art der Ansammlung des Eigenkapitals beraten und bei Abschluß von Sparverträgen behilflich sein soll." (BDA 12)

Über den Aufbausspardienst bestand für die Mitglieder die Möglichkeit, neben einer kostenlosen Beratung Bausparverträge, steuerbegünstigte Sparverträge, Wohnungsbauprämienverträge und Kapital-ansammlungsverträge, alle mit staatlicher Prämiengewährung, abzu-schließen. Der Aufbausparniest arbeitete dabei mit zwei Bauspar-kassen und mit einer Reihe öffentlicher Spar- und Darlehenskassen und verschiedenen Trägergesellschaften zusammen.

Vorrangige Zielgruppe, die als Ansprechpartner gewonnen werden sollte, waren Jugendliche, "um diese zur Sparsamkeit zu erziehen" und ihnen schon früh die Möglichkeit zu geben, Eigenkapital zu erwirtschaften. Dabei wurden die Vorteile eines frühen Sparbeginns sowohl rein technisch (lange Anspardauer ermöglicht geringe monat-liche Beträge) als auch in sozial-ethischer Hinsicht erkannt: "Die gesteigerten Lebensansprüche tragen häufig die Schuld, wenn junge Menschen, die schon ein gutes Einkommen haben, keinen Pfennig zu-rücklegen. Teure Reisen, Motorräder, Plattenspieler sind manchmal recht fragwürdige Werte, die junge Bauwillige aufzuweisen haben. Die Arbeit des Aufbausparndienstes gerade bei der Jugend wird ... Bedeutung für die Persönlichkeitsentwicklung junger Menschen haben." (Das Familienheim 1955, H. 12,5)

In seiner Struktur war der Aufbausparniest eine Abteilung des Landesverbandes, die als Werbeträger und Agentur für verschiedene Geldinstitute, Trägergesellschaften etc. agierte.

Die weitere Entwicklung des Verbandes Katholischer Siedler war ab Mitte der 50er Jahre geprägt durch unterschiedliche Bestrebungen zur Fortführung der Verbandsarbeit, die insbesondere die organisa-torische Struktur des Verbandes betrafen. Neben dezentralen Konzep-ten, die auf eine föderative Struktur des Verbandes, mit starkem Eigenleben der Diözesanverbände, hinzielten - besonders vertreten durch den Diözesanverband Aachen - wurden zentralistische Konzepte diskutiert, die eine Stärkung der Aufgabenkompetenz des Landesver-bandes im Verhältnis zu seinen Mitgliedsverbänden ins Auge faßten. Diese Meinungsverschiedenheiten eskalierten zum Teil in heftigen persönlichen Auseinandersetzungen (5), die die Arbeit des Verbandes schwächten, aber letztlich durch die weitere Entwicklung - Stagna-tion der Mitgliederzahl, Rückgang der Siedlungsbewerber, Bedeu-tungsverlust der Kleinsiedlung - überholt wurden.

Katholischer Siedlungsdienst

Die Fuldaer Bischofskonferenz hatte bereits im Jahre 1930 die Tätigkeit der im Jahre 1926 in Mönchengladbach gegründeten "Arbeitsgemeinschaft Siedlungs- und Wohnungsbau" als bischöfliche Hauptarbeitsstelle für das Siedlungswesen mit dem Namen "Katholischer Siedlungsdienst" übernommen. Als zentrale Informationsstelle hatte das in Berlin eingerichtete Büro "informatorische, propagandistische und bautechnische Arbeit" zu leisten. (BDA 13)

Nach dem 2. Weltkrieg wurde der Katholische Siedlungsdienst, dessen Tätigkeit 1940 von den Nationalsozialisten gänzlich verboten worden war, zunächt lokal beim Gemeinnützigen Siedlungswerk in Frankfurt 1947 von Bischof Kaller wiederbegründet. Nach der Gründung der Bundesrepublik Deutschland wurde dann in Köln eine bundesweite Anlaufstelle für die kirchliche Siedlungsarbeit eingerichtet.

Der Katholische Siedlungsdienst verstand sich als Zusammenschluß und Interessenvertretung der in den einzelnen Diözesen für das kirchliche Siedlungswesen tätigen Organisationen und Unternehmen (6) mit dem Zweck der Förderung "der Siedlung und des sozialen Wohnungsbaues zur Verwirklichung christlicher Lebensführung in familiengerechtem Heimwesen in Stadt und Land. In besonderer Weise will es sich der sozialen Gesundung und Seßhaftmachung der Heimatvertriebenen und der sonstigen durch den Krieg und seine Folgen entwurzelten Volkskreise annehmen." (BDA 10)

Grundsätzlich war der Katholische Siedlungsdienst in zwei Hauptaufgabenfeldern aktiv: Im Vordergrund stand die Förderung des Wohnungsbaues in Form von Kleinsiedlungen, Eigenheimen, aber auch von Mietwohnungen. Erst ab 1953 erfolgte die Wiederaufnahme der Arbeit zur Förderung der landwirtschaftlichen Siedlung mit dem Zweck, heimatvertriebenen Bauern und nachgeborenen Bauernsöhnen zu einem eigenen Hof zu verhelfen. (vgl. Wosnitza 1956,4; Die Volksheimstätte 1956, H. 9,4) (7)

Dabei ging es nicht um konkrete Betreuungstätigkeit, sondern um Erfahrungsaustausch und Koordination nach innen und Öffentlichkeitsarbeit und Interessenvertretung nach außen: "Der Kath. Siedlungsdienst ist nicht die technische oder wirtschaftliche Spitze, die die Bauvorhaben lenkt, darin bleibt jedes Diözesansiedlungswerk selbständig, sondern die zentrale Arbeitsstelle für die geistige Ausrichtung der ganzen Siedlungsarbeit. Er gibt Anregungen, vermittelt die Erfahrungen, sucht die Gesetzgebung zu beeinflussen. Er versorgt die Presse und die Öffentlichkeit mit Artikeln und Informationen, gibt den Diözesanstellen und Siedlergruppen Instruktionen und gewährt ihnen Beistand." (Wosnitza 1956,4)

Die Schwerpunkte der Arbeit innerhalb der kirchlichen Siedlungsarbeit waren im einzelnen:
- Erfahrungsaustausch durch Tagungen, Vorträge und periodische Publikation,
- Beratung katholischer Siedlerverbände und Siedlungsunternehmen durch Mitgliedschaft in den Aufsichtsgremien,
- Vermittlung von Geldern der öffentlichen Hand und des Kapitalmarktes an einzelne Mitglieder,
- Vermittlung von auslaufenden Höfen (Höfemeldedienst).

Nach außen sollte der Verband folgende Aufgaben erfüllen:
- Information der Öffentlichkeit über Presse und Rundfunk,
- Beeinflussung der öffentlichen Meinung um familiengerechte Wohnungen zu schaffen und Wohneigentum zu bilden,
- Einflußnahme auf die Gesetzgebung durch Mitarbeit in parlamentarischen Ausschüssen und Ministerien für Wohnungsbau (8)
- einheitliche Vertretung der kirchlichen Siedlungsarbeit in den wichtigsten Spitzenverbänden, z.B. im Deutschen Volksheimstättenwerk (2. Vorsitzender: Prälat Wosnitza vom KSD), Gesamtverband der gemeinnützigen Wohnungswirtschaft, Verwaltungsrat der Deutschen Pfandbriefanstalt u.v.a.m.

Die Vielzahl der in der kirchlichen Siedlungarbeit tätigen Institutionen ließ auch für den Katholischen Siedlungdienst etwa Mitte der 50er Jahre die Frage seiner Effizienz aufkommen. In einem Memorandum zur Arbeit des Katholischen Siedlungsdienstes aus dem Jahre 1955 (BDA 11) wurden die in der Satzung vorgegebenen Arbeitsschwerpunkte kritisch hinterfragt.

Für den Bereich der Öffentlichkeitsarbeit vertrat der Verfasser des Memorandums die Auffassung, daß der Verband Katholischer Siedler mit seiner Zeitschrift "Das Familienheim" wie auch das Volksheimstättenwerk mit der Zeitschrift "Die Volksheimstätte" umfassender informierten als der Katholische Siedlungsdienst, der zudem oft auf

Veröffentlichungen dieser Verbände zurückgriff. Schwer einzuschätzen war hingegen die Bedeutung des Katholischen Siedlungsdienstes bei Verhandlungen mit staatlichen Behörden und der Wirtschaft, da auch andere Organisationen aus dem kirchlichen Raum hier tätig wurden. Insbesondere bei der Finanzierung besaßen die Trägergesellschaften Fühlungsvorteile. Bei der Siedlerberatung und -betreuung konnte die Arbeit des Katholischen Siedlungsdienstes nur sehr allgemein und begrenzt bleiben. Die erforderliche Einzelbetreuung sei, so der Tenor des Memorandums, besser bei den vor Ort arbeitenden Organisationen (Verband Katholischer Siedler, DSB) aufgehoben.

Die durch dieses Memorandum ausgelöste Diskussion über die Neustrukturierung katholischer Siedlungsarbeit führte Ende der 50er Jahre zu einer Überprüfung des Katholischen Siedlungsdienstes durch die Fuldaer Bischofskonferenz. Das Prüfungsergebnis, vorgelegt vom Essener Bischof Hengsbach, schloß aber doch mit der Empfehlung, die Arbeit im bisherigen Umfange fortzuführen. (vgl. BDA XIV)

Ergebnisse und praktische Wirkung katholischer Siedlungsarbeit in Aachen

Die oben erwähnte Feststellung aus dem Jahre 1948, daß "die Siedlerbewegung in Aachen weitestgehend in katholischen Händen liegt", kennzeichnete treffend die Situation nach 1945.

Die Aachener Siedlungsbewegung wurde in ihrer gesamten Nachkriegsgeschichte stark von der katholischen Soziallehre geprägt, die im Privateigentum an Grund und Boden sowie im familiengerechten Heim Ecksteine einer neuen sozialen Ordnung ausmachte und gerade jener "Stabilität, die vom eigenen Boden kommt (und) aus der Familie die ganz vollkommene und ganz fruchtbare Lebenszelle der Gesellschaft macht" (Wöste 1956,5) (9), eine wesentliche staatstragende Funktion zumaß. Damit war neben den immer wieder hervorgehobenen seelsorgerischen und sozialpolitischen Motiven kirchlicher Siedlungsarbeit, die sich den drängenden sozialen Problemen der Zeit nicht verschließen konnte und wollte, freilich auch ein politisches Programm formuliert, das häufig genug auch explizit "antimarxistisch" und "antikollektivistisch" gegen SPD und Gewerkschaften gewendet wurde. Aufgrund der gegebenen politischen Mehrheitsverhältnisse, innerhalb derer eine solche Agitation kaum nötig erschien, gewann dieser Aspekt kirchlicher Siedlungsprogrammatik in Aachen allerdings nur geringe politische Virulenz. Dies um so weniger, als zu dem Zeitpunkt, zu dem die wohnungs- und eigentumspolitischen Auseinandersetzungen auf nationaler Ebene im Vorfeld der Novellierung des II. WoBauG ab 1952/53 ihrem Höhepunkt zustrebten, der Kleinsiedlungsbau in Aachen bereits zu seinem Ende gekommen war.

In einer ersten Phase des Wiederaufbaues boten sich den auch in Aachen entstandenen Selbsthilfeinitiativen von unten zunächst Freiräume, die die Eigeninitiative forderten und unterschiedlichste, gewissermaßen basisdemokratische Formen der Organisation und des Umgangs miteinander entstehen ließen. Solange weder Staat noch Markt diese Freiräume füllen konnten, waren derartige Selbsthilfeaktivitäten auch politisch höchst willkommen. So erklärte der Aachener Oberbürgermeister Maas in einer Stadtvertreterversammlung des Jahres 1949: "Es ist hocherfreulich, daß es Menschen gibt, die nicht lange auf den Staat oder die Stadt warten, um zu besseren Wohnverhältnissen zu kommen, sondern selbst Hand anlegen." (AVZ 3.8.49)

Jede Selbsthilfebewegung bedarf aber auch der Unterstützung von außen. Und daß es gerade die Kirche(n) waren, die nach dem Ende des 2. Weltkrieges als einzige halbwegs moralisch intakte Kräfte, die zudem über ausreichende organisatorische und materielle Ressourcen (u.a. Kirchenland) verfügten, hier in die Lücke traten und dabei der Siedlerbewegung ihre moralisch-ethischen Orientierungen zu vermitteln suchten, erscheint mit einem Blick auf das Panorama der Nachkriegszeit fast schon als logische Konsequenz.

Die Siedlergemeinschaft Aachen e.V. als die bedeutendste Selbsthilfeinitiative im Siedlungs- und Wohnungsbau fand dabei in besonderem Maße Unterstützung und Protektion durch die katholische Kirche, vornehmlich durch den Aachener "Siedlerbischof" van der Velden. Eine Unterstützung, die der streng hierarchisch gegliederten Kirchenbürokratie nicht leicht gefallen sein mag, zumal die Siedlergemeinschaft sehr selbstbewußt und fordernd auftrat. (BDA 6) Zwar war die Siedlergemeinschaft aus einer katholischen Laieninitiative hervorgegangen, vergrößerte aber nach dem Übergang in die Rechtsform der Genossenschaft ihre Autonomie gegenüber der Kirche eher noch.

Diese Entwicklung in Aachen beinhaltet eine gewisse Paradoxie. Mit Berechtigung kann die katholische Kirche darauf verweisen, daß Aachen ein Zentrum katholischer Siedlungsarbeit gewesen ist. Eine Vielzahl von Initiativen, die die katholische Siedlungsarbeit nachhaltig beeinflußten, ging von Aachen aus. Starke Persönlichkeiten des Siedlungswesens, wie der Bischof van der Velden, kamen aus Aachen, die Initiativen zur Gründung eines kircheneigenen Bauträgers sowie eines starken Siedlerverbandes fanden ebenfalls in Aachen ihren Anfang; doch kamen diese Strukturen in Aachen selbst nicht voll zum Zuge. Dies hat mit der Autonomie der Aachener Siedlerbewegung zu tun, mehr noch mit der - über den Zeitraum bis 1956 gesehen - insgesamt quantitativ geringen und ab 1950/51 rasch zu Ende gehenden Bedeutung des Kleinsiedlungsbaus in Aachen-Stadt. Nicht zuletzt ist zu berücksichtigen, daß kirchlicher Siedlungsbau in der Nachkriegszeit u.a. auch Siedlungsbau für Flüchtlinge war, der in Aachen mit seinen vergleichsweise minimalen Verpflichtungen zur Aufnahme von Flüchtlingen und Vertriebenen keine Rolle spielte.

So kann man sagen, daß die katholische Kirche über die Präsenz führender Kirchenvertreter etwa bei den Grundsteinlegungen zu den Aachener Kleinsiedlungen in der Öffentlichkeit zwar das Bild enger Verbundenheit mit der Aachener Siedlerbewegung vermittelte, sich aber im Zuge ihrer Zentralisierungsbemühungen mehr und mehr auf den Aufbau überlokaler Organisationsstrukturen konzentrierte.

Als Hauptarbeitsfelder ergaben sich dabei:

a) Siedlerbetreuung und -schulung durch das Siedlungswerk der Diözese Aachen e.V. (später durch den Verband Katholischer Siedler e.V., Diözesanverband Aachen), einem Zusammenschluß katholischer Siedlergemeinschaften, in dem sich die katholische Kirche maßgeblichen Einfluß sicherte. Die Siedlergemeinschaft Aachen war Mitglied dieses Zusammenschlusses;

b) Baubetreuung durch den kircheneigenen Bauträger, die Aachener Gemeinnützige Siedlungsgesellschaft mbH mit Sitz in Aachen (später in Köln, allerdings nicht für Kleinsiedlungsvorhaben im Stadtbezirk Aachen) und

c) Ideen-/Ideologietransfer durch das Siedlungsamt auf Diözesanebene und den Katholischen Siedlungsdienst e.V. als Hauptarbeitsstelle für das Siedlungswesen mit Sitz in Köln.

Damit wurde aber auch der für die Selbsthilfeinitiativen charakteristische lokale Bezug der Siedlungsarbeit zunehmend zugunsten einer auf Diözesan- bzw. Landesebene organisierten Tätigkeit aufgegeben. Diese Entwicklung lag im Trend gesamtgesellschaftlicher Polarisierungs- und Zentralisierungsprozesse, verlief allerdings auch in Aachen nicht ohne Auseinandersetzungen und Kompetenzstreitigkeiten. Ein Indiz hierfür war sicherlich die Gründung des örtlichen, genossenschaftlich organisierten Bauträgers, der Eigenheimbau Aachen, durch die Siedlergemeinschaft und die parallele Gründung eines überörtlichen, bistumsüberschreitenden, kircheneigenen Bauträgers, der Aachener Gemeinnützigen Siedlungsgesellschaft mbH, durch die katholische Kirche. Begründete die Siedlergemeinschaft Aachen e.V. die Gründung ihres Bauträgers nach außen mit den Schwierigkeiten, einen Bauträger für Kleinsiedlungsvorhaben zu finden und der anfänglichen Ungewißheit über die Gründung eines kircheneigenen Trägers, so argumentierte die katholische Kirche vor allem mit dem Zwang zur überfälligen Professionalisierung und Effizienzsteigerung.

Insgesamt gesehen zeigt sich, daß eine so starke Präsenz der katholischen Kirche, wie sie in Aachen nach 1945 gegeben war, zwar anfängliche rasche praktische Erfolge der Siedlerbewegung begünstigte, dann aber, verbunden mit dem eigenen Rückzug aus basisnahen Aktivitäten, den raschen Bedeutungsverlust von Selbsthilfe und Kleinsiedlungsbau im Großstadtraum seit Anfang der 50er Jahre auch nicht aufzuhalten vermochte - ja, mit der zunehmend vollzogenen Orientierung am bürgerlichen Eigenheim mit Garten auch immer weniger aufzuhalten suchte.

Anmerkungen

(1) Das Siedlungswerk wurde am 22. Mai 1948 als Verein Nr. 444 in das Vereinsregister eingetragen. Gründungsmitglieder waren Siedlergemeinschaften aus Aachen, Krefeld, Krefeld-Uerdingen, Mönchengladbach, Düren, Stolberg, Eschweiler, Weisweiler, Barmen b. Jülich, Kirchhoven b. Heinsberg. Ihre Mitgliedschaft kündigten an Siedlergemeinschaften aus Herzogenrath, Baesweiler, Lobberich, Teveren, Kohlscheid, Bank, Vicht, Haaren, Walheim, Viersen, Soller, Pier.

(2) Der erste Vorsitzende des Siedlungswerkes war der jeweilige Leiter des Siedlungsamtes im Bischöflichen Seelsorgeamt, geistlicher Beirat und somit zweites Vorstandsmitglied war der Referent für Arbeiterseelsorge des Bistums, und als drittes Vorstandsmitglied wurde der jeweilige Geschäftsführer des Bischöflichen Seelsorgeamtes bestellt. Als erster Vorstand wurden von Bischof van der Velden Walter Pesch, Oberpfarrer Scharrenbroich und Klaus Konertz berufen. (vgl. BDA 5)

(3) Als Siedlerverband kam das Siedlungswerk nicht in den Genuß der Gemeinnützigkeit, als Träger jedoch wohl, "ohne anerkanntes gemeinnütziges Unternehmen zu sein". (BDA 2)

(4) Bestimmte Aufgaben wurden hierbei dem Deutschen Siedlerbund (DSB) durch Abkommen übertragen. Vom Beitrag der Siedler an den Verband (im Bistum Aachen 0,85 DM, in den übrigen Bistümern 0,65 DM) erhielt der DSB für jedes Mitglied 0,35 DM Aufwandsentschädigung für seine Betreuungsleistungen. Der Mitgliederstamm des Verbandes betrug 1956 ca. 4.000 Mitglieder.

(5) Diese Auseinandersetzungen nahmen zum Teil groteske Züge an, indem sich "Widersacher" gegenseitig beim Generalvikariat "anschwärzten" und dem anderen unlautere Beweggründe für sein Engagement in der Siedlungsarbeit vorwarfen.

(6) Organe des Katholischen Siedlungdienstes waren der Vorstand, der Beirat und die Mitgliederversammlung. Neben dem Bistum Aachen selbst waren aus dem Bistumsbereich das Katholische Siedlungswerk e.V. (später VKS-Diözesanverband Aachen e.V.), der Caritas-Verband

Aachen und die Aachener Gemeinnützige Siedlungsgesellschaft Mitglieder.

(7) Dazu richtete der KSD einen "Höfedienst" ein, der insbesondere in Württemberg und Rheinland-Pfalz gute Erfolge erzielen konnte. Neben dem "Höfedienst" sollte durch eine intensive Vortragsarbeit im ländlichen Bereich für den KSD geworben werden, ebenso durch eine soziale Betreuungsarbeit. Für den Bereich des Bistums Aachen gelang es dem KSD, auf Kirchenland zwei Neubauernhöfe zu errichten: "Ein Beispiel für die kirchliche Mitarbeit in der landwirtschaftlichen Siedlung ist in der Diözese Aachen entstanden, wo auf 50 ha Kirchenland zwei neue Bauernhöfe errichtet wurden." (BDA 14)

(8) Folgende Gesetzesinitiativen gingen nach eigener Einschätzung maßgeblich auf die Arbeit des KSD zurück: 1949: Entwurf eines Flüchtlings-Siedlungsgesetzes, das Vorbild für alle Ansiedlungsgesetze zugunsten der Flüchtlinge und Vertriebenen wurde (in Zusammenarbeit mit dem Evangelischen Siedlungsdienst). 1950: Die Vorrangeinräumung der Selbsthilfe beim Eigenheim- und Kleinsiedlungsbau im I. WoBauG. 1951: Erster Entwurf eines Familienheimgesetzes auf der Altenberger Tagung. 1952: Initiative zu einem Wohnungsbauprämiengesetz. 1955: Mitarbeit an den Beratungen zum II. WoBauG.

(9) Wöste zitiert hier Papst Pius XII., der im Jahre 1941 anläßlich der 50-Jahr-Feier des Rundschreibens "Rerum novarum" die Bedeutung des Eigenheims für die Familie zum Ausdruck gebracht hatte.

Literatur- und Quellenverzeichnis

Bundesverband der Katholischen Arbeitnehmer-Bewegung (KAB) Deutschlands (Hg.), Texte zur katholischen Soziallehre, Kevelaer 1977

Fiedler, H., "Wer will, daß der Stern des Friedens aufgehe ...". Die Grundlagen christlicher Siedlungsarbeit - Aufgaben und Ziele des Katholischen Siedlungsdienstes, in: Zeitschrift für das gesamte Siedlungswesen (ZfdgS) 1952

Katholischer Siedlungsdienst e.V., Verband Katholischer Siedler, Siedlungswerke aller deutschen Bistümer (Hg.), Heim und Familie. 10 Jahre katholischer Siedlungsarbeit, Köln 1956

Krampe, G., Erfüllung christlicher Soziallehre. Der Verband Katholischer Siedler in Nordrhein-Westfalen. in: Katholischer Siedlungsdienst e.V. u.a. (Hg.), Heim und Familie, Köln 1956

Lehne, F., Katholische Siedlungsarbeit in der Bonner Republik, in: Der Seelsorger, Monatszeitschrift, Jg. 21. 1950-51

Nell-Breuning, O. von, Vom Werden der katholischen Siedlungsbewegung, in: Archiv für Innere Kolonisation, Monatsschrift der Gesellschaft zur Förderung der inneren Kolonisation, Band XXI/1929

Schirpenbach, Warum Verband Katholischer Siedler? in: Das Familienheim Jg. 1, Nr. 1, 1953

Schümmer, Familienheime durch Dein Opfer, in: Kirchenzeitung für das Bistum Aachen, 10. Jg. 1955, Nr. 12

Wöste, W., Kirchliche Siedlungsarbeit in Gemeinde, Volk und Kirche, in: Das Familienheim Jg. 3, 1955, Nr. 4

Wöste, W., Die Bedeutung der Siedlungsarbeit für Familie, Kirche, Volk und Staat. in: Katholischer Siedlungsdienst e.V. u.a. (Hg.), Heim und Familie, Köln 1956

Wosnitza, F., Gestalt und Leistung katholischer Siedlungsarbeit, in: Die Volksheimstätte, 8. Jg. 1956, Heft 9

Archiv der Eigenheimbau Aachen (AEgh):
- Festschrift zur Grundsteinlegung der Siedlung Hörnhang, 1949, darin: Zinnen, P., Aus dem Werden unserer Gemeinschaft,
- diverse einzelne Schriftstücke

Bischöfliches Diözesanarchiv Aachen (BDA):
Akte BDA-GVS C24,I:
- Siedlungsamt der Diözese Aachen, 28. Dezember 1946, Rundbrief Nr. 2/46 (BDA 1)
- Denkschrift zur Gründung des Siedlungswerkes der Diözese Aachen, 12. September 1947 (BDA 2)
- Protokoll über die Besprechung der Siedlungsarbeit in der Diözese Aachen im Generalvikariat Aachen, 8. Juni 1948 (BDA 3)

- J. van der Velden; Eröffnungsrede anläßlich der Siedlungstagung in Köln-Hohenlind, Elisabeth-Krankenhaus am 14.1.1948 (BDA 4)
- Siedlungswerk an Generalvikariat, 15. April 1948 (BDA 5)
- Siedlergemeinschaft Aachen e.v. an das Bischöfliche Generalvikariat, 22. April 1948 (BDA 6)
- Quartalsbericht des Siedlungswerkes der Diözese Aachen für das I. Quartal 1948, 18. Mai 1948 (BDA 7)
- Siedlungswerk der Diözese Aachen, 11. Juni 1948 (BDA 8)
Akte BDA-GVS C24,Ia:
- Satzung des Diözesanverbandes Aachen im Verband Katholischer Siedler - Landesverband Nordrhein Westfalen (BDA 9)
- Satzung des Katholischen Siedlungsdienstes e.v., § 2 (BDA 10)
- Memorandum über die Arbeit des Katholischen Siedlungsdienstes aus dem Jahre 1955 (BDA 11)
- Verband katholischer Siedler an Bischof Pohlschneider, 20. Januar 1956 (BDA 12)
- Festvortrag Dr. Wagenbach: Das Siedlungsvermächtnis Bischof Kallers, 3. Mai 1960 (BDA 13)
- Die Arbeit des Katholischen Siedlungsdienstes 1947-1960. Zur Vorlage für die Prüfung durch S. Exz. Bischof Hengsbach am 29.7.1960 (BDA 14)
Akte BDA-GVS C24,III:
- Heinrich Rissmeyer an Generalvikar Dr. Müssener, 6. März 1956 (BDA 15)

Aachener Volkszeitung (AVZ): Jahrgänge 1946-1956

Das Familienheim, Fachblatt des Verbandes Katholischer Siedler, Jg. 1 1953 bis Jg. 6 1958
Die Volksheimstätte, Monatszeitschrift des Deutschen Volksheimstättenwerks, Jg. 1 1949 bis Jg. 8 1956

Kirchenzeitung für das Bistum Aachen, Jg. 1 1946 bis Jg. 11 1956

Interviews:
- F1-F11: Mitarbeiter der Eigenheimbau

Katrin Hater

Selbsthilfe und Bauprozeß in der Siedlungsarbeit der "Eigenheimbau Aachen"

Art und Umfang baulicher Selbsthilfe im Siedlungsbau und vor allem die Bereitschaft zur Organisation von Gruppenselbsthilfeprozessen hingen auch in den Notzeiten nach dem 2. Weltkrieg in großem Umfang von der Erfahrung, dem Selbstverständnis und den Zielsetzungen der betreuenden Siedlungsträger ab.

Kennzeichnend für das Aachen der Nachkriegszeit war zunächst, daß sich die hier dominierende katholische Siedlerbewegung mit der gemeinnützigen Baugenossenschaft "Eigenheimbau Aachen e.G.m.b.H" (im folgenden Eigenheimbau) einen eigenen, lokalen Siedlungsträger schuf. Treibende Kraft war die 1946 aus katholischen Siedlungswilligen gebildete "Aachener Siedlergemeinschaft e.V." Sie war mit mehr als 800 Mitgliedern bis zur Währungsreform, über Pfarr- und Konfessionsgrenzen hinweg, bei weitem die größte Siedlervereinigung in Aachen. Trotz ihrer Offenheit für Mitglieder anderer Konfessionen verstand sich die Aachener Siedlergemeinschaft als dezidiert katholischer Verband: "Daß in Aachen die Siedlerbewegung weitestgehend in katholischen Händen liegt, ist der Tatkraft und dem Opferwillen dieser Angehörigen junger Familien (des Kreises "Junge Familie", d. Verf.) zu verdanken." (BDA 6)

Obwohl der Siedlergemeinschaft bereits 1947 durch die Stadt Land für ca. 90 Siedlerparzellen zur (vorläufigen) gärtnerischen Nutzung zugewiesen wurde, konnten die konkreten Vorbereitungen für den Siedlungsbau erst nach der Währungsreform beginnen: ein Bauhof wurde eingerichtet und mit der Eigenproduktion von Steinen begonnen (Abb. 1), ein Büro eröffnet, ein hauptamtlicher Geschäftsführer eingestellt, Verhandlungen über den Ankauf von 45.000 qm Land aus Privatbesitz geführt. Um jedoch auch selbst als Träger der geplanten Siedlungsmaßnahmen auftreten zu können, gründeten die Vorstandsmitglieder der Siedlergemeinschaft im November 1948 die Eigenheimbau. Die Aachener Siedlergemeinschaft bestand daneben als reine Siedlervereinigung fort. Die jeweiligen Vorstandsgremien wurden zum Teil in Personalunion besetzt (vgl. Geschäftsbericht

Abb. 1: Steineproduktion auf dem Bauhof der Siedlergemeinschaft Aachen e.V.

1949, A Egh). Allerdings wurde die Eigenheimbau erst nach längerem Schriftwechsel mit dem Verband rheinischer Wohnungsunternehmen, in dem vor allem die Parallelgründung zur Aachener Gemeinnützigen Siedlungs-und Wohnungsgesellschaft (Aachener Gemeinnützige) begründet werden mußte, am 25.3.1949 ins Genossenschaftsregister eingetragen und am 10.6.1949 als gemeinnütziges Wohnungsunternehmen anerkannt. Mit der Wahl der Rechtsform als Genossenschaft verbanden sich weniger grundsätzliche wohnungspolitische als vielmehr ökonomische Überlegungen. Nur diese Rechtsform ermöglichte es, quasi ohne Gesellschaftskapital ein Wohnungsunternehmen zu gründen: "Wir brauchten einen echten Träger ... und dann kam man auf den Gedanken, wir gründen eine Genossenschaft. Es ist kein Geld da, aber bei einer Genossenschaft ist es schon möglich ... Bei einer GmbH brauchte man 20.000 DM Stammkapital, auch damals. Das war ja gar nicht da! Bei einer Genossenschaft brauchte man einen Geschäftsanteil von vielleicht 300 DM (pro Mitglied) zahlbar in Raten von 10 DM, das waren tragbare Summen ..." (Interview F9). Bis zum Ende des Jahres 1949 waren 270 Mitglieder der Siedlergemeinschaft auch der Genossenschaft beigetreten. Im Mai 1949 wurde die erste Baustelle eröffnet.

Selbstverständnis und Zielsetzungen

Mit der Eigenheimbau hatte sich der Vorstand der Aachener Siedlergemeinschaft die organisatorischen Voraussetzungen für eine größere Autonomie gegenüber dem katholischen Siedlungswerk geschaffen. Denn von dieser Seite wurde die Gründung einer großen, überörtlich agierenden, kirchennahen Siedlungsgesellschaft (die spätere Aachener Gemeinnützige) angestrebt. Die Aachener Siedler aber wollten den langwierigen Gründungsvorgang dieser Gesellschaft nicht abwarten und auch wohl ihre Eigenständigkeit nicht verlieren.

Die Eigenheimbau war demgemäß von kirchlicher Seite programmatisch wenig festgelegt. Die Satzung beinhaltete als Gegenstand der Genossenschaft den Kleinwohnungsbau, ohne nähere Erläuterungen zur baulichen oder eigentumsrechtlichen Form. Der Name allerdings legte es nahe, den Schwerpunkt der Tätigkeit auf den Bau von "Eigenheimen" zu legen, und das bedeutete 1949 ausschließlich Kleinsiedlungsbau. Eines der Gründungsmitglieder der Genossenschaft kommentierte die Frage nach den damaligen Zielen: "Wohnungsnot beheben! Da gab es überhaupt nichts anderes. Die ganzen Dinge, die da heute hineingeheimnist werden, die gab's gar nicht. Man war in materieller Not, man mußte diese Not irgendwie versuchen zu lindern. Und zwar möglichst in Form eines kleinen Häuschens mit Garten." (Interview F11)

Der ehemalige Geschäftsführer der Genossenschaft erinnerte sich vor allem an den sozialen Auftrag, den die Siedlergemeinschaft sich gestellt hatte und den die Genossenschaft ausführen sollte: "Man wollte den Leuten helfen, die wirtschaftlich eigentlich nicht in der Lage waren, zu Eigentum zu kommen, also wirtschaftlich schwache Leute, die aber gewillt waren, eine vernünftige Wohnung - also Eigentum - zu schaffen und dafür etwas zu tun. Denen sollte geholfen werden in Form der Selbsthilfe, wofür man kein Geld, aber Kraft und Idealismus braucht und auch Verantwortungsgefühl gegenüber ihren Familien. ... Es konnte nur in der Gemeinschaft (der Name: Siedlergemeinschaft!) durchgesetzt werden und, um es durchsetzen zu können, mußte es organisiert werden." (Interview F9)

Unsere Interviewpartner wiesen jedoch übereinstimmend darauf hin, daß "das Gedankengut" mehr von der Siedlergemeinschaft gekommen sei und die Genossenschaft mehr mit der Durchführung der Bauvorhaben befaßt gewesen sei.

Die Siedlergemeinschaft Aachen e.V. hatte sich bei ihrer Gründung vor allem zur Frage der gewünschten Gemeinschaft in den geplanten Siedlungen ausführlich geäußert. Nur in der "echten, tiefen und wirklich gelebten Gemeinschaft" sei das Bauen in Selbsthilfe möglich. Die allgemeine Not sei nur durch "echte, christliche Solidarität" behebbar. Ehe und Familie, "Namensstolz und Mutterglück" stünden im Mittelpunkt der Arbeit, doch dürfe keinesfalls "das Gemeinschaftsleben in Familienidyllen untergehen". Vielmehr sei eine der wichtigsten Aufgaben "die gegenseitige Erziehung und Selbsterziehung". Mit den Siedlungen solle der Aufbau einer neuen sozialen Ordnung geschaffen werden, erst "durch das Zusammenkommen aller Stände in unseren Siedlungen kann auch wirklich lebendige Gemeinschaft werden und wachsen". Die christliche Solidarität war hier so konkret gedacht, daß man plante, bei der Berechnung der zukünftigen Belastungen die "Verdienstlage" der einzelnen Mitglieder zu berücksichtigen. Konfessionelle Zugehörigkeit spielte keine entscheidende Rolle, doch eine "wirkliche und ernstgemeinte Toleranz gegenüber unseren christlichen Grundsätzen" wurde von den Siedlungsbewerbern erwartet (Zinnen 1946).

Knapp gefaßt finden sich diese Orientierungen in den "Richtlinien für die Siedlergemeinschaft Aachen e.V." wieder: "Die Gemeinschaft hat sich zum Ziel gesetzt, den Siedlungsgedanken in weiteste Schichten des Volkes zu tragen, um dadurch die Basis zu schaffen, von der aus alle Stände in eine sozial gerechte und christlich geformte Gesellschaftsordnung hineinwachsen können ... Das Haus soll so beschaffen sein, daß in ihm eine Familie ihrer göttlichen Bestimmung gemäß leben und sich entfalten kann." (A AVZ)

In der Festschrift der Siedlergemeinschaft zur ersten Grundsteinlegung 1949 findet sich ein etwas distanzierter vorgetragenes Plädoyer für die Kleinsiedlung, das jedoch eine Reihe der zeitgenössischen positiven Zuschreibungen aufgreift: "Die Frage, um die es bei der Siedlung geht, ist eine grundlegende Frage unseres menschlichen Zusammenlebens. Von ihrer Lösung hängt weitgehend die Zukunft unseres Volkes ab ... In der Siedlung kann der Mensch wieder Wurzeln schlagen, hier kann er sich zur Persönlichkeit entfalten ... Die Siedlung ist also das wirksamste Mittel gegen die Vermassungstendenzen ... Siedlung ist Gemeinschaftswerk ... gemeinsame Arbeit läßt Kameradschaft entstehen ... Das Verhältnis von Mensch zu Mensch ist natürlich und unverbildet ... Der natürlich gewordene Mensch findet schließlich auch wieder zum Herren allen Lebens ... Das Kind kann im allgemeinen nicht auf der Etage zu einem vollwertigen Glied der Gesellschaft erzogen werden. Die Verbindung mit der Erde ist unerläßlich." In diesem Gedankengut drückten sich einerseits christliche Idealvorstellungen zur zukünftigen gesellschaftlichen Entwicklung, andererseits aber auch ein ausgeprägtes Elitebewußtsein als "Siedler" aus. Beides mag neben der rein materiellen Not die Motivation der Selbsthelfer stimuliert haben.

Als Wohnungsbauunternehmen hat sich die Eigenheimbau langfristig in erster Linie ihrem Namen "Eigenheimbau" verpflichtet gefühlt und ist dieser Verpflichtung bis heute je nach den Möglichkeiten des Marktes nachgekommen. Auf Anraten des Prüfungsverbandes rheinischer Wohnungsunternehmen baute die Genossenschaft allerdings auch Mietwohnungen, hauptsächlich im Zeitraum zwischen 1952 und 1956 (vgl. Geschäftsberichte 1952-1956). Das verbindliche Ziel aber blieb der Eigenheimbau.

Insgesamt wurden von dieser Genossenschaft in Aachen 186 Kleinsiedlerstellen errichtet (eigene Zählung). Bereits 1950 wurde mit dem Bau von sieben Eigenheimen ohne Kleinsiedlungsstatus begonnen. 1956 wurden die letzten neun Kleinsiedlerstellen gebaut. Die organisierte Gruppenselbsthilfe wurde schon 1953 wegen mangelnder Nachfrage eingestellt (vgl. Vorstandsprotokoll 12.10.1953). Auch der Bewerberkreis beschränkte sich bald nicht mehr auf untere Einkommensschichten, für die ein Eigenheim oder eine Kleinsiedlung zunächst nur unter Einsatz von manueller Selbsthilfe zu erreichen war: "Der Personenkreis änderte sich mit der Zeit. Zuerst waren es Personen, für die wir, wenn man es genau nimmt, angetreten waren, die viel Idealismus mitbrachten, Schaffenskraft und Schaffensfreude, aber kein Geld. Der Personenkreis, der finanziell besser gestellt war, dachte gar nicht ans Bauen ... Dann kamen die auf den Geschmack, und die kleinen Leute blieben ein bißchen auf der Strecke. Und unser Personenkreis wurde dann auch ein etwas besser gestellter, wirtschaftlich". (Interview F9) Parallel dazu hat offensichtlich der Einfluß der Siedlergemeinschaft auf die Eigenheimbau stark nachgelassen. "Die Siedlergemeinschaft trat immer mehr zurück, sie wurde immer unwichtiger, und nachher ist eigentlich kaum noch die Rede von ihr gewesen. Es war eben die Hauptsache, daß gebaut wurde." (Interview F11)

Da der Kleinsiedlungsbau in Gruppenselbsthilfe nicht durch verbindlichen Auftrag, sei es durch Satzung, durch Stiftungsgelder oder durch einen besonders ideologisch oder politisch motivierten Aufsichtsrat zur Verpflichtung gemacht wurde, verschmolz die anfänglich breit entfaltete (Klein-)Siedlungs- und Gemeinschaftsprogrammatik in der praktischen Arbeit zu einer mehr oder weniger pragmatischen Eigenheimideologie, mit der sich der marktkonforme Trend zu einer einkommensstärkeren Klientel quasi von selbst vollzog - eine Entwicklung, die erst im Rückblick als Verlust einer sozialen Aufgabe betrauert wird: "... wobei ich betonen möchte, daß mir die erste Zeit die schönste gewesen ist - die Anfänge und die Tatsache, daß ich Leute hatte, für die es sich lohnte, einzutreten." (Interview F9)

Sozialstruktur und Selbsthilfeumfang

Die Zusammensetzung der ersten 200 Mitglieder der Genossenschaft nach Berufen weist ein sehr weites Spektrum ohne besondere Häufungen bei einzelnen Berufsgruppen oder Branchen auf. (1) 95 Mitglieder waren Arbeiter, Facharbeiter oder Handwerker, 17 weitere selbständige Handwerksmeister oder Werkmeister. 62 können der Gruppe der einfachen Angestellten oder Beamten zugerechnet werden, 15 waren leitende Angestellte oder Beamte, Techniker, Ingenieure und sonstige Akademiker, 12 Mitglieder hatten keine Erwerbstätigkeit angegeben (Witwen, Hausfrauen, Invaliden, Pensionäre). Der ehemalige Geschäftsführer konnte sich an keinen Arbeitslosen unter den

Siedlern erinnern. Dennoch scheint zumindest in der Gründungszeit der Siedlergemeinschaft, 1946, Arbeitslosigkeit unter den Mitgliedern verbreitet gewesen zu sein. So heißt es in den Richtlinien der Siedlergemeinschaft: "Die Zuweisung einer Siedlerstelle richtet sich nach ... der Arbeitsleistung, wobei die Möglichkeit der Berufstätigen zur Arbeit in der Siedlergemeinschaft zu berücksichtigen ist."

Von den 16 Personen, die zwischen 1948 und 1956 eine Funktion im Aufsichtsrat oder im Vorstand der Genossenschaft innehatten, waren acht leitende Angestellte und Akademiker, sechs einfache Angestellte, einer Handwerksmeister und einer Beamter bei der Bundesbahn.

Die breite Streuung von Berufen und Positionen im sozialen Statusgefüge führte zu sehr unterschiedlichen Vorstellungen von Selbsthilfe und sozialem Auftrag, brachte aber auch Zugänge zu den unterschiedlichsten Ressourcen. Dies war eine wichtige Voraussetzung für den Erfolg der Genossenschaft. Denn das Konzept für den finanziellen Aufbau der Genossenschaft beruhte im wesentlichen auf vier Eckpfeilern:

1) Nutzung aller Möglichkeiten, materielle Unterstützung von außen zu bekommen, ohne sich die Federführung aus der Hand nehmen zu lassen,
2) Reduzierung der Baraufwendungen für Löhne und Gehälter im Bereich der Trägerleistungen durch Ausschöpfung der bei den Mitgliedern vorhandenen fachlichen Kompetenzen als ehrenamtliche Tätigkeit oder gegen Anrechnung von Selbsthilfestunden,
3) Reduzierung der Materialkosten durch eigene Steineproduktion aus Trümmerschutt,
4) Eigenkapitalbildung durch Mitgliedsbeiträge, Geschäftsanteile und freiwillige Sparleistungen der Mitglieder.

Zu 1) Als größte, zudem katholisch orientierte Siedlerorganisation in Aachen, mit einem höheren städtischen Beamten im Vorstand und einem Stadtvertreter der Mehrheitspartei unter den Gründungsmitgliedern, konnte sich die Siedlergemeinschaft Aachen schon sehr frühzeitig die Unterstützung der Stadt sichern und erhielt den größten Teil der Siedlerparzellen aus städtischem Besitz zugewiesen, zunächst nur zur gärtnerischen Nutzung durch die Mitglieder. Die Stadt verlangte dafür nicht mehr als die Zinsen für den gestundeten Kaufpreis (4 Pfg. pro qm und Jahr, Interview F10). Weiterhin konnte ein Trümmergrundstück aus dem Besitz des Jesuiten-Ordens für einen Bauhof und die ersten Büroräume kostenfrei angemietet werden. Die Stadt stellte wenig später ein angrenzendes Grundstück ebenfalls miet- und pachtfrei zur Verfügung und gestattete der Siedlergemeinschaft, kostenfrei städtischen Trümmerschutt zu verwerten (Prot. 11.4.1947, StaA). Bei der Grundsteinlegung der ersten Siedlung überreichte der Bischof eine Geldspende der katholischen Kirche (AVZ 28.5.1949). Auch später, während des Bauprozesses, gelang es der Genossenschaft, umfangreiche Unterstützung durch Dritte zu bekommen.

Zu 2) Die Eigenheimbau hatte unter ihren Mitgliedern Architekten, Bauingenieure, Bautechniker, kaufmännische Angestellte und Buchhalter, die bereit und in der Lage waren, einen großen Teil der Trägerleistungen unentgeltlich oder gegen die Anrechnung von Selbsthilfestunden zu erledigen. "Wir hatten ja einen Fachmann von der Baugewerbeschule. Der ließ die Steine auch abdrücken in der Schule, ... denn die Festigkeit mußte ja stimmen ... Und im Vorstand hatten wir einen Architekten, der das zunächst einmal ehrenamtlich machte, dann aber bald auch angestellt wurde." (Interview F9)

Der erste Vorstand setzte sich zusammen aus einem städtischen Beamten des höheren Dienstes, der im wesentlichen die Vertretung der Genossenschaft nach außen übernahm ("... ich bin ja auch fast jeden Tag nach Dienstschluß noch dort gewesen und habe Briefe diktiert und Unterschriften geleistet ... das wurde dann stundenweise angerechnet als Selbsthilfearbeit", Interview F11), einem Architekten, der die Haustypen entwarf, den Bauhof technisch betreute, auf den Baustellen die Bauleitung übernahm und bald ganztags gegen Bezahlung arbeitete, und einem Sparkassen-Angestellten, der einen Teil der Buchführung übernahm und dafür täglich drei Selbsthilfestunden angerechnet bekam (vgl. Beschlußbuch des Aufsichtsrates 15.8.1949 u. 24.10.1949, A Egh). Von den fünf Personen, die zwischen 1948 und 1952 Funktionen im Vorstand der Eigenheimbau innehatten, haben vier mit der Eigenheimbau in den ersten Siedlungen gebaut und konnten damit ihre Tätigkeit zumindest teilweise in Selbsthilfestunden verrechnen. Knapp ein Dutzend Personen bildeten insgesamt in wechselnden Rollen als Selbsthelfer, ehrenamtliche Funktionäre oder festangestellte Kräfte die Führungsgruppe innerhalb der Genossenschaft und erbrachten neben drei weiteren festangestellten

Mitarbeitern alle Betreuungsleistungen, die vom Träger einer Klein-
siedlungsmaßnahme erwartet wurden.

Die Genossenschaft ging dabei ganz unbefangen mit der Definition
von Selbsthilfe um, obwohl rechtlich nicht eindeutig geregelt war,
ob wohnungswirtschaftliche und bauplanerische Leistungen als Selbsthilfeleistungen anerkannt werden konnten. In den Träger-Siedler-
Vertragsmustern des Landes Nordrhein-Westfalen waren solche Leistungen in der Aufzählung möglicher Selbsthilfeleistungen nicht
enthalten. 1952 wurde dementspechend diese Praxis der Eigenheimbau
vom Prüfungsverband rheinischer Wohnungsunternehmen kritisiert
(vgl. Verband Rheinischer Wohnungsunternehmen e.V. an Eigenheimbau, 29.12.1952, A Egh).

Zu 3) Schwerpunkt und Zentrum der baulichen Selbsthilfe bei der
Eigenheimbau war neben den Geländeaufschließungsarbeiten die
eigene Steineproduktion auf dem Bauhof (Abb. 2). Bei Beginn des
ersten Bauabschnitts waren die Steine für "eine Anzahl Häuser bereits fertiggestellt" (Festschrift 1949, o.S.). Später mußten Steine
zugekauft werden, "aber nach wie vor haben wir ... immer Steine gemacht". (Interview A13b) Die Steineproduktion war für die meisten
Mitglieder die wichtigste Möglichkeit, "Stunden zu machen", Eigenkapital durch Selbsthilfe anzusparen.

Im Juli 1949 beantragte die Genossenschaft eine Beihilfe von 14.000
DM zur Beschaffung von Maschinen und Geräten beim Ministerium
für Wiederaufbau, war damit jedoch erfolglos (Schriftwechsel in:
HSA-NW 73-512). Zu dem Zeitpunkt ging die Eigenheimbau noch
davon aus, daß mit "einer vollen Ausnutzung der Maschinen und Geräte auf lange Jahre gerechnet werden kann" (ebd.). Der Einsatz
von Selbsthilfesiedlern in einem Betonwerk zur Steineproduktion
hatte sich nicht bewährt.

880 Selbsthilfestunden war die Mindestanzahl, die jeder Siedler
persönlich abzuleisten hatte, um eine Stelle zugeteilt bekommen zu
können (vgl. Bauanwärtervertrag, § 5). Doch gab es Ausnahmen,
die der Vorstand in Anbetracht des vordringlichen Bedarfes an Bar-
kapital widerstrebend einräumte: "... außerdem gab es Mitglieder in
der Genossenschaft ... Prokuristen und ähnliche Leute mehr, die bis
spät abends immer arbeiten mußten ... und auch etwas besser be-
stückt waren, dann Geld zahlten ... auch größere Beträge. ... Man

mußte dann seine 880 Stunden nachweisen, und man konnte sich dann - 'freikaufen' ist nicht das richtige Wort - man konnte sagen, ich habe die Zeit nicht dafür, aber dafür zahle ich." (Interview F9). Die Bedeutung der Selbsthilfe in dieser Phase unterstreicht ein Vergleich mit dem angesparten Eigenkapital. So erreichte etwa 1949 der durch 94.686,75 Selbsthilfestunden geschaffene Wert von 118.358,44 DM fast die Höhe des im gleichen Zeitraum angesparten Eigenkapitals von 123.780,24 DM (Geschäftsbericht 1949).

Ende 1953 wurde dann die Arbeit auf dem Bauhof eingestellt: "Es wurde immer weniger auf dem Bauhof ... das lief so aus, daß nachher nur noch ein einziger da war, der allerdings die Anlage so konstruiert hatte, daß er mit einem Griff alle Maschinen gleichzeitig betätigen konnte ... Als der gebaut hatte, ... da war überhaupt keine Nachfrage mehr da, da haben wir verkauft." (Interview F9)

Abb. 2: Steineproduktion auf dem Bauhof der Siedlergemeinschaft Aachen e.V.

Zu 4) Schon sehr früh hatte sich die Aachener Siedlergemeinschaft bemüht, ihre Mitglieder neben den Beitragszahlungen von zwei DM pro Monat zu weiterer Spartätigkeit in Form von unverzinslichen Kaufanwärterzahlungen anzuregen.

Wie diese Kaufanwärterzahlungen aufgebracht wurden, schilderte eine Interviewpartnerin, die während der gesamten Bauzeit, ebenso wie ihr Mann, vollerwerbstätig war: "Wir mußten für den II. Bauabschnitt 500 DM zusammenhaben, das war gar nicht so einfach ... Wir kamen ja vom Russen, von Thüringen, mit dem Treck damals. Und man mußte die Kinder versorgen, Kleider kaufen, wenigstens das Notwendigste. Und dann ging ich meinen Lohn immer zur Warmweiherstraße bringen, da rechnete ich ab, was ich für's Kind brauchte ... und dann ging das andere immer sofort, wie ich's hatte, zum Bauhof, für Zement." (Interview A13a)

Abb. 3: Maschineneinsatz auf dem Bauhof

Diese Zahlungen machten es möglich, den Bauhof auch mit den notwendigen Maschinen (Steinbrecheranlage, Rütteltisch, Betonmischer) (Abb. 3) und Geräten auszurüsten. Bis November 1948 waren die monatlichen Spareinnahmen auf 3.000 - 4.000 DM angewachsen. 24.000 DM hatten Mitglieder in Bausparverträge außerhalb der Genossenschaft investiert. Weitere 20.000 DM für den Ankauf von Land glaubte die Genossenschaft zusätzlich durch "Mitglieder und künftige Genossen" aufbringen zu können (vgl. Eigenheimbau an Verband rheinischer Wohnungsunternehmen e.V. 30.11.1948, A Egh). Mit der Gründung der Genossenschaft wurden die freiwilligen Sparbeiträge durch den Pflichterwerb von Geschäftsanteilen im Wert von mindestens 300 DM, zahlbar in Raten von 10 DM, ergänzt (vgl. Satzung der Eigenheimbau 1949, § 16). (2)

Alle Arbeits- und Geldleistungen der Siedler wurden persönlich gutgeschrieben, flossen jedoch in einen gemeinsamen Pool, über den der Vorstand nach eigenem Ermessen verfügte. Die Mittel wurden nicht für einzelne Bauvorhaben getrennt angesammelt. Dieses System war hochgradig flexibel in bezug auf die Beschaffung und Bereitstellung von Ressourcen:

Da die Leistungen der Siedler nicht an ein bestimmtes Bauvorhaben gebunden waren, konnten auch solche Mitglieder zu Zahlungen oder Arbeitsleistungen motiviert werden, für deren Häuser noch keine konkreten Planungen vorlagen.

Allerdings hat sich das Mißverhältnis zwischen der Anzahl der Mitglieder und der Anzahl der verfügbaren Bauparzellen und Finanzierungsmittel doch sehr demotivierend auf manche Mitglieder ausgewirkt: "Wir haben sehr darüber zu klagen, daß einzelne Mitglieder die angegebenen Arbeitstage nicht einhalten bzw. mehrfach unentschuldigt fehlen." (Rundbrief 10.9.1949, A Egh)

Die gemeinsam angesparten Mittel konnten als Zwischenkredit für Bauvorhaben eingesetzt werden, solange der Bauherr sein Eigenkapital noch nicht vollständig eingezahlt hatte oder die Fremdmittel noch nicht vollständig ausgezahlt waren. Diese Möglichkeit, das Eigenkapital über einen längeren Zeitraum ansparen zu können, während man bereits im Haus wohnte, wurde von den Mitgliedern sehr geschätzt. (vgl. Protokoll der Mitgliederversammlung, 25.6.1956, A EgH)

In den ersten Siedlungen wurde mit Hilfe der eigenen Ressourcen mit dem Bau der Häuser bereits begonnen, noch bevor Landesdarlehen bewilligt waren oder Hypothekengelder bereitstanden. Der Bewilligungsbescheid vom I. Bauabschnitt der Siedlung "Hörnhang" zum Beispiel ist datiert auf den 3.11.1949 und bezog sich auf den entsprechenden Antrag der Eigenheimbau vom 15.7.1949 (vgl. Bauakte Hörnhang). Die Grundsteinlegung dieses Siedlungsabschnittes wurde am 26.5.1949 gefeiert, das Richtfest für das erste Doppelhaus (Abb. 4 u. 5) wurde für den 30.7.1949 angesetzt (vgl. Festschrift 1949; Beschlußbuch des Aufsichtsrates 22.7.1949). Erst 14 Tage später, am 15.8.1949 wurde die erste Hypothek für diesen Siedlungsabschnitt bei der Stadtsparkasse Aachen aufgenommen. Auch die Siedlung "Auf dem Plue" wurde weitgehend ohne Fremdmittel im Rohbau fertiggestellt. Später wurden natürlich auch für diese Häuser Hypothekengelder und Landesdarlehen aufgenommen.

Offensichtlich konnte sich die Eigenheimbau relativ sicher sein, bei der Vergabe von Landesmitteln vom Regierungspräsidenten Aachen berücksichtigt zu werden. Sie mag ihre Hoffnungen auch auf eine Ausnahmeregelung in den Kleinsiedlungsbestimmungen von 1949 gestützt haben: "Für eine Förderung kommen nur Siedlungen in Betracht, die vor der Entscheidung über den Antrag noch nicht begonnen und für die Arbeiten noch nicht vergeben sind. *In dringenden Fällen kann die Bewilligungsbehörde den vorzeitigen Baubeginn genehmigen.*" [Hervorh. durch d. Verf.]. Erst später wurde diese Praxis grundsätzlich untersagt.

Diese hohe Flexibilität in der Finanzierung mußte jedoch bezahlt werden mit einem gewissen Risiko, das die gesamten Aktivitäten der Eigenheimbau zu der Zeit begleitete: "Es war aber auch nicht ganz ungefährlich ... denn was wir machten (nachträgliche Beantragung von Landesmitteln, d. Verf.), machten natürlich auch andere, das war nicht ganz legitim, aber auch nicht so, daß man sagen mußte, es ist eine strafbare Handlung." (Interview F10) "Also unangenehm war zweifellos die erste Zeit, als die finanziellen Schwierigkeiten manchmal an die Grenze des Erträglichen gingen. Es war eben ein Wagnis von vornherein ..." (Interview F11) Um das Unternehmen zumindest vor unkalkulierbaren Vermögensschwankungen zu schützen, waren die Satzung und der Bauanwärtervertrag mit Sicherungen gegen die Kündigung von Mitgliedseinlagen versehen worden.

Ein größeres Kalkulationsproblem stellten die in den ersten Jahren rasant steigenden Baukosten dar, die bei gleichbleibenden Hypotheken- und Landesdarlehenssätzen durch erhöhte Eigenleistung, und das hieß auch verlängerte Zwischenkreditphasen, aufgefangen werden mußten. So erhielt ein Siedler noch eineinhalb Jahre nach seinem Einzug die Aufforderung, sich erneut auf dem Bauhof zu melden: "... daß mit einer Überschreitung der Baukosten gerechnet werden muß, verursacht durch die in die Bauzeit fallenden Materialpreis- und Lohnerhöhungen ... In Ihrem Interesse legen wir Ihnen deshalb nahe, auch wenn Sie Ihr Eigenkapital laut Wirtschaftlichkeitsberechnung erbracht haben, die Arbeit auf dem Bauhof wieder aufzunehmen ..." (Privatakte Siedler F.). Solche Maßnahmen stießen natürlich auf Unverständnis und Widerstand bei den Siedlern, so daß die Eigenheimbau sich 1952 bemühte, in einem Rundbrief die Probleme der Kostenkalkulation bei steigenden Preisen zu erklären und um Verständnis zu werben. (Rundbrief 13.10.1952, Privatakte Siedler F.)

Abb. 4: Richtfest in der Siedlung "Hörnhang"

Abb. 5: Richtfest in der Siedlung "Hörnhang"

Bauprozeß und Selbsthilfe

Bei der Durchführung der Siedlungsmaßnahmen war es Aufgabe der
Genossenschaft, neben der Sicherung der Finanzierung das Bauland
zu beschaffen, Haustypen zu entwerfen, zum Teil auch die Auswahl
der Siedler unter den Mitgliedern vorzunehmen, die Bauarbeiten zu
organisieren und zu überwachen sowie die Siedlungsmaßnahmen abzu-
rechnen, die Kosten anteilig auf die einzelnen Stellen umzulegen
und schließlich die Siedlerstellen den Anwärtern zu Eigentum zu
übertragen und langfristig die Einhaltung der vertraglich festgesetz-
ten Bindungen durch die Siedler zu kontrollieren. Die Überplanung
der Siedlungsgelände erfolgte sowohl bei den aus städtischem Besitz
stammenden als auch bei den aus privater Hand erworbenen Siedlun-

gen durch das Planungsamt der Stadt Aachen. Die Versorgung der Siedlungen mit technischer Infrastruktur (Kanalisation, Wasser- und Stromversorgung) wurde in Kooperation zwischen der Stadt, der Eigenheimbau und ggf. der Rheinischen Heimstätte geleistet (vgl. Beschlußbuch des Aufsichtsrates 26.9.1949 u. 11.12.1950, A EgH). Die Eigenheimbau übernahm damit ohne engere Kooperation mit einem größeren und erfahrenen Wohnungsunternehmen alle gesetzlich geforderten Trägeraufgaben als mittelbarer Träger selbst.

Nach dem ursprünglichen Konzept der Eigenheimbau sollte sich die Selbsthilfe der Siedler überwiegend auf die Steineproduktion und den Straßenbau als Gruppenselbsthilfe und die weniger qualifizierten Arbeiten im Innenausbau als Einzelselbsthilfe beschränken. Erdarbeiten per Hand auszuführen, galt eher als eine im Zeitalter des Baggers unzumutbare Plackerei und wurde nur auf ausdrücklichen Wunsch einzelner Siedler als Selbsthilfeleistung erbracht (Abb. 6). Alle handwerklichen Arbeiten sollten von tariflich bezahlten Fachkräften übernommen werden: "Erst da, wo echte Handwerksarbeit gefordert war, ... das konnte ja kein Laie, ... das haben Unternehmer gemacht." (Interview F9) Dennoch ist im Laufe des Bauprozesses auch handwerkliche Selbsthilfe geleistet worden. Je nach den beruflichen Fertigkeiten wurden zum Beispiel die gesamten Holzarbeiten oder die Elektroinstallationen am eigenen Haus übernommen. Schließlich wurden auch von einzelnen Siedlern handwerkliche Leistungen für alle Häuser eines Bauabschnittes erbracht. (Interview A13b) Dabei wurde für die an einzelne Siedler vergebenen Selbsthilfearbeiten der gleiche Betrag gutgeschrieben, den ein Unternehmer für diese Leistungen bekommen hätte (vgl. Vorstandsprotokolle 1.3.1951, A EgH). Doch waren dies Leistungen, die außerhalb der organisierten Selbsthilfe mit einzelnen Siedlern vereinbart werden konnten. Fachlich angeleitete Siedlerselbsthilfegruppen, die im Rohbau oder Innenausbau gearbeitet hätten, waren bei der Eigenheimbau nicht vorgesehen. Offensichtlich wurden lediglich in Einzelfällen günstige Gegebenheiten genutzt.

In einer vorsichtigen Kalkulation hatte die Eigenheimbau zunächst 60 Pfennige pro Selbsthilfestunde gutgeschrieben. Sie blieb damit noch unter dem Vorschlag des bekannten "Siedlervaters" Nikolaus Ehlen aus Velbert, der 65 Pfennige je Arbeitsstunde veranschlagt hatte (Ehlen 1947), konnte diesen Betrag jedoch nach den ersten Erfahrungen auf 1,25 DM pro Stunde erhöhen (vgl. Privatakte

Siedler G.). Dieser Satz übertraf dann sogar den Stundenlohn, der von einzelnen Siedlern in der Industrie verdient werden konnte. (vgl. Interview A13) Der Satz von 1,25 DM pro Stunde wurde später beibehalten, ohne jeweils neue Preisvergleiche anzustellen. Bei der Einzelselbsthilfe wurde jeweils zu Beginn der Betrag vereinbart, der für diese Arbeiten gutgeschrieben werden konnte. (vgl. Beschlußbuch des Aufsichtsrates 11.5.1950, A EgH)

Selbsthilfestunden wurden, wie bereits erwähnt, in der ersten Zeit von erheblich mehr Bewerbern geleistet als Siedlerstellen im Bau waren. Die Zuteilung der Stellen sowie die Zusammenstellung der einzelnen Bauvorhaben zu Bauabschnitten erfolgte in der Regel nach einem Punktesystem, in das Selbsthilfestunden, Sparbeträge und soziale Kriterien, wie die Anzahl der Kinder oder eventuelle Kriegsbeschädigungen, eingingen. Nach diesem System konnten auch Sanktionen verhängt werden. So wurden unzuverlässige Siedler auf eine

Abb. 6: Erdarbeiten der Siedler in der Siedlung "Auf Vogelsang"

bestimmte Zeit vom Arbeitseinsatz ausgeschlossen. Wer schließlich längere Zeit seinen Selbsthilfe- bzw. Zahlungsverpflichtungen nicht nachgekommen war, dem konnte von seiten des Vorstands eine bereits vergebene Parzelle auch wieder entzogen werden. Im Beschlußbuch des Aufsichtsrates der Eigenheimbau sind sechs solcher Fälle notiert. (3)

Die Verteilung der Bauanwärter auf die Siedlungsstandorte erfolgte ohne bewußte Lenkung durch die Genossenschaft nach den Wünschen der Bewerber. "Das sind Wünsche gewesen, die wir keineswegs beeinflussen wollten." (Interview F10) Durch diese Wahlfreiheit erhielt jede Siedlung eine spezifische Färbung in ihrer Sozialstruktur: "Akademiker und andere Leute vor dem Krieg, das war wie Tag und Nacht ... aber so ein bißchen hat man von den Dingen nachher noch gespürt ... Auf dem Bauhof haben Akademiker gearbeitet, durchaus. Da gab es auch keine Schwierigkeiten ... aber wohnen wollte man dann doch wieder etwas unter sich, unter Gleichen, Gleichgestellten vor allen Dingen ... Das steuerte sich eigentlich, ohne daß man überhaupt etwas dazu tat." (Interview F10)

Der Einsatz der Selbsthilfekräfte wurde sorgfältig vom Vorstand der Eigenheimbau und der Aachener Siedlergemeinschaft geplant. Von ihm wurden die "Kolonnen" auf dem Bauhof zusammengestellt, die Vorarbeiter ausgesucht, Siedler zu Ausschachtungs- oder Straßenbauarbeiten eingeteilt und die Einzelselbsthilfe vereinbart. Der Vorstand war auch für die tägliche Stundenbuchführung mit zuständig: zu Beginn und nach jeder "Schicht" auf dem Bauhof wurden die Stundenkarten vom Vorarbeiter und "im Büro" abgezeichnet. Zur gegenseitigen Kontrolle wurden die Stundenkarten doppelt geführt: eine blieb bei der Eigenheimbau, die andere im persönlichen Besitz des Siedlers (vgl. Beschlußbuch des Aufsichtsrates, 1.8.1949, A EgH). Dem Vorarbeiter kam die Aufgabe zu, die Arbeit in seiner Kolonne zu verteilen und das Arbeitstempo vorzugeben. Zum Teil fühlten sich die Vorarbeiter auch für die allgemeine Stimmung bei der Arbeit zuständig. "Der auf dem Büro ist, kann ja nicht so schaufeln wie ein anderer. Da wurde dann ein bißchen ausgetauscht ... Da hatte man manchmal welche, die, wenn es ein bißchen hart dran ging, lange Gesichter machten, und dann hat man mal ein gutes Wort gesagt - nun laß' doch mal gehen - und dann war es wieder gut." (Interview A13b)

Die Einzelselbsthilfe auf den Baustellen wurde gemeinsam mit den Unternehmerleistungen durch einen Bauleiter von der technischen Abteilung der Eigenheimbau überwacht. Die Eigenheimbau bemühte sich sehr, den Siedlern bei der Auswahl von Haustypen möglichst viel Spielraum zu gewähren. "Es sind mehrere Wohnungstypen entworfen worden, die in der inneren Gestaltung für persönliche Wünsche des Hausherrn weitgehende Freiheit lassen." (Festschrift 1949, o.S., A EgH) Die Wahl des Haustyps war hier, wie bei anderen Trägern auch, reine Männersache: "Über den Bau hab ich persönlich mich nicht äußern können, wie gebaut wird oder was. So dreinreden, was die Männer beratschlagten damals, haben wir Frauen uns nicht dran aufgehalten, also wir waren immer zurückhaltend. "(Interview A13a) "War reine Männersache." (Interview A13b) In den Siedlungen wurden nicht weniger als 16 verschiedene Haustypen gebaut. Innerhalb dieser Typen waren weitere Sonderwünsche im Detail möglich (Abb. 7), so daß selbst der gleiche Haustyp im gleichen Bauabschnitt

Abb. 7: Individuelle Baufreiheit in der Siedlung "Hörnhang"

größere Preisunterschiede aufweisen konnte. (StaA H1) Allerdings mußten aus ökonomischen Sachzwängen und nach den engen Richtwerten der Kleinsiedlungsbestimmungen eine Reihe von bereits ausgewählten Haustypen wieder gestrichen werden (vgl. Beschlußbuch des Aufsichtsrates 9.1.1950 u. 13.3.1950, A EgH). Einzelne Siedler beantragten noch während des Bauens kleinere Abweichungen von den genehmigten Plänen, die in der Regel auch bewilligt wurden, sofern der Aufpreis sofort bezahlt wurde.

Durch die räumliche und organisatorische Trennung der Selbsthelfer in solche, die in der Gruppe auf dem Bauhof arbeiteten, dabei aber nicht immer auch in die gleiche Siedlung zum gleichen Bauabschnitt gehörten, und solche, die individuell auf den Baustellen oder im Büro ihre Selbthilfestunden ableisteten, mußten die zwangsläufig zwischen Trägern und Siedlern auftretenden Konflikte häufiger individuell ausgetragen werden, als daß gemeinsam Interessen beim Träger vertreten werden konnten. Ein Siedler schilderte sein Verhältnis zur Genossenschaft in Analogie zu seinen Erfahrungen mit der betrieblichen Hierarchie: "Das ist genau, wie wenn Sie im Betrieb sagen, ich hab recht, ich hab gegen einen Ingenieur etwas oder was. Man kann sich ja nun vorstellen, daß die Ingenieure zusammmenhalten ... Ich will ja nun vorankommen. Ich will mich nicht belasten, mit Schreibereien, Protesten ... Da hat man auch mal wieder eine Faust in der Tasche gemacht." (Interview A13b) Die Macht der Genossenschaft, ihm die Parzelle wieder zu entziehen, ist diesem Siedler noch eindrücklich in Erinnerung: "Mein Gott, der (der Vorstand, d. Verf.) nimmt mir das Ding ab. Ich komm' nicht dagegen an." (Interview A13b)

Streitpunkte, die dieser Siedler nannte, bezogen sich vor allem auf mangelhafte Bauleitung und entsprechende Fehler bei der Bauausführung: "Da mußte ich samstags und sonntags immer gucken, was sie alles schlecht gemacht hatten." (Interview A13b)

Doch scheint dieser Siedler nicht der einzige gewesen zu sein, der sich häufiger mit Beschwerden an den Vorstand wandte. Ein Vorstandsmitglied erinnerte sich: "Es waren ja furchtbar viele Beschwerden der Mitglieder; das Schlimmste, was immer wieder auftauchte: jeder glaubte, er ist benachteiligt, er kommt nicht schnell genug voran." (Interview F11)

Aufgrund der verschiedenen Möglichkeiten, Selbsthilfe zu leisten, Selbsthilfestunden in Geld auszulösen und die Erbringung der Eigenleistung auf einen längeren Zeitraum über die eigene Bauzeit hinaus zu verteilen, konnten die Siedler die Ressourcen Geld und Arbeitskraft sehr individuell einbringen. Es stand den Siedlern auch frei, weitere Helfer aus dem Freundes- oder Verwandtenkreis mitzubringen. Nach mehrfachen Anfragen gestattete der Vorstand es auch, daß die Mitglieder untereinander stellvertretend Arbeitsstunden leisteten (vgl. Beschlußbuch des Aufsichtsrates 15.7.1949, A EgH). Die Mitarbeit der Frauen setzte, soweit bekannt, erst bei der individuellen Selbsthilfe am eigenen Haus ein. Es gelang dem Vorstand auch, neben den freiwilligen Helfern der Siedler umfangreichere, fast unentgeltliche Unterstützung für den Siedlungsbau zu organisieren. So wurden mehrere Bauabschnitte im Rohbau von Maurer-Umschülern erstellt, die vom Arbeitsamt bezahlt wurden und von der Genossenschaft nur ein Taschengeld, freies Mittagessen und später auch Leistungsprämien erhielten (vgl. Beschlußbuch des Aufsichtsrates 22.8.1949 u. 17.7.1950, A EgH; AN 8.11.1950). Neben den Umschülern wurden auch Notstandsarbeiter auf den Baustellen, vor allem im Straßenbau, beschäftigt. Hilfskräfte, die sich aus rein idealistischen Motiven am Siedlungsbau beteiligten, wie zum Beispiel der Internationale Bauorden, traten bei den Siedlungen der Eigenheimbau nicht in Erscheinung.

Organisation und Gemeinschaftlichkeit

Neben der starken Motivation der Siedler und den von außen erbrachten Hilfeleistungen zählt sicher die hoch flexible Organisation des Selbsthilfeprozesses zu den wichtigsten Voraussetzungen für den unter schwierigen äußeren Bedingungen (Finanzierung, Baustoffknappheit etc.) errungenen praktischen Erfolg der Siedlungsvorhaben der Eigenheimbau. Über die unmittelbare praktische Effizienz des gewählten Organisationsmodells hinaus ist aber auch zu fragen, inwieweit damit zugleich die programmatischen Ansprüche eingelöst werden konnten, echtes Gemeinschaftsleben während des Bauens und in den Siedlungen zu schaffen.

In Dokumenten aus der Entstehungszeit der Siedlergemeinschaft Aachen e.V. finden sich ausführliche Erläuterungen über den hohen Wert, der der "Gemeinschaft" beim Bauprozeß und im zukünftigen

Siedlungsalltag beigemessen werden sollte. Die praktische Organisation des Bauprozesses wies in der Tat auch einige solidaritätsfördernde Elemente auf. Die wichtigsten waren die Gleichbewertung aller Arbeitsstunden, die in Gruppenselbsthilfe geleistet wurden, sowie die Verpflichtung aller Siedler zur Leistung von mindestens 80 Arbeitsstunden für arbeitsbehinderte Mitsiedler und allein siedelnde Frauen. In Einzelfällen zahlte die Siedlergemeinschaft Aachen e.V. auch die Eintrittsgelder und die obligatorischen Geschäftsanteile an der Genossenschaft für "bedürftige Mitglieder" (Geschäftsbericht 1949, A EgH).

Weiterhin dürfte es sich positiv auf die späteren nachbarlichen Beziehungen ausgewirkt haben, daß die Eigenheimbau keinen direkten Einfluß auf die Zuordnung der Familien auf die einzelnen Siedlungen ausgeübt hat. Die freie Wahl des Standortes wirkte zwar der ursprünglich propagierten "Mischung aller Berufe und Stände" entgegen (vgl. Zinnen 1946, A AVZ), ermöglichte es andererseits jedoch, alte Arbeitskontakte, nachbarschaftliche oder verwandtschaftliche Beziehungen in den neuen Siedlungen wieder aufzunehmen.

Dennoch wurden eine Reihe von Chancen, die Entwicklung von nachbarlicher Gemeinschaft schon während des Bauprozesses zu fördern, nicht genutzt. Das ergab sich u.a. aus einer Organisationsstruktur, die als dominante Bezugsgröße die gesamte Genossenschaft, vertreten durch ihre Geschäftsführung, hatte, und die die Bildung der im traditionellen Kleinsiedlungsverfahren üblichen Siedlergruppen nach Siedlungen und Bauabschnitten nicht vorsah. Deren wichtige Aufgaben bei der Vorklärung von Konflikten zwischen Siedlern und Trägern, bei der Konsensbildung unter den Siedlern und der Vertretung ihrer Interessen, schließlich auch bei der Organisation der Gruppenselbsthilfe, konnten die jährlichen Mitgliederversammlungen der Genossenschaft keinesfalls ersetzen.

Auch spontane Zusammenschlüsse waren durch die Organisationsstruktur eher behindert als gefördert. So waren in den Selbsthilfegruppen auf dem Bauhof (Abb. 8), die von der Geschäftsführung zusammengestellt wurden, stets Siedler aus verschiedenen Siedlungen und Bauabschnitten vertreten. Der unterschiedliche Umfang der geleisteten Gruppen- und Einzelselbsthilfe, die Möglichkeit, Selbsthilfestunden durch Verwaltungsarbeit abzuleisten und schließlich die Möglichkeit, sich durch Geldzahlung mehr oder weniger ganz von der Selbsthilfe auszuschließen, sicherten zwar hohe Flexibilität und schufen individuelle Spielräume, behinderten aber auf der anderen Seite ein spontanes Zusammengehörigkeitsgefühl und ein gemeinsames Handeln als Siedlergruppe. Damit lag die Flut alltäglicher Entscheidungen im Bauprozeß bei der Geschäftsführung der Genossenschaft. Diese sicherte sich oft mehrmals pro Woche in gemeinsamen Besprechungen mit dem Aufsichtsrat ab, so daß Geschäftsführung (Vorstand) und Aufsichtsrat eine eng verflochtene Führungsgruppe innerhalb der Genossenschaft darstellten. Das Verhältnis zwischen den Siedlern, die ihre Angelegenheiten nicht in einer Siedlergruppe vorklären konnten, sondern unmittelbar mit der Geschäftsführung verhandeln mußten, und der Genossenschaft war daher nicht immer ungetrübt.

Abb. 8: Selbsthilfegruppe bei der Pause

Selbst diese relativ kleine Genossenschaft wurde von den Siedlern zum Teil nicht als ein von ihnen mitbestimmter Siedlungsträger wahrgenommen, sondern überwiegend mit der Führungsgruppe identifiziert.

Gerade die individuelle Betreuung der Siedler und unmittelbarer Kontakt zu jedem einzelnen wurde von Seiten der Führungsgruppe als die beste Form des Umgangs miteinander angesehen: "Mit jedem einzelnen zu sprechen war zwar aufwendiger, aber auch leichter und befriedigender." (Interview F10) Von Gruppenprozessen erwartete man eher eine Verhärtung der Positionen bei divergierenden Vorstellungen als eine sachliche Vorklärung von Problemen. Weiterhin wäre mit festen Siedlergruppen das hohe Maß an Flexibilität, das den Siedlern zur Erbringung ihrer Eigenleistung eingeräumt wurde und das gleichzeitig ein Eckpfeiler der Finanzierung war, eingeschränkt worden.

Im Verhältnis der Genossenschaft zu ihren Mitgliedern war kein ideologisches Pathos zu spüren. Im Schriftwechsel wurden ausschließlich sachliche Fragen von Baukosten, Finanzierung, Selbsthilfeeinsatz, Bauschäden und Instandhaltung erörtert. Durch regelmäßige Rundschreiben an alle Mitglieder informierte die Aachener Siedlergemeinschaft über den jeweiligen Stand der Dinge. Der große Druck der Wohnungsnot, verbunden mit den einseitigen Vertragsbedingungen des Kleinsiedlungsrechtes, räumte der Genossenschaft allerdings eine starke Position gegenüber ihren Mitgliedern ein, die ggf. auch zu hartem Durchgreifen genutzt wurde. Am drastischsten ist dies ablesbar an der Zahl von 26 Ausschlüssen aus der Genossenschaft (vgl. Geschäftsberichte 1949, 1950, A EgH) und dem bereits erwähnten mindestens sechsmal durchgeführten Entzug einer bereits vergebenen Parzelle innerhalb der ersten Jahre.

Die langfristigen Beziehungen zwischen der Eigenheimbau und ihren Siedlern waren in § 8 des Heimstättenvertrages geregelt (Heimstättenausgeber war die Stadt Aachen), der dem Träger die Kontrolle über die ordnungsgemäße Nutzung der Kleinsiedlerstellen einräumte. In der Praxis hat die Genossenschaft jedoch wenig Gebrauch von diesen Befugnissen gemacht. Ihre Einstellung dazu war: "Wir haben uns auch gesagt, in gewisser Hinsicht ist es ein bißchen Freiheitsberaubung, wenn jemand baut und muß teuer dafür bezahlen, und wir wollen ihm dann noch reinmäkeln. Deshalb haben wir die Dinge, wenn etwas war, immer sehr großzügig gehandhabt." (Interview F10)

Die überkommene Gängelung der Siedlerfamilien entlang einer engen Definition dessen, was eine Kleinsiedlung zu sein hat, wurde hier nicht wieder aufgegriffen. Es ist zu vermuten, daß sowohl der Doppelstatus einiger Mitglieder als Siedler und Führungskräfte des Trägers sowie die rasche Ausrichtung des Bauprogramms auf Eigenheime dazu beigetragen haben.

Ein wesentliches Unterscheidungsmerkmal der Eigenheimbau im Vergleich zu vielen anderen Trägern von Kleinsiedlungsmaßnahmen ist ihre Rechtsform als Genossenschaft, die einzige Gründung für diesen Zweck in Aachen.

In Verbindung mit einer Praxis, in der die Siedler/Genossen der "ersten Generation" als Ergebnis der Neugründung auch die Verwaltungstätigkeit selbst ausführten und die Führungsposten besetzten, entging die Aachener Siedlerbewegung in der Nachkriegszeit der Vormundschaft durch traditionelle Siedlungsträger. Auch wenn das Machtgefälle zwischen den Führungsgremien und den einfachen Genossen subjektiv u.U. sehr stark wahrgenommen wurde, waren die Kontroll- und Mitspracherechte der Siedler/Genossen erheblich größer als bei Trägern einer anderen Rechtsform. Diese Rechte wurden auch durchaus genutzt: die Mitgliederversammlungen der ersten Jahre waren gut besucht, allerdings mit rasch sinkender Tendenz. 1949 nahmen ca. zwei Drittel aller Mitglieder an der Versammlung teil, 1956 war es nur noch ca. ein Fünftel (Protokolle der Mitgliederversammlungen 1949-1956, A EgH).

In der zeitgenössischen Fachliteratur wurden Siedlergenossenschaften als "demokratische" Träger von Kleinsiedlungsmaßnahmen von seiten der Wohnungswirtschaft als durchaus positive Innovation begrüßt, von seiten des DSB wegen der damit verbundenen finanziellen Risiken für die Siedler eher abgelehnt. Vor diesem Hintergrund muß die Eigenheimbau als eine sehr erfolgreiche Genossenschaftsgründung gewertet werden. Ungewöhnlich ist schon allein die Tatsache, daß die Eigenheimbau auch vom Wiederaufbauministerium direkt als mittelbarer Siedlungsträger anerkannt wurde, obwohl der Minister prinzipiell gegen solche Neugründungen durch Siedlergemeinschaften eingestellt war und in anderen Fällen, zum Beispiel bei der Siedlergenossenschaft Moers, entsprechende Anträge nur unter Auflagen bewilligte.

Die Eigenheimbau löste das Problem des Einsatzes von Fachkräften bei zunächst geringem Bauvolumen, indem sie auf die bargeldlose Mitarbeit fachkundiger Siedlerbewerber zurückgreifen konnte und sich erst allmählich professionalisierte. Zweifelsohne mußte in diesem Professionalisierungsprozeß auch Lehrgeld gezahlt werden. Doch kann man der Eigenheimbau einen ausgeprägten und letztlich erfolgreichen Pioniergeist zugute halten, der die kreative Ausschöpfung aller sich bietenden Gelegenheiten für einen frühen Siedlungsbau ermöglichte und zudem die Siedler, auch über die Führungskräfte hinaus, stärker als gewöhnlich an Trägerentscheidungen teilnehmen ließ - ein Prozeß, der in dieser Form freilich nur die erste Nachkriegssiedlergeneration einschloß und mit dem Abbruch des Kleinsiedlungsbaus und der Selbsthilfe auch in Aachen schon in der ersten Hälfte der 50er Jahre ein frühes Ende fand.

Anmerkungen

(1) Die Zuordnung der Mitglieder zu den im folgenden aufgeführten Gruppen erfolgte in allein deskriptiver Absicht durch eine Zusammenfassung der im Mitgliedsbuch der Genossenschaft - allerdings mit sehr unterschiedlicher Genauigkeit ("Angestellter" bzw. "Rangieraufseher") - genannten Berufsbezeichnungen.

(2) Dies war ein allgemein übliches Verfahren. Geschäftsanteile von mind. 300 DM mußten in der Zeit bei fast allen Wohnungsbaugenossenschaften durch die Mitglieder erworben werden (vgl. Brecht/Klabunde 1950, 89)

(3) Festgehalten am 12.7.1949, 20.3.1950, 11.5.1950, 30.5.1950, 3.7.1950, 10.1.1952

Literatur- und Quellenverzeichnis

Brecht, J., Klabunde, E., Wohnungswirtschaft in unserer Zeit, Hamburg 1950

Ehlen, N., Voss, H., Von einer neuen Heimat, Hamburg 1947

Institut für Wohnungsrecht und Wohnungswirtschaft (Hg.), Selbsthilfe im Wohnungsbau, Köln 1951

Archiv der Aachener Volkszeitung (A AVZ):
- Satzung der Siedlergemeinschaft Aachen e.V.
- Zinnen, P., Grundsatzreferat zu den Aufgaben und Zielen der Aachener Siedlergemeinschaft, 1946
- Richtlinien für die Siedlergemeinschaft Aachen e.V. (um 1946)

Archiv der Eigenheimbau Aachen (A Egh):
- Festschrift zur Grundsteinlegung der Siedlung Hörnhang, 1949, darin: Zinnen, P., Aus dem Werden unserer Gesellschaft
- Geschäftsberichte der Eigenheimbau 1949-1956
- Satzung der Eigenheimbau 1949
- Protokolle der Mitgliederversammlungen der Eigenheimbau 1949-1956
- Beschlußbuch des Aufsichtsrates der Eigenheimbau 1949-1956
- Vorstandsprotokolle der Eigenheimbau 1949-1956
- Bauanwärter-Vertrag, Muster der Eigenheimbau
- Mitgliedsbuch der Eigenheimbau
- Rundbriefe der Siedlergemeinschaft Aachen e.V. und der Eigenheimbau an alle Mitglieder
- Bauakte Hörnhang
- diverse einzelne Schriftstücke

Bischöfliches Diözesanarchiv Aachen (BDA):
- Korrespondenz der Siedlergemeinschaft Aachen e.V. mit dem Generalvikariat des Bistums Aachen (Akte BDA-GVS C24,I)

Hauptstaatsarchiv Nordrhein Westfalen (HSA-NW):
- Korrespondenz der Eigenheimbau Aachen e.G.m.b.H. mit dem Minister für Wiederaufbau (Akte HSA-NW 73-512)

Stadtarchiv Aachen (StaA):
- Protokolle der "Vertretung der Bürgerschaft" Aachen 1946-1956 (ab 9.11.1952 "Rat der Stadt" Aachen)
- Heimstättenverträge zwischen der Eigenheimbau Aachen und den Siedlern der Siedlungen Hörnhang, Auf dem Plue, Schönforst und Vogelsang (Akte StaA b3II Nr 2500 V 24/50)

Aachener Nachrichten (AN): Jahrgänge 1946-1956
Aachener Volkszeitung (AVZ): Jahrgänge 1946-1956

Interviews:
- A1-A15, B10-B14: Siedler aus den ersten Kleinsiedlungen der Eigenheimbau
- F1-F11: Mitarbeiter der Eigenheimbau

Frank Betker, Hermann Gödde

Stadtrand als Wohnquartier
Städtebauliche Anlage, Bauweisen und Haustypen der Aachener Nachkriegskleinsiedlungen

Standorte, Städtebau und Bodenqualität

Die Kleinsiedlung der Nachriegszeit war genauso wie deren Vorläufer, die "Vorstädtische Kleinsiedlung" aus der Zeit der Weltwirtschaftskrise 1931/32 und des "Dritten Reiches", vorwiegend eine Stadtrandsiedlung. Nur am Stadtrand, auf größeren zusammenhängenden Freiflächen konnten die bereits eingangs (Kapitel Harlander) erläuterten städtebaulichen, sozial- und wirtschaftspolitischen Zielsetzungen der Kleinsiedlung erfüllt werden.

Auch in Aachen wurden Standorte am Rande der Stadt ausgewählt. Probleme der Bodenbeschaffung und das Erfordernis, Erschließungs- und Infrastrukturaufwand minimieren zu müssen, schränkten allerdings die Auswahl der Standorte erheblich ein, so daß letztlich nicht immer alle Zielsetzungen optimal erfüllt werden konnten.

Die Aachener Kleinsiedlungen der Nachkriegszeit verteilen sich auf insgesamt vier Standorte am Rande der Stadt (Abb. 1). Die Siedlungen "Hörnhang" und "Seffenter Weg" mit insgesamt 97 Stellen entstanden auf einem Höhenzug im Nordwesten, an der Grenze zur damals noch eigenständigen Gemeinde Laurensberg, die Siedlungen "Auf dem Plue" mit 70 und "Schönforst" mit 34 Stellen auf zwei Standorten links und rechts der südöstlichen Radiale Trierer Straße im Stadtteil Forst und die Siedlung "Auf Vogelsang" mit 17 Stellen auf einem Höhenzug am Rande Burtscheids.

Bereits im ersten Verwaltungsbericht der Stadt Aachen wird von verschiedenen Bebauungsplanungen, u.a. für das Gelände "Auf dem Plue", der "vordringlichen Wohnungsnot wegen" berichtet (Verwaltungsbericht 1944-46, 35). Im Jahr 1947 folgte ein Bebauungsplan für den "Hörnhang" und das Siedlungsgebiet am "Seffenter Weg". Die Schönforster Siedlungsparzellen wurden erst im Winter 1948/49 geplant. Sie waren Ausweichparzellen für überzählige Siedler der

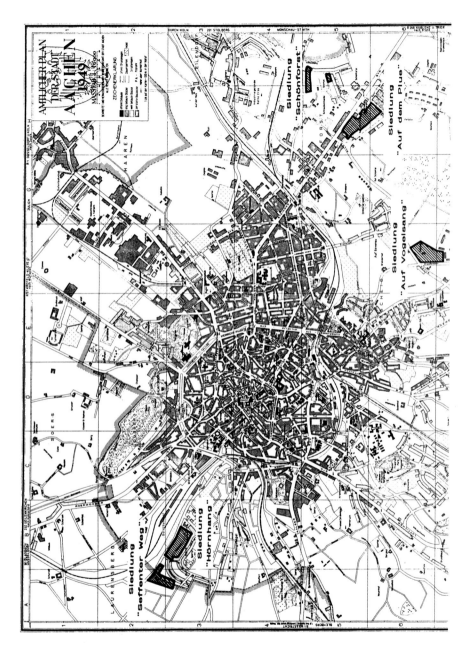

Abb. 1: Lage der Kleinsiedlungen im Aachener Stadtgebiet 1949

118

Siedlung "Auf dem Plue". Im Jahr 1949 erstellte die Stadt schließlich den Bebauungsplan für das Gelände "Auf Vogelsang".

Insbesondere die Bemühungen der im Januar 1947 gegründeten und schon bald mitgliederstarken Siedlergemeinschaft Aachen e.V. forcierten das städtische Engagement im Kleinsiedlungsbau.

Die für die Durchführung der Maßnahmen verantwortlichen Trägergesellschaften Eigenheimbau Aachen e.G.m.b.H. (im folgenden Eigenheimbau) und Rheinische Heimstätte erwarben die Standorte "Hörnhang"/"Seffenter Weg", "Auf dem Plue" und "Schönforst" aus dem Besitz der Stadt und das Gelände "Auf Vogelsang" aus Privateigentum. (vgl. Geschäftsberichte der Eigenheimbau 1950 u. 1951)

Siedlung Hörnhang

Die Siedlung "Hörnhang" ist die erste Nachkriegssiedlung in Aachen. (Abb. 2 u. 3) Am 26.5.1949 erfolgte in einer feierlichen Festveranstaltung die Grundsteinlegung durch Bischof van der Velden.

Die Siedlung liegt auf dem nördlichen Ausläufer des Königshügels und schließt an Kleinsiedlungen der 30er Jahre an, mit denen sie eine weitgehend homogene Siedlungsstruktur eingeht. 1935 entstand hier "Auf der Hörn" ein erster Bauabschnitt auf Initiative des "Reichsbundes der Kinderreichen zum Schutze der Familie" mit 12 Doppelhäusern. 1936/37 folgte "An den Finkenweiden" eine große Siedlung für Beschäftigte der Aachener Tuchindustrie mit 32 Doppel- und acht Einzelhäusern (vgl. Siedlergemeinschaft Finkenweiden-Hörn 1962, o.S.). Am Südrand der Siedlung der "Kinderreichen" wurden etliche Volkswohnungen in mehrgeschossigen Mietshäusern von der GEHAG gebaut.

Zwischen dem Rand der geschlossenen städtischen Bebauung und dem Kleinsiedlungsgelände blieb ein Streifen von fast 1,5 km von Bebauung frei. Diese Fläche wurde kleingärtnerisch und landwirtschaftlich genutzt. Vermutlich ist dieser Bereich bereits damals für die Erweiterung der Rheinisch-Westfälischen Technischen Hochschule Aachen (RWTH) reserviert worden. Im Norden wird die Siedlung durch das Gelände des Güterbahnhofs am Aachener Westbahnhof begrenzt.

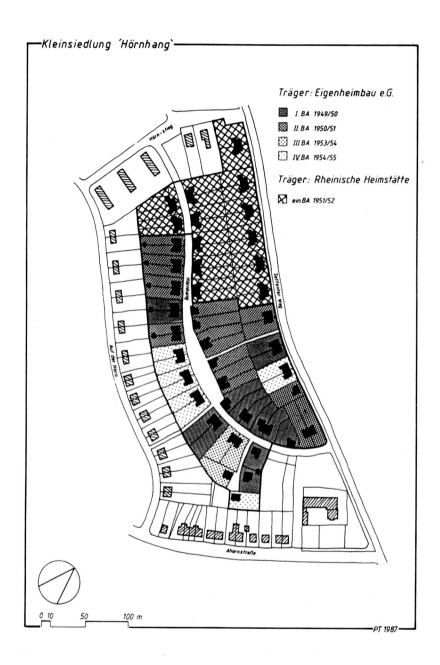

Abb. 2: Bauabschnitte und Träger in der Siedlung "Hörnhang"

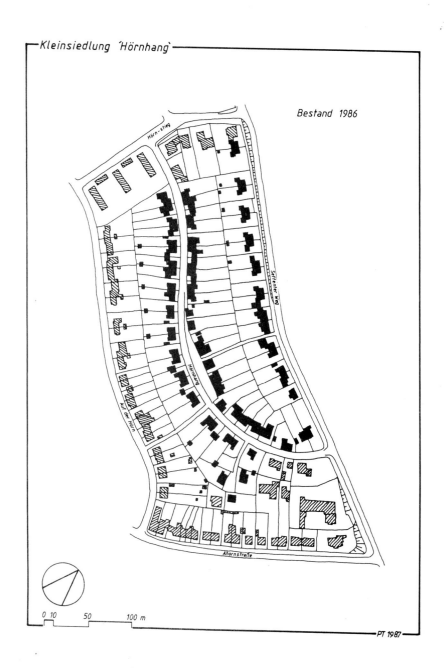

Abb. 3: Baulicher Bestand in der Siedlung "Hörnhang" 1986

121

Zu Beginn der 50er Jahre entstand am nordwestlichen Rand der Siedlung "An den Finkenweiden", zum Teil auf Laurensberger Gemeindegebiet, die Siedlung "Seffenter Weg" für Mitglieder des Wohnbauvereins der RWTH. Sie markierte bis zur Ausdehnung der Hochschule gegen Westen in den 70er Jahren den Endpunkt der Siedlungsentwicklung in diesem Bereich der Stadt.

Das Siedlungsbild ist im wesentlichen topographisch geprägt. Der Verlauf der leicht geschwungenen Straße Hörnhang zeichnet andeutungsweise das kurvige Abfallen des Geländes nach Norden nach. Die Bauparzellen befinden sich daher zum größten Teil in Hanglage. An besonders steilen Stellen wurden von der Eigenheimbau spezielle Hangtypen entwickelt. (Abb. 4 u. 5)

Abb. 4: Hangtypen in der Siedlung "Hörnhang" 1950

Der Seffenter Weg bildet gleichsam den Abschluß der homogenen Siedlungsentwicklung am Hang. Zwischen Seffenter Weg und Güterbahnhofsgelände befinden sich lediglich noch vier städtebaulich nicht integrierte Mietgeschoßwohnungsbauten aus den späteren 50er Jahren sowie ein Kleingartengelände.

Problematisch wurde die Hanglage lediglich für die Siedler im nordwestlichen Bereich des Seffenter Weges. Die letzten fünf Doppelhäuser liegen bis zu 3 m über dem Straßenniveau. Zur Überwindung des Höhenunterschieds waren lediglich drei Treppenaufgänge direkt von der Straße in die Böschung gelegt worden. Erst vor ca. drei Jahren begann die Stadt, die Parzellen mit Hilfe eines befahrbaren Wohnweges parallel zum Seffenter Weg anzubinden.

Im mittleren Abschnitt der Straße Hörnhang weitet sich der Raum zu einem langgezogenen, begrünten Platz (Abb. 6). Obwohl offensichtlich als attraktiver Siedlungsmittelpunkt geplant, über einen Fußweg auch vom Seffenter Weg aus zu erreichen, konnte der Platz funktionell diese Bedeutung nie erlangen. Der ursprünglich auch zur Stärkung dieser Funktion dort vorgesehene Bäcker zog sich während der Bauphase wieder zurück, und die um die Backstube vergrößerte Siedlerstelle wurde an eine kinderreiche Familie vergeben. So können dem grünen Platz heute lediglich gestalterische Qualitäten bescheinigt werden; und dies auch erst seit wenigen Jahren, denn die Fläche blieb tatsächlich jahrzehntelang brach liegen, bis sie vor kurzem mit Rasen eingesät wurde (Interview A15).

Als städtebauliche Merkpunkte sind die die Platzgrenzen in Längsrichtung markierenden, giebelständigen Einzelhäuser zu bewerten, da sie die geschwungene und gegen Osten leicht ansteigende Reihe traufständiger Doppelhäuser beiderseits der Straße durchbrechen.

Während der Siedlungszusammenhang im Bereich der Straße Hörnhang (Abb. 7 u. 8) primär über den Straßenraum hergestellt wird, ist der Seffenter Weg über die Gärten als Kommunikationsraum angebunden. Tatsächlich waren in den 50er Jahren auch die Grenzen zwischen den Gärten zum großen Teil durchlässig gestaltet, und es herrschte ein reger Kontakt zwischen den Siedlern und insbesondere auch den Kindern. Dies hat sich heute erheblich geändert. Die Hecken auf den Parzellengrenzen haben an einigen Stellen eine beachtliche Höhe erreicht und dienen offensichtlich als Sichtschutz.

Abb. 5: Siedlung "Hörnhang", zweiter Bauabschnitt 1950 ...

Abb. 6: ... aus ähnlicher Perspektive 1988

124

Abb. 7 u. 8: Straßenraum in der Siedlung "Hörnhang" 1954 (oben) und 1988 (unten)

Die Bodenqualität ließ eine siedlerwirtschaftliche Nutzung nur begrenzt zu, da der Mutterboden stark mit Mergelstein durchsetzt war. Bei entsprechender Berücksichtigung dieser Eigenart in der Pflanzenauswahl ließen sich jedoch gute Erträge auf den durchschnittlich ca. 620 qm großen Grundstücken erzielen. (vgl. Siedlergemeinschaft Finkenweiden-Hörn 1962)

Die Größe der einzelnen Grundstücke streute zwischen nur 475 qm und 915 qm. Nur im Durchschnittswert also konnte die nach den Kleinsiedlungsbestimmungen von 1949 geforderte Mindestgröße von 600 qm eingehalten werden. Bei solch kleinen Grundstücken stand eine städtebauliche Verdichtung, wie sie vielfach in Kleinsiedlungen vor allem ab den 60er Jahren durchgeführt wurde, nie zur Diskussion. Vielmehr wurden die einzelnen Häuser kontinuierlich durch Aus- und Umbauten den sich ändernden Bedürfnissen der Bewohner angepaßt.

Noch während der Bauzeit kam man zu dem Schluß, daß es aufgrund der Geländebedingungen wenig rentabel sei, an den ursprünglich geplanten Senkgruben festzuhalten, so daß die Siedlung direkt kanalisiert wurde (AN 20.4.1950). Dadurch ergaben sich jedoch trotz Selbsthilfeleistungen der Siedler sehr hohe Anliegerkosten von fast 1.500 DM pro Stelle (Kaufvertrag Eigenheimbau - Stadt Aachen 5.4.1950, StaA).

Siedlung Auf dem Plue

Das Siedlungsgelände "Auf dem Plue" (Abb. 9 u. 10) liegt unmittelbar an der südöstlichen Radiale der Stadt im Stadtteil Forst. Nur ein kleines Stück hinter der gegenüberliegenden Straßenseite befindet sich eine Kleinsiedlung aus der Zeit der Weltwirtschaftskrise.

Der 1906 eingemeindete Stadtteil Forst war bis in die Nachkriegszeit noch wenig bebaut. Allein die Trierer Straße und die Kirchstraße wiesen streckenweise eine geschlossene Randbebauung auf. In unmittelbarer Nähe des Geländes "Auf dem Plue" waren bereits in den 20er Jahren einige Maßnahmen des kommunalen Wohnungsbaus durchgeführt worden. Nun sollte Forst zu einem "Schwerpunkt des Wohnungsbaus" (AVZ 20.8.1955) in Aachen werden. Die Nähe eines großen Industrieareals nördlich der Trierer Straße und die günstigen

Bodenpreise im Stadtteil ließen es der Stadtverwaltung ratsam erscheinen, Forst insbesondere als Wohnstandort für untere Einkommensschichten weiter zu entwickeln. Die angestrebte Nutzungshomogenität drückte sich baulich allerdings in äußerst heterogenen Strukturen aus. Den unmittelbar nach Kriegsende errichteten Notwohngebäuden folgte zunächst Kleinsiedlungs- und Besatzungsbau und im Anschluß daran auch Mietgeschoßwohnungsbau.

Die Kleinsiedlung "Auf dem Plue" ist in einer für Kleinsiedlungen eher untypischen Lage errichtet worden. Zum einen entstand sie nicht in der freien Landschaft oder angrenzend an ähnlich strukturierte Siedlungsgebiete, sondern schloß Lücken an der Bundesstraße Trierer Straße, und zum anderen wurden bereits Mitte der 50er Jahre Mietgeschoßwohnungsbauten quasi bis an die Gartenzäune herangebaut. Darüber hinaus befindet sich die Siedlung in einer Schere zwischen zwei Hauptverkehrsstraßen, der Trierer Straße und der Kirchstraße (heute Lintertstraße), die auch damals schon für eine schlechte Umweltqualität gesorgt haben. Daß die benachteiligte Lage schon in den 50er Jahren ähnlich wahrgenommen wurde, verdeutlicht ein AVZ-Artikel vom 20.8.1955: "Die Siedler werden eingemauert".

Die städtebauliche Anlage der Siedlung war wesentlich durch topographisch bedingte Bindungen bestimmt. Ein schroffer Geländeversprung in Nord-Süd-Richtung zwischen Fliederweg und Nelkenweg trennt die Siedlung in zwei voneinander unabhängige Teile. Damit und mit der Betreuung durch verschiedene Trägergesellschaften korrespondiert auch die Bildung von drei getrennten Siedlergemeinschaften: Die Siedlergemeinschaft "Am Wasserwerk" umfaßt die Bewohner des östlichen Siedlungsteils, der ausschließlich von der Rheinischen Heimstätte als Trägergesellschaft betreut wurde. Die Siedlergemeinschaft "Untere Plue" bilden jene Siedler des westlichen Teils, die mit der Eigenheimbau gebaut haben. Die Siedlergemeinschaft "Trierer Straße" schließlich besteht aus den Siedlern der Rheinischen Heimstätte am Rosenweg. (Siedlergemeinschaft "Am Wasserwerk" 1986, o.S.)

Ein am Fuße der Böschung zwischen West- und Ostteil gelegener Spielplatz entstand in den letzten Jahren auf dem jahrelang brachliegenden Bau- und Trümmerschutt der Siedlung. Während der Entstehungszeit befand sich hier ein Weiher, der den umfangreichen

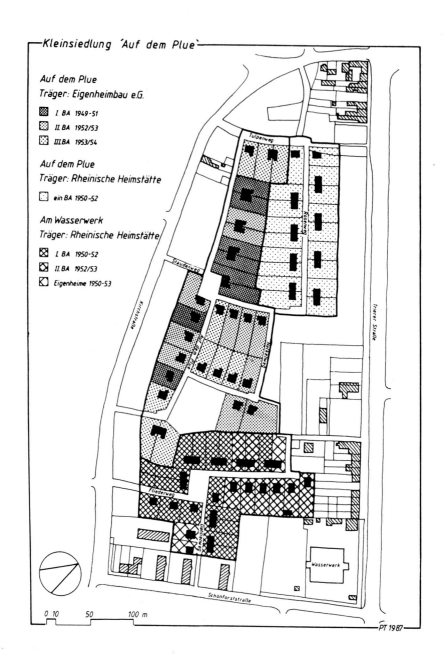

Abb. 9: Bauabschnitte und Träger in der Siedlung "Auf dem Plue"

Abb. 10: Baulicher Bestand in der Siedlung "Auf dem Plue" 1986

129

Abb. 11 u. 12: Der Nelkenweg in der Siedlung "Auf dem Plue" 1988, im Hintergrund ist der Geschoßwohnungsbau an der Lintertstraße erkennbar

Erdbewegungen im Zuge des Straßenbaus zum Opfer fiel. Die Böschung setzt sich über den ganzen Nordrand des westlichen Teils
der Siedlung fort und vermittelt trotz großer Grundstücke einen
Eindruck von Eingeschlossenheit und Enge. Dieser Eindruck wird
noch gestützt durch die Geschoßwohnungsbauten an der südwestli-
chen Seite der Siedlung an der Kirchstraße. (Abb. 11 u. 12) Aufgrund
der nachteiligen topographischen Vorgaben war der städtebauliche
Entwurf sichtlich bemüht, durch Aufweitungen der sehr engen Straßen jeweils an den Kreuzungspunkten eine gewisse Raumfolge und
Großzügigkeit anzudeuten.

Im nordwestlichen Teil der Siedlung wurde in zentraler Lage ein
relativ großer Platz mit einem religiösen Standbild angelegt. (Abb.
13) Dieser Platz ist heute vollständig asphaltiert und dient den
Anwohnern lediglich noch als Parkplatz. Er zerfließt in westlicher
Richtung und mündet in das Abstandsgrün der Geschoßwohnungsbauten an der Kirchstraße, deren rückwärtige Garagenzeilen das Gegenüber zu den Siedlungshäusern an der Straße Auf dem Plue bilden.
Den Straßenräumen im Bereich "Untere Plue" fehlt trotz Dichte und
Enge jegliche Geschlossenheit. Sie sind zumeist nur einseitig bebaut.

Das ist im südöstlichen Siedlungsabschnitt der Siedlergemeinschaft
"Am Wasserwerk" anders. Dort wurde der zentrale Platz innerhalb
dieses geschlossenen Siedlungsteils bereits im Jahre 1954 als Grünanlage hergerichtet und bis heute als Festplatz von der Siedlergemeinschaft gepflegt und genutzt. (Siedlergemeinschaft "Am Wasserwerk" 1986) (Abb. 14)

Die Geländebeschaffenheit war für jegliche Nutzung von denkbar
schlechter Qualität. Bei geringem Flurabstand und mit festen Tonschichten durchzogen, handelte es sich um überwiegend sehr sumpfi-
gen Boden. Der westliche Geländeteil gehörte zu einer stillgelegten
Ziegelei, deren Fundamente noch vorhanden waren. (vgl. BDA 6) Im
östlichen Teil hatte der 2. Weltkrieg Bombentrichter hinterlassen,
die nach dem Krieg mit Trümmerschutt und Sperrmüll aus der ganzen
Stadt verfüllt worden waren, so daß nur ein Bruchteil der Siedlung
auf gewachsenem Boden errichtet werden konnte.

Abb. 13: Religiöses Standbild in der Siedlung "Auf dem Plue" 1988

Abb. 14: Zentraler Platz im Siedlungsteil "Am Wasserwerk" 1988

Diese ungünstigen Geländebedingungen und Bodenqualitäten wurden nicht durch entsprechend größere Grundstücke ausgeglichen. Vielmehr hatte die Stadt dort in einem ersten Entwurf 114 Parzellen ausgewiesen, von denen viele nicht mehr als 400 qm umfaßten, und diese an Interessenten vergeben. Erst als der Wiederaufbauminister im Dezember 1948 deutlich machte, daß die Mindestgröße für Kleinsiedlerstellen weiterhin bei 600 qm liegen sollte, wurde das ganze Gelände neu vermessen (Prot. 17.12.1948, StaA) und 76 Parzellen zwischen durchschnittlich knapp 730 qm bei schlechterem Boden (zu 50 Pf/qm) und durchschnittlich 635 qm bei erträglicherer Bodenqualität (zu 1 DM/qm) zugeschnitten (Kaufvertrag zwischen Rheinische Heimstätte und Stadt Aachen 25.9.1950, StaA).

Die Eigenarten des Geländes machten den Siedlern jedoch nicht nur auf dem eigenen Grundstück zu schaffen, sondern sie erschwerten auch die Ausschachtungsarbeiten und den Straßenbau ganz erheblich. Man stieß auf feste Tonerde und Blaustein, so daß an vielen Stellen Sprengungen vorgenommen werden mußten. Ein Verzicht auf Kanalisation, den Oberstadtdirektor Servais noch im Dezember 1948 angekündigt hatte, kam damit nicht mehr in Frage (AN 20.4.1950). Die Anliegerkosten beliefen sich pro Stelle auf über 2.000 DM, obwohl die Siedler beim Straßenbau in erheblichem Maße Selbsthilfe leisteten und die Straßen extrem schmal sowie nur mit einer Aschendecke versehen waren.

Siedlung Schönforst

Die Siedlung "Schönforst" (Abb. 15) ist weniger das Produkt städtebaulicher Planung als das einer Notlösung. Die Neuvermessung der Siedlung "Auf dem Plue" hatte zur Folge, daß 23 Siedlerbewerbern, die bereits im Besitz einer Parzelle waren, diese wieder entzogen werden mußte. Um ihnen Ersatz anbieten zu können, teilte ihnen die Stadt kurzerhand aus dem Zupachtland der Erwerbslosensiedlung aus den frühen 30er Jahren in Schönforst und aus dem Kleingartengelände - unter Protest des Kleingärtnervereins (AN 25.7.1950) - Parzellen zu. (Prot. 17.12.1948, StaA) Etwas bitter merkt hierzu die von der Altsiedlergemeinschaft 1982 herausgegebene Chronik "50 Jahre Siedlung Schönforst" an, daß damals den Altsiedlern, die im Vertrauen auf städtische Zusagen ihr Zupachtland "käuflich erwerben wollten, ... mit juristischen Finessen bedeutet (wurde), daß eine solche Zusage wohl nie gegeben wurde".

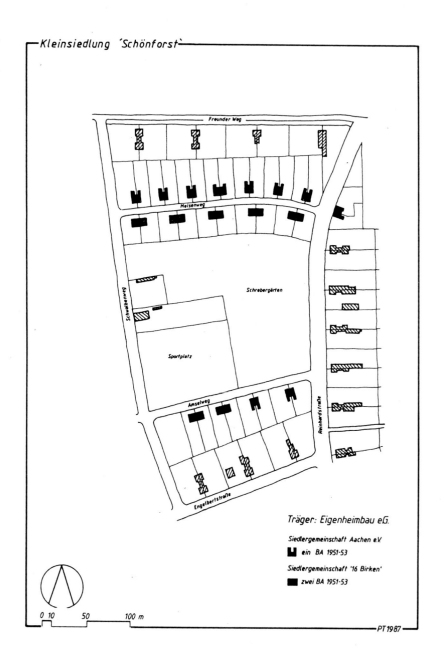

Freunder Weg

Meisenweg

Schwalbenweg

Schrebergärten

Sportplatz

Amselweg

Reinhardstraße

Engelbertstraße

Träger: Eigenheimbau eG.

Siedlergemeinschaft Aachen e.V.

ein BA 1951-53

Siedlergemeinschaft '16 Birken'

zwei BA 1951-53

0 10   50   100 m

PT 1987

Abb. 15: Bauabschnitte und Träger in der Siedlung "Schönforst"

134

Zehn der insgesamt 34 Siedlerstellen konnten an einer bereits aus-
gebauten Straße (Amselweg und Reinhardstraße) errichtet werden.
Die Anliegerkosten waren für Aachener Verhältnisse sehr niedrig.
Sie lagen bei knapp 900 DM pro Stelle (Kaufvertrag Eigenheimbau-
Stadt Aachen, StaA).

Die restlichen 24 Stellen befinden sich beiderseits der im ehemaligen
Zupachtland gelegenen neuen Straße Meisenweg. Dort treffen die unterschiedlichen Haustypen der Siedlergemeinschaft Aachen e.V. und
der Siedlergemeinschaft "16 Birken" auf unterschiedlich breiten und
tiefen Grundstücken aufeinander. Der heterogene Raumeindruck wird
noch verstärkt durch die strenge Ost-West-Ausrichtung der Straße,
denn dies hat zur Folge, daß die südliche, nahezu ganztätig ver-
schattete Straßenseite relativ karg wirkt, während die Vorgärten der
Nordseite bereits frühzeitig "in voller Blüte" stehen. (Abb. 16 u. 17)

Auffällig in diesem Teil der Siedlung ist ferner, daß die Parzellengrenzen oftmals nur durch kleinste Zäune angedeutet und auch die
Vorgarten-Einfriedungen zumeist einheitlich und relativ niedrig
gehalten sind. Dies geht wohl auch auf die seitens der Eigenheimbau
in einem Leitfaden geäußerten Empfehlungen zurück, "durch die gemeinsame Anlage der Vorgärten" der Siedlung einen "weiträumigen,
einheitlich einladenden Charakter" zu geben. Die Eigenheimbau be-
fürchtete "Zersplitterung" auch innerhalb des geschlossen bebauten
Siedlungteils. (Eigenheimbau 19.7.1955)

Das völlig isolierte Doppelhaus an der Reinhardstraße und die vier
Doppelhäuser am ehemaligen Amselweg, jetzt Albert-Maas-Straße,
treten städtebaulich gänzlich aus dem am Meisenweg noch vorhandenen Siedlungszusammenhang heraus. Auch die Vorgarten- und Fas-
sadengestaltung unterscheidet sich maßgeblich von der des Mei-
senwegs. Interessanterweise hat sich in dieser städtebaulich kaum
zusammenhängenden Siedlung eine bis heute sehr lebendige Siedlergemeinschaft entwickelt. (Interview F9)

Die Bodenqualität auf diesem Siedlungsgelände war eher mäßig.
Schon die Alt-Siedler hatten über nassen und schweren Boden,
"mehr Lehm und Ton als Mutterboden" geklagt. An einigen Stellen
waren auch für die Siedlerwirtschaft kaum brauchbare Schlacken-
böden vorhanden. (Chronik "50 Jahre Siedlung Schönforst" 1982, o.S.)

Abb. 16 u. 17: Vorgartengestaltung im Meisenweg in der Siedlung "Schönforst" 1988

Siedlung Auf Vogelsang

Die Siedlung "Auf Vogelsang" (Abb. 18 u.19) weist im Rahmen des Aachener Kleinsiedlungsbaus einige Besonderheiten auf. Von den hier zwischen 1950 und 1956 von der Eigenheimbau errichteten 61 Häusern waren lediglich 17 Kleinsiedlerstellen, die übrigen Eigenheime, so daß kaum von einer Kleinsiedlung gesprochen werden kann. Dementsprechend unterschied sich auch die Sozialstruktur der Siedler von der der anderen Kleinsiedlungen. Sie umfaßte auch zahlreiche leitende Angestellte, Beamte und Akademiker.

"Auf Vogelsang" ist ferner die einzige Siedlung, die sich weder in eines der großen Stadterweiterungsgebiete einfügte, noch an vorhandene Siedlungsstrukturen anknüpfte. Südlich der Drimborn Allee (heute Adenauer Allee) am südöstlichen Rande Burtscheids gelegen, grenzte sie nur an das Bauerwartungsland zwischen Branderhof und Trierer Straße an.

Das Gelände war nicht im städtischen Besitz, sondern konnte zu günstigen Konditionen (1 DM/qm) kurz nach der Währungsreform aus Privatbesitz erworben werden. (Interview F11) Die Stadt war bereit, einen Bebauungsplan für dieses Gebiet aufzustellen und die erforderlichen Baugenehmigungen zu erteilen.

Die Siedlung befindet sich in mehrfacher Hinsicht in privilegierter Lage: In unmittelbarer Nähe zum Aachener Wald gelegen, auf einem weite Ausblicke über die Stadt erlaubenden Höhenzug, kann dieser Wohnstandort als bevorzugt angesehen werden. Auch die Topographie - vom oberen Teil der Straße Auf Vogelsang neigt sich das Gelände in nördlicher und westlicher Richtung zur Adenauer Allee und zum Branderhofer Weg - wurde dem städtebaulichen Entwurf dienstbar gemacht. Vor allem die giebelständigen Einzelhäuser (Abb. 20 u. 21) an der senkrecht zum Hang abfallenden Damaschkestraße und Auf Vogelsang verleihen der Siedlung eine individuelle Raumcharakteristik. In der Straße Auf Vogelsang wurde ferner versucht, durch einen Wechsel von jeweils zwei Doppelhäusern und einem giebelständigen, leicht vorspringenden Einzelhaus (Abb. 23) auflockernde Raumfolgen zu bilden.

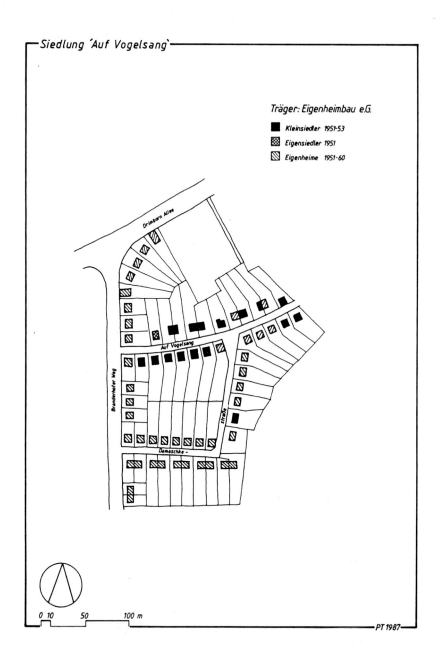

Abb. 18: Bauabschnitte und Träger in der Siedlung "Auf Vogelsang"

Abb. 19: Perspektivische Darstellung der Siedlung "Auf Vogelsang" von 1951

Abb. 20 u. 21: "Auf Vogelsang" 1951 (oben) und 1988 (unten)

Abb. 22: Grundsteinlegung in der Siedlung "Auf Vogelsang" 1950

Die im gesamten Siedlungsgebiet zur Straße offenen und zumeist mit Ziergewächsen bepflanzten Vorgärten, die hell getünchten Fassaden sowie die baulich nahezu unveränderten Straßenfronten bringen gleichermaßen Einheitlichkeit und einen gehobenen sozialen Status zum Ausdruck. Die Straßenräume sind angemessen proportioniert und verfügen über kleine Aufweitungen in den Kreuzungsbereichen.

Das betont geschlossene Siedlungsbild ist ein weiteres Qualitätsmerkmal. Lediglich den Häusern im Kreuzungsbereich Adenauer Allee/ Branderhofer Weg mit dem vorgelagerten Platz fehlt die städtebauliche Anbindung an die Siedlung. Der ursprüngliche Charakter der

Siedlung wird bis heute dadurch gestützt, daß kaum äußerliche Veränderungen an den Häusern vorgenommen wurden und sich in der Nachbarschaft kein einengender Mietgeschoßwohnungsbau im Stil der 50er Jahre anschloß.

Abb. 23: Das Gegenüber zu den giebelständigen Einzelhäusern

Bauweisen und Baustoffe

Die Baustoffknappheit, die Finanzierungsschwierigkeiten und der sich daraus ergebende Zwang zur Kosteneinsparung rückten auch für den geplanten Kleinsiedlungsbau in Aachen in der Nachkriegszeit die Fragen nach sparsamen Bauweisen und Ersatzbaustoffen ins Zentrum der Überlegungen. Die Kleinsiedlungsbestimmungen des Jahres 1949 gaben in ihren Ausführungen dazu lediglich einzuhaltende Mindeststandards vor. Grundsätzlich wurde festgelegt: "Bauweise und Baustoffe müssen so gewählt werden, daß die Gebäude Dauerwert haben." (Nr. 11, Abs. 5) Darüber hinaus mußten bestimmte statische Mindestanforderungen eingehalten werden.

Während sich aber in der Fachöffentlichkeit (vgl. z.B. Volksheimstätte 2 u. 6/1949) eine intensive Diskussion um rationelle Bauweisen wie die "Messerschmidt-Bauweise", die MAN-Stahlhäuser, die "Milke-Fertighäuser", die "Schüttbauweise", die "Trautsch-Bauweise" entwickelte, stieß ihre Einführung in der Praxis doch auf erhebliche Widerstände. Dies veranlaßte auch den "Bauausschuß des Deutschen Städtetages in der britischen Zone", die Städte aufzufordern, hier durch eigene Demonstrativvorhaben, Wettbewerbe und die Förderung der Privatinitiative aktiv zu werden (Volksheimstätte 11/1949,2). Notwendig schien in erster Linie der Ersatz von Mangelbaustoffen wie Stahl bzw. die Einsparung von Baustoffen, deren Herstellung viel Einsatz von Kohle erforderte.

In den Siedlungen der Aachener Eigenheimbau, auf die sich die folgenden Ausführungen beschränken, wurde weitgehend auf konventionelle Bauweisen und Baustoffe zurückgegriffen, wenngleich sich diese auch der Not der Zeit anpassen mußten. Auf gebrannte Ziegel mußte ebenso verzichtet werden wie auf ein zweischaliges Mauerwerk und auf den Einsatz von Holzschalungen bei der Deckenkonstruktion.

Der Einsatz von Schütt- oder anderen Montagebauweisen kam in Aachen nicht in Frage. Zurückzuführen war dies nicht zuletzt auf die Art und Organisation der Bauselbsthilfe, die sich im wesentlichen auf Baunebentätigkeiten wie das Ausschachten der Keller, die Fundamentierung, die Steineproduktion sowie provisorische Straßenbauarbeiten beschränkte. Die eigentlichen Bauarbeiten wurden an Unternehmer vergeben.

Die Bausteine für die Siedlerhäuser wurden aus einem Trümmer-splitt-, Zement- und Wassergemisch hergestellt. Dazu wurden die gemischten Materialien in Steinformen gegossen und auf einem Rütteltisch soweit verdichtet (Abb. 24), daß der Stein beim Ausstürzen aus der Form seine Gestalt bewahrte und an der Luft getrocknet werden konnte. (vgl. Gatzweiler 1949) Produziert wurde ein Hohlblockstein mit den Abmessungen 50 x 25 x 14,5 cm bzw. 50 x 30 x 14,5 cm, der die Festigkeit des Ziegelsteins erreichte und durch seine wärmespeichernden und -dämmenden Hohlräume die Errichtung einer Einsteinwand erlaubte. Die Werkfestigkeit des Steingemisches ermöglichte es sogar, dieses für Betonstürze über Fenstern und Türen sowie für die Decken (allerdings nicht für die tragenden Balken) zu verwenden. Eine Auswertung der noch vorhandenen Baubeschreibungen (Abb. 26 u. 27) für die Siedlungen Schönforst, Auf dem Plue, Hörnhang und Auf Vogelsang zeigt, daß man überall mit sehr ähnlichen bautechnischen Mitteln bemüht war, "einfach, aber zuverlässig" zu bauen. Alle Häuser waren ganz unterkellert.

Abb. 24: Verwendung des Rütteltisches bei der Steineproduktion auf dem Bauhof

Die Anforderung, auf Holzschalungen weitestgehend zu verzichten, konnte etwa bei der Verwendung der "Milz-Decken-Konstruktion" für Kellerdecken eingehalten werden. Hier verwandte der Bauträger eine schalungslose Stahlbeton-Hohlkörperkonstruktion, die den Einsatz der selbsterstellten Balken- und Deckenfüllsteine ermöglichte. Versehen mit einem Betonverguß in den entstehenden Rinnen, einer Sägemehlbetonisolierung und einem Bodenbelag aus Durotex oder Holz wurden ansprechende Ergebnisse bei der Wärme- und Schallisolierung erzielt. (Abb. 25) Für die Fundamente verwandten die Siedler Stampfbeton aus gebrochenem Trümmersplitt. Während das Außenmauerwerk im Kellergeschoß aus Hohlblocksteinen 30 cm stark war, genügte für die Zwischenwände und die äußeren und inneren tragenden Wände des aufgehenden Mauerwerks ein Stein mit 25 cm. Trenn- und Drempelwände waren 6 cm stark. Allerdings griff der Bauträger für die Kamine auf Ziegel- und Ofensteine zurück. Außen- und Kellertreppen wurden in Beton erstellt, innenliegende Geschoßtreppen in Holz. Die Außenwände wurden lediglich mit einem Außenputz versehen und die Innenwände mit einem Kalkmörtel verputzt. Das Dach wurde zumeist mit Muldenfalzziegeln eingedeckt, Dachrinnen und Fallrohre waren in Zinkblech ausgeführt. Die übrigen Gewerke unterlagen ebenfalls dem Gesichtspunkt der Kostenminimierung.

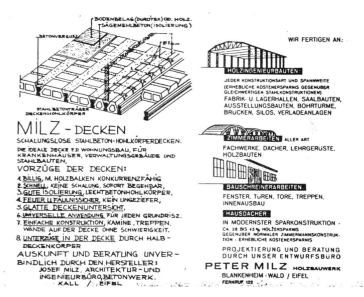

Abb. 25: Milz-Decken-Konstruktion

Baubeschreibung

für das Bauvorhaben der Gemeinnützigen Baugenossenschaft
Eigenheimbau e. Gen. m. b. H.

Siedlung: ~~Aachen-Forst-Königshügel~~ *Hörnhang*

Errichtet ~~werden 15 Doppelhäuser~~ *wird Einzelhaus* Typ 1/49

Anlage: Baubezeichnung, Lage- u. Finanzierungsplan und
Kostenvoranschlag.

Allgemein:
Das Eigenheim hat eine Grundfläche von 46.oo qm, eine Nutzfläche
einschl. Keller, 2 Bodenkammern und Stall= 88,7o qm, davon Wohnfläche 1 Wohnküche mit 3 Schlafräumen = 49,6o qm, eine Wirtschaftsfläche, Waschküche, Stall, Flur u. Abort von 2o,8o qm.
Das Eigenheim ist ganz unterkellert. Bequeme und Gute Unterbringung
von einer Familie mit 4-5 Kindern beiderlei Geschlechts ist möglich.
Eine Kammer kann auch als Badezimmer oder Schlafkammer mit einem
Bett eingerichtet werden, desgl. eine Kammer als Vorrats- und Futterboden. Als Futterboden kann auch der Spitzboden mit einer Grundfläche von ca. 16 qm und einem Rauminhalt von 2o cbm Verwendung
finden.
Das Kellergeschoß hat eine l. H. von 1,9o m, eine Nutzfläche von
3o.2o qm. Das Erdgeschoß hat eine l. H. von 2,55 m und das Dach-
geschoß von 2,35 m. *als friheher Raum nud nihtung*
Die Ausführung ist durchweg einfach aber zuverlässig. Als Heizung
ist Ofenheizung vorgese en, elektr. Licht, Gas und Wasserleitung,
Ableitung der Schmutz- und Regenwasser durch Anschluss an vorhandene
Kanalisation. ~~Dagegen ist für die Fäkalien von Abort und Stall eine~~
~~Klärgrube vorgelegen. Der Überlauf wird an die Kanalisation für~~
~~Schmutzwasser angeschlossen. Dem Siedler dürfen die Fäkalien als~~
~~Düngemittel nicht verloren gehen.~~ *nach tregeln oder Bauherrn*
werden. keine Klärgruben gebaut!

Fenster und Türen:
Fenster: aus 56 mm starkem Rahmen und Flügelhölzern mit 6/12 cm
starkem Futterrahmen mit aufgelegtem Basquil., Verglasung in
4/4 Glas.
Zimmertüren: Zweifüllungstüren aus Tannenholz mit Sperrholzfüllung
und Einsteckschloss mit Futterrahmen.
Fundamente:
Stampfbeton aus Kesselasche bis zur tragfähigen Stärke, 4o cm stark.

Mauerwerk:
Kellermauern: Aussenwände Blocksteine aus Trümmersplitt 3o cm stark
Innenwände 25 cm stark. Isolierung der Kellerwände durch Asphalt-
pappe über dem Kellerfussboden und unter Kellerdecke und bei Boden-
nässe Zementputz mit Goudronanstrich.

Sockel:
Aussenwände in Hohlblocksteine o,25 cm stark. Balkentragende Innen-
wände 25 cm stark. Trenn- u. Drempelwände 6 cm starke Zementdielwände
Dachschrägen in bewohnten Räumen. Isolierung durch Lehmstakung.

Kamine:
Ziegelsteine mit den erforderlichen Reinigungstürchen und Ofenrohr-
steinen. Kaminköpfe greifen über die Dachdeckung, werden verputzt
und mit Zementmörtel abgedeckt. Anschluss an Dachdeckung erfolgt
durch Verschmierung und Zinkblechdichtung.

Abb. 26 u. 27 (nächste Seite): Baubeschreibung des Haustyps 1/49 "Hörnhang"

Decken : Kellerdecke und Geschoßdecke in Eisenbewehrte Hohlstein-
decke. Statische Berechnung siehe Anlage. Der Fussboden in Holzbeton-
Fussbodenplatten belegt, Decken von unten verputzt, die Kehlbalken-
lage erhält eine Zwischendecke in Lehmstakung.
Innenputz: Wohnräume Kalkputz. Der Kamin im Dachboden; die Stallwände
und im Keller Rappputz.
Gesimse: Verschalung der vorstehenden Balkenköpfe- Sparrenköpfe
mit einem Stirnbrett. Dachüberstand am Giebel von unten verputzt
mit einem Windbortabschluss. Vorgehängte Rinne aus Zinkblech Nr.12
und Avflussrohr 8 cm Ø aus verzinktem Eisenblech.
Dachdeckung: In Muldenfalzziegel.
Fußböden: Wirtschaftsküche und Abort mit Flur, in Terrazzo. Der Stall
Ziegelsteinpflaster. Die Wohnräume erhalten Holzbeton(fusswarme
Böden) nicht unterkellerte Gebäudeteile erhalten einen 8-1o cm
starken Magerbeton auf festgestampftem Lehmboden oder auf Schotter-
lage. Spittzboden erhält einen 22 cm starken gespundeten Holzfussboden
Treppen: Aussentreppe, Stufen aus hammerechten Bruchsteinen .
Kellertreppe, Betonstufen. Geschosstreppe, eingeschobene Treppe
mit Setzstufen, Buchenauftritten, Wangen aus Kifernholz und ein -
facher Handlauf.
Haustüre und Hofausgangstüre: mit Blendrahmen aus 4o cm starkem
Kiefernholz, Türen 3o mm stark mit eingestemmten überpfälzten Brettern
Abschlussleiste, Sockel, Glasfensterchen und Haustürschloss mit
Zuhaltung und 2 Schlüsseln, Türknopf und Briefeinwurf.
Kellertüren: gehobelte Stabbord auf Quer- u, Längsriegeln.
Außenanstrich: Äusseres Holzwerk: Türen und Fenster 2maliger Öl-
farbenanstrich und Lackierung. Die Stülpschalung der Dachfenster
und Stiernbretter 2maliger Karbolineumanstrich.
Aussenwände: Verl. Zementverputz mit Kalkmilch geschleumt.
Innerer Anstrich: Holzwerk in Ölfarbenaps rich, Wände und Decken
Kalkfarbenanstrich.
Elektrische Lichtanlage: Jeder Raum erhält eine Brennstelle,
die Wohn- u. Wirtschaftsküche je 1 und die Schlafräume 2 Steck-
kontakte.
Wasserversorung : Anschluss an das städt. Versorgungsnetz. Die
Wohnküche erhält ein Spülbecken. Ausserdem wird im Dachgeschoss
ein Waschbecken angebracht.
Für den späteren Einbau von WC. und Badewanne im Obergeschoss ist
Anschluss vorgesehen.
Alles übrige dürfte aus den Zeichnungen ersichtlich sein.

16. Mai
Aachen, ~~im April~~ 1949.   Architekt.

Josef Bemelmans
Architekt
AACHEN
Viktoriaallee 14

gehört zum Baugesuch vom _____
Bauamtlich geprüft
Aachen, den _____
Der Oberstadtdirektor
als Baugenehmigungsbehörd.

Baugenossenschaft
Eigenheimbau Aachen
Ges. m. M.

Wohnformen und Haustypen

Der erste Architekt der Eigenheimbau deutete in einer Festschrift zur Grundsteinlegung der ersten Kleinsiedlung die engen Grenzen bei der Planung und Entwicklung neuer Haustypen an, als er schrieb, daß der Wohnraum aus der Not der Zeit heraus "auf das Notwendigste beschränkt werden" mußte. (Bemelmans 1949, o.S.)

Die Höhe der Herstellungskosten und der Kleinsiedlungsbestimmungen von 1949 setzten dem Entwurf darüber hinaus weitere Grenzen. Trotzdem, so das Resümee des Architekten, sei aller Raum gut ausgenutzt und Bedacht darauf genommen worden, "daß der Hausfrau die Arbeit im Hause möglichst erleichtert" werde. (ebd.)

Wie sehr die Siedlerideale auch in der Architektur präsent waren, verdeutlicht die Gebäudebeschreibung: "Das Aeußere des Hauses ist den Gesetzen der Architektur unterworfen. Ein Blick auf den langgestreckten Baukörper mit den großen, sprossierten Fenstern und den anheimelnd wirkenden Fensterläden läßt Heimatgefühl wach werden. Die Vorderfront (wie auch die übrigen hier nicht abgebildeten Seiten des Hauses) strahlt Wärme und Geborgenheit aus. Schon aus der Zeichnung spürt man, daß in diesem Haus die Familie ein glückliches Leben führen wird. Man meint, jeden Augenblick müsse sich die Türe öffnen und ein lustiges, fröhliches Völkchen, die gesunde, lachende Kinderschar, laufe hinaus ins Freie. In der Siedlung wachsen ja die Kinder in enger Verbindung mit Erde und Haustier heran. Niemand hemmt ihre freie Entfaltungsmöglichkeit." (ebd.)

Obwohl siedlungspolitische Bedenken der Siedlerverbände vorlagen, konnte auch in Aachen auf den Einbau einer Einliegerwohnung nicht verzichtet werden. Allerdings wurden auch Haustypen konzipiert und errichtet, die eine Einliegerwohnung, obwohl vom Gesetzgeber "regelmäßig erwünscht" (Der Siedler 2/1949,2), nicht enthielten. Dies führte in einzelnen Fällen zu Schwierigkeiten bei der Finanzierung, so daß dann, sehr zum Unmut der Siedler, eine Einliegerwohnung nachträglich eingebaut werden mußte. (Interview A13b)

Bei der Beurteilung qualitativer Merkmale und Standards ist zunächst die Frage nach der Wohnform von Bedeutung. Von den von der Eigenheimbau in eigener Bauträgerschaft errichteten 112 Kleinsiedlerstellen wurden 74 (66 %) in Form des Doppelhauses, 38 (34 %) in

Form des freistehenden Einzelhauses erbaut. Die bei den Siedler-
verbänden verpönte Reihenkleinsiedlung ist in den Aachener Siedlungen nicht anzutreffen.

Den Bedenken gegen das Doppelhaus (Schallübertragung, "der eigene
Herr sein") wurde das Argument der Kostenersparnisse gegenüber
dem Einzelhaus entgegengesetzt. Bei der von der Genossenschaft
zuletzt errichteten Kleinsiedlung "Auf Vogelsang" läßt sich aber
schon der Trend zum Einzelhaus und damit zum Einfamilienhaus
deutlich erkenen. (vgl. Tab. 1)

Tabelle 1: Verteilung der Haustypen

Typ	Hörnhang	Auf dem Plue	Schönforst	Auf Vogelsang
1/49	8 D	5 D		
2/49	1 E	1 E		
3/49	13 D	3 D		
4/49	3 D	2 D		
5/49	3 E	16 E		
6/49	1 E			
8/49	1 D			
9/49	1 D/2 E			
10/49	8 D			
1/50			17 D	
10/49			3 D	
12/50				3 D/11 E
13/50				3 D
3/52	2 D	2 D		
5/52	2 E			
15	1 E			
	36 D/10 E	12 D/17 E	20 D	6 D/11 E
	46 KS	29 KS	20 KS	17 KS

D = Doppelhaus; E = Einzelhaus; KS = Kleinsiedlerstelle

Quelle: eigene Darstellung und Berechnung nach Archiv Eigenheimbau

Die für die Haustypen in den Wirtschaftlichkeitsberechnungen der Jahre 1949 bis 1952 angegebenen reinen Baukosten (je nach Größe zwischen 11.200 und 19.760 DM), auf deren Grundlage die Fördermittel des Landes beantragt wurden, wichen in erheblichem Maße von den Wertangaben in den Heimstättenverträgen ab, die Mitte der 50er Jahre abgeschlossen wurden. So wurde der Wert des Haustyps 1/49 (in der Wirtschaftlichkeitsberechnung: 11.200 DM) bereits 1950 mit 18.000 - 20.000 DM veranschlagt, im Jahre 1954 mit 28.000-30.000 DM. Diese Kostensteigerungen waren sowohl auf Baukosten- (zum Teil schon während der Bauphase) wie auch auf allgemeine Preissteigerungen zurückzuführen.

Bei der Vielzahl der von der Eigenheimbau entworfenen Haustypen konzentrierte sich unsere Analyse neben der grundsätzlichen Frage nach der Wohnform auf die Merkmale Einliegerwohnung, Raumaufteilung, Erschließung und Wohnstandards (sanitäre Einrichtungen, Wohn-/Kochküche etc.) und die abschließende Bewertung auf die räumlichen, hygienischen und sozialen Qualitäten.

Die äußere Gestaltung war bei allen Typen festgelegt, bei der inneren Grundrißaufteilung ließ die Genossenschaft den Siedlern allerdings persönliche Gestaltungsspielräume, die von der Materialwahl (z.B. Holz- oder Steinfensterbänke, gegen Aufpreis), bis hin zu konstruktiven Veränderungen (z.B. Versetzen von Türöffnungen/Wänden) reichen konnten. "Es sind mehrere Wohnhaustypen errichtet worden, die in der inneren Gestaltung für persönliche Wünsche des Hausherren weitgehende Freiheit lassen." (Bemelmans 1949, o.S.)

Die Lage der Räume orientierte sich an der Himmelsrichtung: Wohnräume sollten möglichst nach Süd/Ost, Wirtschaftsräume nach Nord/West ausgerichtet sein (Bemelmans 1949). Die Praxis zeigte jedoch, daß dieses Grundmuster nicht immer eingehalten werden konnte. Beispielhaft seien hier zwei Haustypen beschrieben:

Typ 1/49

Der Haustyp 1/49 ist ein traufständiger, vierachsiger Doppelhaustyp mit Dachgauben und seitlich angebautem, abgeschlepptem Stall, mit einem Achsmaß von 2 x 5 m. (Abb. 28) Er wurde in den ersten beiden Aachener Kleinsiedlungen "Hörnhang" und "Auf dem Plue" errichtet. Dieser Typ wurde zunächst ohne Einliegerwohnung konzi-

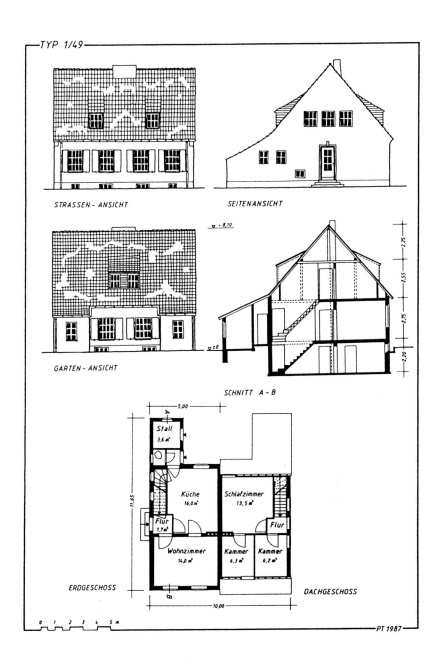

TYP 1/49

STRASSEN-ANSICHT

SEITENANSICHT

GARTEN-ANSICHT

SCHNITT A-B

Stall 3,6 m²

Küche 16,0 m²

Schlafzimmer 13,5 m²

Flur 1,7 m²

Flur

Wohnzimmer 14,0 m²

Kammer 6,3 m²

Kammer 6,2 m²

ERDGESCHOSS

DACHGESCHOSS

0 1 2 3 4 5 m

PT 1987

Abb. 28: Typ 1/49, Eigenheimbau Aachen e.G.m.b.H.

151

piert, was in einigen Fällen zu Finanzierungsschwierigkeiten, insbesondere bei der Beschaffung staatlicher Darlehen, führte, da Kleinsiedlungen mit Einliegerwohnung Förderpriorität hatten.

Es handelte sich um einen vollunterkellerten Haustyp, mit Kohlen- oder Vorratsraum und einen Wirtschaftsraum, der zugleich als Waschküche genutzt wurde. Die überbaute Grundfläche betrug 50,4 qm, die Wohnfläche 56,0 qm. Das Haus verfügte über eine Wirtschaftsfläche von 20,0 qm und insgesamt 32,3 qm Nutzfläche.

Das Raumprogramm reichte über die in den Kleinsiedlungsbestimmungen von 1949 geforderten Mindeststandards hinaus. Im Erdgeschoß befanden sich eine Küche (16,0 qm), ein Wohnzimmer (14,0 qm), Abort und der nur von außen zugängliche Stallteil. Stall- und Wohnbereich waren durch eine 6 cm starke Trümmersplittwand getrennt- eine unter hygienischen Gesichtspunkten zu geringe Stärke. Küche und Wohnraum wurden von einem kleinen Flur separat erschlossen, das Obergeschoß von einer von der Küche zugänglichen Holztreppe. Hier befanden sich ein Schlafraum (13,5 qm) und zwei weitere kleine Kammern (6,3 bzw. 6,2 qm). In einigen Fällen wurde in einer der beiden Kammern das im Raumprogramm nicht vorgesehene Bad eingerichtet. Bei Aufgabe der Stallnutzung, oft schon kurz nach der Bauabnahme, wurde das fehlende Bad aber auch im Stallteil eingebaut.

Unter Berücksichtigung des geringen Raumangebotes kann der Grundriß als durchaus akzeptabel und gut gelöst angesehen werden. Die Küche als multifunktionaler Raum orientierte sich vorteilhaft zum Wirtschaftshof und war sowohl vom Garten aus als auch vom seitlich angebrachten Hauseingang zu erreichen. Bis auf eine Kammer im Obergeschoß waren alle Räume separat zugänglich. Bei dem in der Regel vorzufindenden Bad im Stallteil reichten die sanitären Anlagen für eine drei- bis vierköpfige Siedlerfamilie aus, wenngleich auch die Individualbereiche recht knapp bemessen waren. Der fehlende Außenzugang des Kellers wurde durch die haustürnahe Lage des Kellereinganges im Inneren durchaus ausgeglichen. Die Erschließungsflächen waren stark reduziert, reichten aber aus.

Der Haustyp 1/49 wurde in den Siedlungen "Hörnhang" und "Auf dem Plue" 13 mal errichtet, u.a. in Kombination mit den Haustypen 3/49 und 4/49. (Abb. 29 u. 30)

Abb. 29 u. 30: Doppelhaus Typ 3/49 in der Siedlung "Hörnhang" 1950

153

Typ 12/50

Der Haustyp 12/50 wurde in der Siedlung "Auf Vogelsang" als giebel-
oder traufständiges Einzelhaus mit Einliegerwohnung errichtet (Abb.
31), jedoch auch als Doppelhaustyp angeboten. Der hier abgebildete
Haustyp ist als traufständiges, zweiachsiges Einzelhaus mit einer
Grundfläche von 69,3 qm und einer Frontbreite von 8,96 m ausgebildet. (Abb. 32 u. 33)

Dieser Kleinsiedlungstyp wies einen voll in den Hauskörper integrierten Stallteil mit doppelwandiger Abgrenzung zum Wohnteil auf. Die
Integration des Stallteils wurde in der Fachpresse vielfach aus
hygienischen und gesundheitlichen Erwägungen abgelehnt, vergrößerte
aber die Grundfläche des Hauses und somit die, bei der spätestens
nach der Gebrauchsabnahme stattfindenden "Zweckentfremdung" des
Stallteiles (Bad, Kochküche o.ä.), nutzbare Wohnfläche.

Die Gesamtwohnfläche betrug 79,8 qm, die Wirtschaftsfläche 42,7
qm und die Nutzfläche 42,7 qm. Der Wohnteil der Siedlerwohnung
(43 qm) nahm ein Wohnzimmer (16,8 qm), eine Küche (10,0 qm), ein
Schlafzimmer (14,0 qm), Treppenhaus und ein separates WC auf. Das
Schlafzimmer lag als gefangener Raum hinter dem Wohnzimmer.

Die Einliegerwohnung (36,0 qm) besaß ein Wohnzimmer (11,2 qm),
eine Küche (8,5 qm), ein Schlafzimmer (12,1 qm), ein WC, eine
kleine Kammer (2,7 qm), die zumeist als Bad ausgebaut wurde, und
einen separaten, vom Treppenhaus getrennten Flur. Das Schlafzimmer
wurde bewußt aus der in sich abgeschlossenen Einliegerwohnung
herausgelöst, damit es die Funktion eines Schaltraumes übernehmen
und bei Bedarf der Siedlerwohnung zugeschlagen werden konnte.
Das Kellergeschoß bestand aus drei Kellerräumen sowie einer
Waschküche bzw. einem Wirtschaftsraum.

Unter der Annahme, daß schon frühzeitig sowohl in der Siedler-
wie auch in der Einliegerwohnung ein Bad eingerichtet wurde, kann
dieser Haustyp als durchaus befriedigend bewertet werden, zumal
er von der Genossenschaft auch als Eigenheim angeboten wurde. Das
Raumprogramm war durchaus den sich verändernden Ansprüchen flexibel anpaßbar. Der Charakter eines "Wohnens im Übergang" (von
der Kleinsiedlung zum Eigenheim) wird bei diesem Haustyp besonders
deutlich.

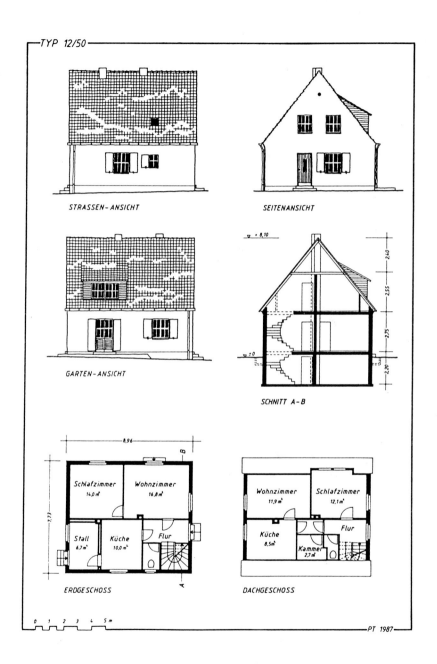

PT 1987

Abb. 31: Typ 12/50, Eigenheimbau Aachen e.G.m.b.H.

155

Abb. 32 u. 33: Einzelhaus Typ 12/50 in der Siedlung "Auf Vogelsang", im Bau (oben) und 1988 (unten)

156

Wohnen im Übergang

Kleinsiedlungsbau in Aachen nach 1945 bedeutete "Wohnen im Übergang", Wohnen im Spannungsfeld zwischen traditioneller Kleinsiedlungswirtschaft und Eigenheimidylle. Auch das Aachener Beispiel folgte der überall zu verzeichnenden Entwicklung, die sich weg von der traditionellen Kleinsiedlung als Wirtschaftsheimstätte hin zum Standard des bürgerlichen Eigenheims mit Garten bewegte.

Bereits die in den Interviews genannten Motive der Siedler, sich für eine Kleinsiedlung zu bewerben, gaben erste Anhaltspunkte dafür: Neben dem "Wunsch nach Garten- und Kleinviehwirtschaft" wurden das "Wohnen im Grünen", das "Streben nach Hauseigentum" oder das bloße "Ein-Dach-über-dem-Kopf-haben" als Beweggründe für eine Bewerbung genannt. Diese unterschiedlichen Motive beeinflußten im folgenden dann auch die unterschiedliche Wohn- und Wirtschaftsnutzung der Kleinsiedlerstellen.

Schon die Entwicklung und Planung der einzelnen Haustypen und Grundrisse durch die Genossenschaft beinhaltete diese "Nutzungsambivalenz". Raumangebot und Nutzungsmöglichkeiten nahmen sowohl siedlungswirtschaftliche Elemente (Stall, Wirtschaftsraum) wie auch erste Eigenheimstandards auf. Es wurden keine Notunterkünfte errichtet, wenn auch die allgemeine Kostenminimierung zu sehr begrenzten Flächen- und Wohnstandards zwang.

Trotz begrenzter Ressourcen an Baustoffen und Finanzierungsmitteln griff die Genossenschaft in der Regel auf traditionelle Baustoffe und Bauweisen zurück. Die Siedlungsbauten waren einfach, aber beständig und wurden in Massivbauweise ausgeführt.

Die einheitliche Planung des Straßenraumes sowie die Vorgaben bei der Vorgartengestaltung gaben den Aachener Kleinsiedlungen ein einheitliches Bild, bei der das Kleinsiedlungshaus als städtebauliches Element betont wurde. Dabei vermittelten die giebelständigen Haustypen mit seitlich angebautem Stall dem Betrachter einen eher (pseudo-)ländlichen Charakter, während die traufständigen Haustypen, deren Wirtschaftsteil in der Regel straßenabgewandt an der rückwärtigen Hausfront angebaut wurde, eher an eine städtische Siedlungsform erinnerten.

Insgesamt kamen die Aachener Kleinsiedlungen frühzeitig Forderungen nach, die etwa Mitte der 50er Jahre in Kreisen der Kleinsiedlerverbände diskutiert wurden. So formulierte Schütte, als ein Verfechter der Kleinsiedlungsidee bekannt, im Jahre 1954: "Es geht nicht an, weiterhin Primitivwohnungen zu bauen, wie sie 1931 als Hilfsmaßnahme für Erwerbslose ersonnen wurden. Das Vorbild einer bisherigen ländlichen Wohnweise paßt nicht mehr, vielmehr kommt es darauf an, planmäßig zwischen Stadt und Land auszugleichen." (Schütte 1954,681)

Individualisierung und Gemeinschaft

Die Hauseingänge in den Aachener Kleinsiedlungen befanden sich meist an der seitlichen Hausfront. Diese Lage bot die Möglichkeit, einen halböffentlichen Bereich und abgestuften Übergang zwischen privatem Wohnbereich und der Straße als öffentlichem Raum zu schaffen. Die Hauseingänge selbst waren über eine kleine Eingangstreppe (zwei bis drei Stufen) zu erreichen und durch zwei seitlich gelagerte Fenster hervorgehoben. Sie vermittelten Distanz, deuteten Privatheit an, ermöglichten aber auch Kommunikation und Aufenthalt (Verabschiedungszeremoniell, Spielplatz für Kinder).

Im rückwärtigen Bereich entstand durch den angebauten Stall ein multifunktional zu nutzender abgeschirmter Arbeits- und Spielhof, der vor allem in den Sommermonaten das begrenzte Raumangebot im Inneren erweiterte. Hier konnten Haus- und Bastelarbeiten verrichtet, Kinder beaufsichtigt sowie Nachbarn begrüßt werden. Darüberhinaus schuf er eine klar begrenzte Übergangzone zum Wirtschaftsgarten. Die zumeist städtebaulich gespiegelte Anordnung der Häuser, d.h. die Zuordnung der Gärten jeweils zu den gegenüberliegenden Nachbargärten, ermöglichte ferner den Kontakt zu den Nachbarn unmittelbar im rückwärtigen Bereich der Häuser, im Wirtschaftsgarten.

Die Außenraumsituation mit ihren differenzierten Raumtypen erweiterte somit die Nutzungsmöglichkeiten für den einzelnen, schuf sowohl offene, halboffene wie auch geschützte Räume und ermöglichte unterschiedlichste Nutzungsintensitäten.

Die begrenzte Zahl der errichteten Kleinsiedlerstellen ließ Gleichförmigkeit und Monotonie in den seltensten Fällen aufkommen.

Dort, wo die Gefahr dafür bestand, versuchte die Genossenschaft, durch unterschiedliche Stellung der Häuser oder die Aufweitung des Straßenraumes Gegengewichte zu bilden.

Raumangebot und Nutzungsqualität

Augenfälliges Merkmal auch der Aachener Kleinsiedlungstypen war die eingebaute Einliegerwohnung, die als "Notlösung einer Notzeit zu verstehen und zu billigen" war (Striefler 1951,122). Die bauliche Ausführung der Einliegerwohnung ließ jedoch vielfach die Tendenz zu einer vollwertigen Zweitwohnung erkennen und vermittelte den Eindruck eines Zweifamilienhauses. Dagegen wandten sich vor allem die Siedlerverbände, die in der "aufgezwungenen Einliegerwohnung" eine fest einkalkulierte Reservefläche für die Siedlerfamilie erblickten, die aufgrund der katastrophalen Wohnungslage noch nicht für die Siedlerfamilie zur Verfügung stand.

Die Wohnfläche der Kleinsiedlerstelle sollte möglichst begrenzt werden, so daß der Charakter als Kleinsiedlung erhalten bleib: "Es ist besser, sich jetzt für eine Reihe von Jahren zu beschränken, als auf die Dauer auf das wirkliche Familienheim zu verzichten." (Striefler 1951,122) Diesen Forderungen kam die Genossenschaft nach, indem sie für Siedler und Einlieger zunächst minimierte Wohngrundrisse schuf. Die in einigen Haustypen mögliche Nutzung eines Dachgeschoßraumes als Schaltraum mit flexibler Zuordnung zur Einlieger- oder Siedlerwohnung ließ dennoch kurzfristig eine Anpassung an veränderte familiäre Situationen zu.

Die entwickelten Haustypen entsprachen jedoch hinsichtlich ihrer Flexibilität und Gebrauchsfähigkeit nicht immer den Wünschen der Bewohner. Mängel in der Planung und Bauausführung wurden dann oft von den Siedlern in späteren Nachbesserungsphasen behoben. Sie betrafen insbesondere die innere Erschließung, Lage der Treppen und fehlende sanitäre Einrichtungen.

Das Raumangebot selbst unterlag der bereits geschilderten allgemeinen Flächenminimierung und wirkte sich vor allem negativ auf die Schlafräume aus, die als Individual- und Rückzugsbereiche kaum zu nutzen waren. Dagegen wurden Arbeits- und Wohnbereich bereits klar voneinander getrennt. Wohnküchen wurden abgelehnt, die Trennung in Wohnbereich ("gute Stube") sowie Eß-/Kochbereich war die Regel. Die Vorteile, die die Wohnküche als multifunktionaler Raum bieten konnte, wurden von den empfundenen Nachteilen (Geruchsbelästigungen u.a.) nicht aufgewogen.

Die Trennung des Wirtschaftsteils in einen Stallbereich, der in der Regel vom Wohnhof aus zugänglich war und meist sehr bald für Wohnzwecke umgenutzt wurde, und einen Wirtschaftsbereich mit Waschküche im Kellergeschoß unterstreicht die eingangs formulierte These des "Wohnens im Übergang".

Der aus der Entwicklung der Haustypen der Aachener Kleinsiedlungen abzulesende Trend einer Anpassung an den Eigenheimstandard kann auch nicht durch den Hinweis auf die unzureichenden sanitären Einrichtungen widerlegt werden. Das fehlende Bad - lediglich vier Haustypen enthielten im Werkplan ein Bad - wurde in der Regel entweder noch während der Bauphase oder kurze Zeit später von den Siedlern selbst eingebaut, so daß das Fehlen im Werkplan wohl in erster Linie den Kleinsiedlungsbestimmungen mit ihren Minimalstandards Rechnung tragen sollte. Allerdings kam der Kostengesichtspunkt ebenfalls zum Zuge, der zunächst auf den Einbau eines Bades verzichten ließ.

Ver- und Entsorgungsaspekte standen dem Badeinbau von Beginn an nicht im Wege, da bis auf die Siedlung "Schönforst" alle Aachener Kleinsiedlungen an das städtische Kanalnetz angeschlossen wurden. In den Siedlungen "Auf Hörnhang" und "Auf dem Plue" hatten die vorgefundenen schlechten Bodenverhältnisse (Mergelböden bzw. feste Tonschichten, mit Blaustein durchsetzt) einen sofortigen Kanalanschluß erzwungen.

An-, Aus- und Umbauten in den Aachener Kleinsiedlungen

Schon kurz nach Fertigstellung der einzelnen Bauabschnitte setzten An-, Aus- und Umbauarbeiten an den Häusern ein, die bis in die heutige Zeit hineinreichen. Dies geschah in den Siedlungen mit unterschiedlicher Intensität und sehr divergierenden Ergebnissen. So konnte die Siedlung "Auf Vogelsang" ihren baulich-räumlichen Charakter in der ursprünglichen Form am ehesten bewahren. In allen anderen Siedlungen sind die einzelnen Erneuerungsphasen mehr oder weniger deutlich abzulesen. Unterschieden werden kann grob in Veränderungen im Inneren und Veränderungen am Äußeren der Baukörper.

Bauliche Veränderungen im Inneren des Hauskörpers

Die wohl häufigste und auch vorrangige bauliche Veränderung betraf die Einbeziehung des Stallraumes in den Wohnbereich, sei es als Bad oder als Küche. Diese Erweiterung der Wohnfläche erforderte den geringsten baulichen und finanziellen Aufwand. In einzelnen Fällen stockten die Siedler auch den Stallanbau auf, so daß im Obergeschoß ebenfalls ein weiterer Raum hinzugewonnen werden konnte.

In einem zweiten Schritt wurde dann, sobald die allgemeine Wohnungssituation es zuließ, wiederum ohne großen baulichen und finanziellen Aufwand, die Einliegerwohnung in die Siedlerwohnung einbezogen. Damit vergrößerte sich die nutzbare Wohnfläche in einem solchen Maße, daß z.T. der Standard des sozialen Wohnungsbaus weit überschritten wurde. Spätestens zu diesem Zeitpunkt wurden fehlende Bäder eingebaut, ein Wohnzimmer und eventuell ein separates Eßzimmer eingerichtet sowie die Individualbereiche, insbesondere für die heranwachsenden Kinder, erweitert.

Diese in einer ersten Phase vorgenommenen baulichen und räumlichen Veränderungen vergrößerten die Wohnflächen und das Raumangebot, führten zu Raumdifferenzierungen und befriedigten den aufgestauten Nachholbedarf.

Bauliche Veränderungen am Äußeren des Hauskörpers

Bauliche Veränderungen am äußeren Erscheinungsbild der Kleinsiedlerstelle lassen sich in zwei Maßnahmenbereiche einteilen:
1. Erweiterung und Ausbau des Hauskörpers und
2. Anpassung an jeweils zeittypische ästhetische Maßstäbe. (Abb. 34 bis 37)

Die Anpassung an veränderte ästhetische Maßstäbe äußerte sich z.B. im Einbau großflächiger (Blumen-)Fenster, im Austausch der als bäuerlich-rückständig empfundenen Sprossenfenster durch Ganzglasfenster und in der Verklinkerung oder zumindest der Anbringung einer zweiten Außenhaut (Schieferverkleidungen u.ä.) - ein Veränderungsprozeß, der bis heute andauert und die jeweiligen "Moden der Zeit" widerspiegelt.

Bauliche Erweiterungen des Hauskörpers in Form von Anbauten und Dachausbauten erfolgten entweder, um zusätzliche Räume für Bad, Küche etc. zu schaffen bzw. bestehende Räume zu vergrößern oder um eine zweite vollwertige Wohnung für Eltern, Kinder (Mehrgenerationenwohnen) oder Mieter (zusätzliches Einkommen) zu schaffen. Die Art und das Maß der baulichen Maßnahmen orientierte sich an individuellen Erfordernissen und zur Verfügung stehenden Mitteln. Die Spannweite reichte von minimalen An-, Aus- oder Umbauten bis zum Anbau kompletter Hauskörper. Nur in einigen wenigen Ausnahmefällen wurden keine äußerlich sichtbaren Veränderungen vorgenommen.

Gemeinsam ist allen Kleinsiedlungshäusern jedoch die Anpassung an die jeweiligen individuellen Bedürfnisse der Siedler: aus einem "Konfektionsanzug" wurde mit den Jahren ein "Maßanzug".

Abb. 34: Bauliche Veränderungen: Erweiterung ...

Abb. 35: An- und Ausbau ...

Abb. 36: Aufstockung ...

Abb. 37: Verklinkerung

Literatur- und Quellenverzeichnis

Schütte, W., Die Kleinsiedlung beim Generationswechsel, in: Raumforschung und Raumordnung, Jg. 12, 1954, Heft 2/3

Schütte, W., Selbsthilfe am Stadtrand, Plan und Ergebnis, in: Institut für Raumforschung, Informationen 4, 1954

Schütte, W., Die Entwicklung der Lebensführung in ausgewählten Kleinsiedlungen Nordwestdeutschlands und deren Auswirkungen auf die künftige wohnungs- und bauwirtschaftliche Planung. Ergebnisse und Untersuchungen, 1955/56, Typoskript

Stadt Aachen, Verwaltungsberichte der Stadt Aachen, Jg. 1, 1944-46 bis Jg. 11, 1956

Striefler, H., Wortbeiträge in: Schriften des Instituts für Wohnungsrecht und Wohnungswirtschaft, Bauliche Selbsthilfe in der Wohnungswirtschaft, Ergebnisse einer Arbeitstagung, Köln 1951

Archiv der Eigenheimbau Aachen:
- Festschrift zur Grundsteinlegung der Siedlung Hörnhang, 1949
  darin: Bemelmans, J., Das Siedlerhaus; Gatzweiler, P., Die Bausteine
- Festschrift Siedlergemeinschaft Finkenweiden-Hörn, 1962
- Siedlergemeinschaft Schönforst, Chronik 50 Jahre Siedlung Schönforst, 1982
- Festschrift Siedlergemeinschaft Am Wasserwerk, 1986
- Kleinsiedlungsbestimmungen 1949
- Geschäftsberichte der Eigenheimbau 1949-1956
- Rundbrief der Eigenheimbau an die Siedler der Siedlung Schönforst Betr.: Vorgartengestaltung unserer Siedlung Aachen-Schönforst vom 19.7.1955

Bischöfliches Diözesanarchiv Aachen (BDA):
- Korrespondenz der Siedlergemeinschaft Aachen e.V. mit dem Generalvikariat des Bistums Aachen (Akte BDA GVS C24,I)

Stadtarchiv Aachen (StaA):
- Protokolle der "Vertretung der Bürgerschaft" Aachen 1946-1956
  (ab 9.11.1952 "Rat der Stadt" Aachen)
- Kaufverträge zwischen der Stadt Aachen und der Eigenheimbau
  Aachen e.G.m.b.H. sowie der Rheinischen Heimstätte (Akte B3II)

Aachener Nachrichten (AN): Jahrgänge 1946-1956

Aachener Volkszeitung (AVZ): Jahrgänge 1946-1956

Der Siedler, Zeitschrift des Deutschen Siedlerbundes e.V., Jg. 1,
1948/49 bis Jg. 8, 1956

Die Volksheimstätte, Monatszeitschrift des Deutschen Volksheimstättenwerkes, Jg. 1, 1949 bis Jg. 8, 1956

Interviews:
- A1-A15, B10-B14: Siedler aus den ersten Kleinsiedlungen der
  Eigenheimbau Aachen
- F1-F11: Mitarbeiter der Eigenheimbau

Heinrich Wahlen

Vom Trümmerschutt zum Wohneigentum
Gründung und Entwicklung einer gemeinnützigen
Baugenossenschaft

Genossenschaftliche Selbsthilfe -
Ausweg aus der Wohnungsnot

Die Zeit nach dem Zweiten Weltkrieg war eine Zeit der besonderen
wirtschaftlichen Not, aber auch eine Zeit der Krise des gesellschaftlichen und politischen Bewußtseins. Deutschland war ein zerstörtes
und besetztes Land. Die Kriegsgegner waren zu Siegermächten geworden. Die ehemalige politische Führung wurde - falls sie sich
dem nicht durch den Suizid entzogen hatte - von einem alliierten
Tribunal weltöffentlich zur Rechenschaft gezogen, und die Anklage
lautete in vielen Fällen auf Verbrechen gegen die Menschlichkeit.
Das Regime hatte sich nicht nur in der auswärtigen Politik zahlloser
Verbrechen schuldig gemacht. Es wurde zur Rechenschaft gezogen
auch für den Terror im eigenen Land, gegen die eigene Bevölkerung.

Lange Zeit war unklar - und auch unter den alliierten Siegermächten umstritten -, wie das zerstörte Land wieder aufgebaut werden
sollte. Der Mittäterschaft Unverdächtige zu finden, die geeignet
waren, in verantwortlichen Positionen die notwendigen Arbeiten zu
leisten, war schwierig und gelang bekanntlich nicht immer. Schwierig
war es auch, ein Gesellschaftsbild zu entwerfen, das diesem Wiederaufbau nicht nur die wirtschaftlichen, sondern auch die sozialen,
politischen und kulturellen Ziele vorgeben konnte.

Manchen Gruppen schien die Rückbesinnung auf christliche Traditionen, auf ein Gedankengut, dessen exponierte Vertreter in der
Zeit des faschistischen Terrors mit zu den Verfolgten gehört hatten,
eine Möglichkeit zu sein, zusammen mit Gleichgesinnten in einem
überschaubaren Lebensraum eine neue Lebensform zu finden und
lange Zeit unterdrückte Sinninhalte wieder lebensleitend werden zu
lassen. Insbesondere im Gedankengut der katholischen Jugendbewegung und in den dort propagierten christlich geprägten gemeinschaftlichen Lebensformen sahen diese Gruppen einen Weg vorge-

167

zeichnet, der herausführen konnte aus den vielfältigen, tiefsitzenden Irritationen und aus der allgemeinen politischen, kulturellen, sozialen und auch religiösen Verunsicherung, die der Faschismus hinterlassen hatte.

Die bewußte und auch nach außen sichtbar gemachte Bejahung einer christlichen Lebensgestaltung innerhalb einer überschaubaren Gemeinschaft Gleichgesinnter schloß in vielen Fällen an Lebenswelten an, die das Terror-Regime und der Krieg wenn nicht zerstört, so doch arg beschädigt hatten. Aber es gab die Kontakte noch. Rückgriffe auf gemeinsame Erfahrungen und auf Freundschaften aus der Zeit der Jugendbewegung sollten die Basis sein für Gemeinschaften, in denen die neue Lebensform zu entwickeln war. Ziel dieser Gemeinschaften war es, Lebensumstände zu schaffen und dauerhaft zu machen, die von wirtschaftlicher Not unbeeinträchtigt waren, aber auch den Hintergrund abgaben für eine christliche, gemeinschaftsorientierte Lebensgestaltung, insbesondere für die heranwachsende Generation.

Diese und andere Probleme wurden auch von der "Jungen Familie", einem in der Aachener Pfarre "Herz Jesu" zu Beginn des Jahres 1946 zustandegekommenen Bildungs- und Arbeitskreis, bei regelmäßigen Treffen diskutiert. Diesem Kreis gehörten junge Ehepaare an, die sich teilweise bereits aus der katholischen Jugendbewegung kannten. Zu den Themen, die im Kontext allgemeiner Überlegungen zu den Bedingungen und Möglichkeiten künftiger christlicher Lebensgestaltung immer wieder erörtert wurden, gehörte die schlechte Wohnungsversorgung. Dies wurde nicht nur als ein großes lebenspraktisches Problem gesehen, sondern auch als Quelle für mögliche verhängnisvolle gesundheitliche, soziale und moralische Fehlentwicklungen. Die "Mietskaserne" galt den Mitgliedern der "Jungen Familie" als Wohnquartier, in dem nicht Wohnen ermöglicht, sondern Vermassung organisiert, Verelendung vorbereitet und soziale Mißstände vielfältiger Art produziert wurden. Gesucht wurde - in christlicher Überzeugung - eine Wohnform, in der den Familien ein gesundes, naturnahes und von positiv empfundener Nachbarschaft geprägtes Zusammenleben möglich werden sollte. Die Mitglieder des Kreises glaubten, die Lösung der Wohnungsprobleme und damit auch die Überwindung der möglichen Folgeerscheinungen der Wohnungsnot am ehesten im Bau von Heimstätten in Form der Kleinsiedlung und des Eigenheimes finden zu können.

Die Wohnvorstellungen der "Jungen Familie" waren geprägt von Überzeugungen, die sich aus der katholischen Soziallehre ergaben. Diese betonte die Bedeutung der kirchlichen Siedlungsarbeit als eines Kernstückes der notwendigen Sozialreform. Dieser Lehre galt die Familie als Keimzelle der Gesellschaft, als eine Keimzelle, deren ungestörte Entwicklung gesunde Lebens- und Wohnformen voraussetzte. Als gesunde Wohnform wurde das mit der Natur, mit dem eigenen Boden verbundene Familienheim angesehen. Das Streben nach dem Besitz von Grund und Boden galt als ein der "Natur" des Menschen entstammendes und damit unabdingbares Bedürfnis, als ein Bedürfnis, dem gerade in Krisenzeiten soweit wie irgend möglich entsprochen werden mußte, damit Fehlentwicklungen vermieden werden konnten.

In diese Vorstellungen eingelagert waren auch Elemente konservativer Großstadtkritik. Die Kulturleistungen, die sich in Folge der Urbanisierung ergaben, wurden zwar anerkannt. Viele gesellschaftliche Fehlentwicklungen und soziale Probleme wurden jedoch ebenfalls auf die Verstädterung zurückgeführt. Entwurzelung, Haltlosigkeit, Vermassung, das Überwiegen außengeleiteter Individuen - all dies wurde gesehen als unmittelbare Folge verdichteter Wohnformen, als Folge der Trennung der Familien von der natürlichen Umgebung.

Die von derartigen Vorstellungen über naturgemäße Lebensformen motivierten Siedlungswilligen wollten Wohn- und Lebensformen schaffen, die den Siedlerfamilien ein von Not befreites, ein auch im gesellschaftlichen und wirtschaftlichen Sinne des Wortes "erfolgreiches" Leben gewährleisten sollten.

Ein wichtiges Problem war, wie das anspruchsvolle Programm, aus den Trümmern der zerstörten Stadt gesunde und familiengerechte Wohnungen zu schaffen, praktisch in die Tat umgesetzt werden konnte. Den Mitgliedern der "Jungen Familie" war bewußt, daß sie vorerst keine nennenswerte Unterstützung von staatlicher Seite zu erwarten hatten, daß sie also, wenn sie ihre Wohnungsversorgung verbessern wollten, auf Eigeninitiativen angewiesen waren. Unstreitig war, daß diese Initiativen solidarisch verwirklicht werden sollten. Jeder sollte in der Gruppe Unterstützung finden, und jeder sollte verpflichtet sein, auch seinerseits die Gruppe zu unterstützen. Es galt, dem eine organisatorische Form zu geben.

Nikolaus Ehlen empfahl der "Jungen Familie", eine Gemeinschaft in der Rechtsform eines Vereines zu konstituieren. Ergebnis dieser Empfehlung war die Gründung der Siedlergemeinschaft Aachen e.V., die am 27. Januar 1947 zum ersten Mal vor die Öffentlichkeit trat. Die tatkräftige Vertretung der Interessen des neu gegründeten Vereines und die guten Kontakte zur städtischen Verwaltung bewirkten, daß der Siedlergemeinschaft bereits im Oktober 1947 von der Stadt Aachen die ersten 90 Siedlerstellen zugewiesen wurden.

Im gleichen Jahr richtete die Siedlergemeinschaft auf einem Trümmergrundstück an der Warmweiherstraße einen Bauhof ein. Auch dieses Trümmergrundstück wurde der Gemeinschaft von der Stadt Aachen zur Verfügung gestellt. Der Trümmerschutt wurde in mühevoller Handarbeit weggeräumt, damit auf der Kellersohle des Grundstückes eine Produktionsstätte zur Herstellung von Hohlblocksteinen eingerichtet werden konnte. Zunächst diente der Bauhof nur als Lagerplatz für die aus Trümmerschutt gewonnenen Baumaterialien. Im November 1948 wurde mit der Produktion von Hohlblocksteinen begonnen. Gleichzeitig richtete der Verein ein Büro zur Koordinierung der Selbsthilfearbeiten und als Beratungsstelle für die Siedler ein. Ein hauptamtlicher Geschäftsführer wurde eingestellt. Die Verhandlungen über den Ankauf auch von privatem Baugrund begannen.

Der neu gegründete Verein arbeitete eng mit dem Bistum Aachen zusammen. Die Bistumsverwaltung richtete 1946 ein Siedlungsamt ein. Stelleninhaber war einer der Mitbegründer der Aachener Siedlergemeinschaft e.V. Siedlungsamt und Siedlergemeinschaft förderten die Verbreitung des katholischen Siedlungsgedankens. Beide wirkten auf die Schaffung eines diözesanweiten Siedlungswerkes hin. Die Aachener Siedlergemeinschaft e.V. suchte überdies die Gründung eines gemeinnützigen kirchlichen Wohnungsunternehmens zu forcieren, das die Bauabsichten aller im Bistum Aachen arbeitenden katholischen Siedlungsgemeinschaften in konkrete Bauprojekte umsetzen sollte. Die Gründung eines kirchlichen Wohnungsunternehmens verzögerte sich jedoch. Daraufhin und um für die eigenen Tätigkeiten die - aus mehreren Gründen wichtige - Anerkennung als "gemeinnützig" zu erhalten, entschloß sich der Vorstand der Siedlergemeinschaft Aachen e.V., ein eigenes, auf das Stadtgebiet Aachen begrenztes Wohnungsunternehmen zu gründen und diesem Unternehmen die Rechtsform einer Genossenschaft zu geben.

Zum Zweck der Gründung dieser in das Genossenschaftsregister einzutragenden Baugenossenschaft versammelten sich am 29. November 1948 auf Einladung des späteren Vorstandsvorsitzenden vierzehn Mitglieder der Aachener Siedlergemeinschaft e.v. (1) Die Niederschrift über diese Gründungsversammlung hält fest, daß die Anwesenden nach eingehender Beratung einstimmig beschlossen:

"Wir Unterzeichneten gründen hiermit die Baugenossenschaft 'Eigenheimbau Aachen', die den Charakter einer eingetragenen Genossenschaft mit beschränkter Haftung erhalten soll. Der Sitz der Firma ist Aachen. Der Geschäftsbetrieb der Genossenschaft bleibt auf den Bezirk des Stadtkreises Aachen beschränkt. Gegenstand des Unternehmens ist der Bau und die Betreuung von Kleinwohnungen. Der Zweck der Genossenschaft ist ausschließlich darauf gerichtet, den Mitgliedern zu angemessenen Preisen gesunde und zweckmäßig eingerichtete Kleinwohnungen im Sinne des Wohnungsgemeinnützigkeitsgesetzes zu verschaffen. Dabei soll insbesondere die organisierte Selbsthilfe der Mitglieder eingesetzt werden."

Dem Gründungsbeschluß folgten die Beratung der Satzung und die Wahl dreier Gründungsmitglieder in den Aufsichtsrat. Der Aufsichtsrat fand sich unmittelbar nach der Gründungsversammlung zu einer ersten, konstituierenden Sitzung zusammen, bei der drei der vierzehn Gründungsmitglieder zu Vorständen der neu gegründeten Genossenschaft bestellt wurden.

Der neu gewählte Vorstand wurde beauftragt, die Zulassung der Genossenschaft zum Beitritt beim Verband rheinischer Wohnungsunternehmen e.V. in Düsseldorf und die Anerkennung als gemeinnützig im Sinne des Wohnungsgemeinnützigkeitsgesetzes zu erwirken. Mit Schreiben vom 7. März 1949 teilte der Verband mit, daß die Genossenschaft mit Wirkung vom 1. März 1949 als Mitglied zugelassen sei. Am 25. März 1949 bestätigte das Amtsgericht Aachen, daß in das Genossenschaftsregister unter Nummer 143 am gleichen Tage die Genossenschaft "Eigenheimbau Aachen eingetragene Genossenschaft mit beschränkter Haftpflicht" mit dem Sitz in Aachen eingetragen worden sei. (2) Als Gegenstand des Unternehmens wurde in das Genossenschaftsregister aufgenommen: "Der Bau und die Betreuung von Kleinwohnungen in eigenem Namen unter Beschränkung des Geschäftsbetriebes auf den Stadtkreis Aachen mit dem ausschließlichen Zweck, zu angemessenen Preisen gesunde und zweck-

mäßig eingerichtete Kleinwohnungen im Sinne des Wohnungsgemeinnützigkeitsgesetzes und seiner Durchführungsvorschriften unter
Einsatz der organisierten Selbsthilfe der Mitglieder zu schaffen".
Die Haftsumme betrug für jeden Geschäftsanteil 300 DM. Die Höchst-
zahl der Geschäftsanteile wurde auf zehn festgelegt.

Mit Beschluß vom 10. Juni 1949 entsprach der Regierungspräsident
Aachen nach Anhörung des Oberfinanzpräsidenten in Köln aufgrund
der §§ 16 bis 18 des Wohnungsgemeinnützigkeitsgesetzes in der Fassung vom 29. Februar 1940 dem Antrag der Genossenschaft vom 30.
März 1949, als "gemeinnütziges Wohnungsunternehmen" anerkannt
zu werden. Damit war die Genossenschaft - so der Regierungspräsident - berechtigt, "die Eigenschaft der Gemeinnützigkeit in ihrer
Bezeichnung der Öffentlichkeit gegenüber und im Rechtsverkehr in
Erscheinung treten zu lassen". Im übrigen hatte sie - so wieder
der Regierungspräsident - "Anspruch auf alle Vergünstigungen, die
Reichs-, Landes- und Gemeinderecht gesetzmäßig als gemeinnützig
anerkannten Wohnungsunternehmen gewähren". Als Zeitpunkt, von
dem ab die Anerkennung der Gemeinnützigkeit Geltung erhalten sollte, wurde der 1. April 1949 festgesetzt. Entsprechendes wurde im
Amtsblatt für den Regierungsbezirk Aachen, ausgegeben in Aachen
am 1. Juli 1949, bekanntgemacht.

Warum eine Genossenschaft?

Warum entschieden sich Mitglieder der Siedlergemeinschaft Aachen
e.V., ein Wohnungsunternehmen in der Rechtsform einer eingetragenen Genossenschaft mit beschränkter Haftung zu gründen, und
was bewog die Gründer dieser Genossenschaft, die Anerkennung ihrer
Neugründung als gemeinnütziges Wohnungsunternehmen anzustreben?
Materielle und immaterielle Gründe dürften eine Rolle gespielt haben.
Meines Wissens war keines der Gründungsmitglieder Mitglied einer
anderen Genossenschaft oder auch nur mit genossenschaftlichem Gedankengut oder genossenschaftlicher Wirtschaftspraxis so in Be-
rührung gekommen, wie dies etwa in der Arbeiterbewegung vertreten
wurde. Das Menschenbild der Gründer dieser Genossenschaft war vom
katholischen Christentum geprägt, und auch ihre Gemeinschaftsvor-
stellungen waren christlichem Gedankengut verpflichtet. Für sie
war gemeinschaftliches Siedeln nicht nur eine aus sozialen Gründen
familiengerechte Art des Wohnens. Ihnen erschien Siedeln vielmehr

als die einen christlichen Lebenswandel am ehesten ermöglichende Form, die Familie im nachbarschaftlichen Miteinander Gleichgesinnter zu entfalten. Dies ergab gedankliche Nähe zur Rechtsform "Genossenschaft".

Gewiß spielten auch die wirtschaftlichen Erfahrungen der Kriegs- und Nachkriegszeit eine Rolle. In der Kleinsiedlerstelle, im Besitz eines Stückes Land, wurde die Möglichkeit gesehen, der Familie eine gewisse Autarkie auf Dauer zu gewährleisten, sie also von der wirtschaftlichen Not der Art, wie sie jüngst erfahren worden war, ein Stück weit unabhängig zu machen.

Die Wahl des Stadtrandes als Wohnquartier beinhaltete auch die bewußte Abwendung von den verdichteten Wohnformen der Großstadt und die Hinwendung zum tätigen, produktiven Umgang mit der Natur. Die im großstädtischen Leben gesehenen Vermassungstendenzen wurden als Erschwernis christlichen Familienlebens, insbesondere bei der Erziehung der Kinder, erachtet. Die am Stadtrand, in großer Naturverbundenheit möglich werdende Nachbarschaft gleichgesinnter Familien schien dagegen der Förderung des Individuums zur im christlichen Sinne sittlichen Persönlichkeit am meisten zuträglich. Gefördert werden sollte aber nicht nur die Persönlichkeit, sondern auch die Gemeinschaft. Die Einsamkeit der Mietshäuser sollte es hier nicht geben. Die Siedlung galt als der Ort, an dem jeder für sich sein konnte und doch keiner allein sein mußte.

Konkreter Ursprung dieses Gemeinschaftserlebens waren - zumindest für die Gründer der Siedlergemeinschaft und später auch der Genossenschaft - gemeinsame Erfahrungen in der katholischen Jugendbewegung. Diese Erfahrungen sollten sich festigen und auf einen größeren Kreis erweitern im genossenschaftlich organisierten, erst durch mannigfache solidarische Selbsthilfe möglich werdenden Siedlungsbau.

In der Situation großer wirtschaftlicher Not - und das hieß für die Initiatoren der Siedlergemeinschaft und der Genossenschaft auch: geistiger und sittlicher Gefährdung - wurde von jedem, der in der Genossenschaft Siedler werden wollte, der Einsatz von Zeit und Kraft gefordert. Die genossenschaftliche Gemeinschaft sollte ihm den Weg ebnen, beides sinnvoll und effektiv einzusetzen. Praktisch bedeutete dies, daß die Genossenschaft nicht nur den Prozeß zweckgerechter Selbsthilfe organisieren, sondern auch die von einer rechtsförmlich verfaßten Gemeinschaft eher erreichbare Unterstützung durch die Institutionen - Kirche, Staat und Stadt - vermitteln sollte.

Dem Entschluß, aus der Aachener Siedlergemeinschaft e.V. heraus eine Genossenschaft zu gründen, die als gemeinnütziges Wohnungsunternehmen anerkannt werden sollte, lagen weitere praktische wohnungswirtschaftliche Überlegungen zugrunde. Bald nach der Währungsreform hatte die Gemeinschaft ihre Mitglieder zum Sparen aufgerufen. Sie nahm unverzinsliche Kaufanwärterzahlungen entgegen. Diese machten es ihr möglich, die für die Durchführung der Selbsthilfe notwendigen Maschinen - Steinbrecher, Rüttelschwingtische, Betonmischer - und die benötigten Geräte zu kaufen. Da keiner der Siedler über genügend Eigenkapital verfügte, um seinen Bauwunsch aus eigener Kraft zu realisieren, mußte das Eigenkapital gemeinschaftlich gesammelt werden, damit ein ausreichend großer Kapitalstock gebildet werden konnte. Dies war die Voraussetzung dafür, daß Hypotheken aufgenommen werden konnten. Die Bildung dieses Kapitalstocks und die damit möglich werdende Hereinnahme von Fremdmitteln war eine der wirtschaftlichen Hauptaufgaben der neu gegründeten Genossenschaft und gleichzeitig eines ihrer größten Probleme.

Ein Teil der von den Genossenschaftsmitgliedern zur Verfügung gestellten Gelder wurde in Bausparverträgen angelegt, um in möglichst kurzer Zeit zinsstabile Mittel zur Finanzierung von Bauvorhaben zu erhalten. Daß gespart wurde, war zu dieser Zeit keinesfalls selbstverständlich. Die Währungsreform hatte die umlaufende Geldmenge verknappt. Die Notsituation brachte einen großen Bedarf an Gebrauchsgütern mit sich, der mit Hilfe kleiner Realeinkommen gedeckt werden mußte. Der größte Teil dieser Einkommen war zur Deckung der Kosten des Lebensunterhaltes der Familien nötig. Nur ein kleiner Teil konnte Sparguthaben zugeführt werden. Dies erschwerte auch den Geld- und Kreditinstituten in dieser Zeit die Hergabe von Geldern, nicht zuletzt die Ausgabe von Hypotheken. Die Hergabe langfristiger Hypotheken war nur möglich, wenn die Institute ihrerseits über langfristige Geldeinlagen verfügten. Dies aber setzte - zumindest bei den Sparkassen - ein entsprechendes Sparverhalten weiter Bevölkerungskreise voraus. Dies war kurz nach der Währungsreform nicht zu erwarten.

Die Entscheidung der Siedlergemeinschaft, eine Genossenschaft zu gründen, erleichterte die Baufinanzierung nicht unerheblich. Die "kleine Steuerreform" brachte eine Reihe von Steuererleichterungen: Zu den steuerbegünstigten Sonderausgaben, die vom Gesamtbetrag der Einkünfte abzuziehen waren, gehörten auch Aufwendungen für den Erwerb von Anteilen an Bau- und Wohnungsgenossenschaften. Beiträge in Kapitalansammlungsverträge waren steuermindernd geltend zu machen, wenn das Kapitalansammlungsvermögen als steuerbegünstigt anerkannt war. Darüber hinaus wurden auch der Genossenschaft selbst Steuervergünstigungen gewährt, wenn sie ein gemeinnütziges Wohnungsunternehmen war. Diese Steuerpräferenzen belohnten durch fiskalischen Abgabenverzicht ein Wirtschaftsverhalten, das sich seinerseits zu Verzichtsleistungen, insbesondere zum Verzicht auf Gewinnstreben, verpflichtete und seinen Betrieb auf möglichst kostengünstige Versorgung abstellte. Die Steuerpräferenzen bezweckten nach dem Willen des Gesetzgebers - unter anderem - die Verbilligung der von gemeinnützigen Unternehmen erstellten Leistungen. Genau so wurden sie auch von der neuen Genossenschaft angestrebt und eingesetzt: die Steuervergünstigungen sollten dazu dienen, die Kosten der von der Genossenschaft hergestellten Produkte zugunsten der Siedler zu mindern.

Die sich aus den Steuerpräferenzen gemeinnütziger Wohnungsunternehmen ergebenden wirtschaftlichen Vorteile mußten einer Neugründung erstrebenswert erscheinen, die auf die möglichst kurzfristige Abwendung materieller Not ausgerichtet war und die wirtschaftlichen Vorteile, die in dieser Präferenz lagen, an die bedürftigen Mitglieder weitergeben konnte. In der Gründung einer Genossenschaft und im Bestreben, diese Gründung als gemeinnütziges Wohnungsunternehmen anerkennen zu lassen, stellten die Initiatoren ihr Unternehmen jedoch - nicht zuletzt aus religiöser Überzeugung - auch in eine bewährte wohnungspolitische und sozialreformerische Tradition. Der Gesamtverbandstag der gemeinnützigen Wohnungsunternehmen hat diese Tradition am 3. Dezember 1986 rückblickend so beschrieben:

"Wir haben unsere Geschichte nicht vergessen. Am Anfang unseres langen Weges stand die Not. Die Mahnung Heinrich Zilles, man könne einen Menschen mit einer Wohnung genau so erschlagen wie mit einer Axt, wurde von den Gründervätern des gemeinnützigen Wohnungsbaues ernst genommen. Gemeinnütziges Bauen bedeutet von

Anbeginn, menschenwürdige Wohnungen zu errichten, soziale Beziehungen zu fördern, ein Wohnumfeld zu gestalten, das den Bewohnern unserer Häuser das Gefühl geben konnte, nach Hause zu kommen."

Wiederaufbau - erste Siedlungen

Die neu gegründete Genossenschaft übernahm den von der Siedlergemeinschaft Aachen e.V. eingerichteten Bauhof. Sie begann, die Vorbereitungen für den Siedlungsbau zu konkretisieren. Sie hatte unter anderem die Aufgaben der Grundstücksbeschaffung, der Beschaffung von Finanzierungsmitteln sowie der Organisation der Selbsthilfeleistungen auf dem Bauhof.

Die künftigen Siedler arbeiteten wöchentlich an mehreren Abenden jeweils drei oder mehr Stunden auf dem Bauhof. Die Anleitung erfolgte außer durch die bei der Genossenschaft angestellten Architekten durch erfahrene Bauhandwerker. Die Baufacharbeiten wurden von Bauhandwerkern durchgeführt, es sei denn, die Siedler waren selbst entsprechend beruflich qualifiziert. Planung, Bauleitung und Verwaltungsarbeit wurden in den Anfangsjahren zu einem großen Teil ehrenamtlich geleistet und wie die Arbeiten auf dem Bauhof als Selbsthilfe anerkannt. Die hohe Produktivität der Genossenschaft in den ersten Jahren nach ihrer Gründung erklärt sich wesentlich aus dem großen Arbeitsvolumen auf dem Bauhof. Diese Selbsthilfe sicherte die benötigten Baumaterialien in einer Zeit, in der der Markt Baustoffe kaum ausreichend zur Verfügung stellte, aber einiges des zum Bauen benötigten Rohmaterials in Form von Trümmerschutt reichlich vorhanden war und mit geringem Geldkapitaleinsatz zweckdienlich verwendbar gemacht werden konnte. Zur hohen Produktivität und zur günstigen Kostengestaltung trug auch wesentlich bei, daß eine ganze Reihe von Mitgliedern in die genossenschaftlichen Solidarleistungen ehrenamtlich oder doch zumindest ohne finanzielle Vergütung auch technisches sowie geld-und wohnungswirtschaftliches Fachwissen einbrachten. Auch diese Leistungen wurden von der Genossenschaft in den ersten Jahren zu einem großen Teil nicht "eingekauft", sondern kostensparend selbst erbracht. Daß es dabei nicht nur um beratende Arbeit, nicht nur um die Weitergabe von Fachwissen, sondern auch um die Vermittlung von Kontakten zur Bereitstellung von Grundstücken, aber auch von Fördermitteln und Kapitalmarktdarlehen ging, erhöhte die Bedeutung dieser Selbsthilfe.

Soziales Engagement, Fachkunde, Umsicht, Pioniergeist, Tatkraft, wirtschaftliches Geschick - das waren wesentliche Bestandteile des "Betriebskapitals" der neuen Genossenschaft. Wo kaum Kapitalgüter zur Verfügung standen, wo sich kaum Darlehnsgeber, geschweige denn wohlmeinende Stifter oder großherzige Förderer finden ließen, wo kaum Kaufkraft vorhanden war, wurde handwerkliches, technisches und kaufmännisches Können in Form genossenschaftlicher Solidarität in gemeinschaftliche Anstrengung eingebracht. Was in diesen frühen Jahren des Wiederaufbaus geschaffen wurde und bis heute Bestand hat, ist eindrucksvoller Beleg nicht nur für die Tatkraft entschlossener einzelner, sondern vor allem für den Erfolg solidarischen Handelns.

Am Ende des ersten Geschäftsjahres gehörten der Genossenschaft 268 Mitglieder an. Zur Tätigkeit der Genossenschaft bemerkt der Geschäftsbericht, das Unternehmen sei bestrebt gewesen, "Schwierigkeiten des allgemeinen Kapitalmarktes zum Trotz ... Kleinwohnungen neu zu erstellen". Konkret bedeutete dies, daß an den bereits der Siedlergemeinschaft Aachen e.V. von der Stadt Aachen zugewiesenen Standorten "Hörnhang" und "Auf dem Plue" die Errichtung von Kleinsiedlungen vorbereitet und der Bau von Kleinsiedlungshäusern begonnen worden war.

Bereits am 26. Mai 1949 fand die Grundsteinlegung auf dem Siedlungsgelände "Hörnhang" durch den Aachener Bischof Johannes Joseph van der Velden statt. (Abb. 1) Aus Anlaß der Grundsteinlegung veröffentlichte die Siedlergemeinschaft eine Festschrift, zu der der Bischof, der Oberbürgermeister und der Oberstadtdirektor Geleitworte bzw. Beiträge verfaßten. Weitere Beiträge, in denen die Ziele und die Arbeitsweise der Gemeinschaft erläutert wurden, stammten von Mitgliedern des Vorstandes der Siedlergemeinschaft, die auch zu den Gründern der Genossenschaft gehörten und nach deren Gründung in den Aufsichtsrat bzw. Vorstand gewählt wurden.

Bischof van der Velden betonte in seinem Geleitwort die entscheidende Bedeutung des Siedlungsbaus für die "Wiedergesundung unseres Volkes an Leib und Seele, für die Neubelebung der Keimzelle der Familie". Der "Siedlerbischof" sah im Familienheim mit Garten die

Abb. 1: Grundsteinlegung für die Siedlung "Hörnhang" am 26. Mai 1949

Voraussetzung dafür geschaffen, daß die Siedlerfamilien in "gesunder Verbindung mit der Natur" leben könne, womit "auch dem religiösen und sittlichen Leben gesunde, natürliche Voraussetzungen geschaffen" würden.

Oberbürgermeister Dr. Maas hob die Eigeninitiative der Siedlergemeinschaft hervor. Er sah in solchen Initiativen "die Sehnsucht der Besten unseres Volkes" tatkräftig ins Werk gesetzt. Im übrigen versprach er weitestmögliche Förderung durch die Stadt: "Es ist selbstverständlich, daß die Stadt Aachen alles tun wird, was möglich ist, um dieses Werk zu fördern." Oberstadtdirektor Servais erinnerte daran, daß das städtische Siedlungsamt nach dem Ersten Weltkrieg nahezu 6.500 Wohnungen geschaffen habe, daß die finanzielle Lage der Gemeinden nach der Währungsreform entsprechende Anstrengungen jedoch nicht möglich mache. Angesichts dieser finanziellen Ohnmacht der Stadt sei es bemerkenswert, daß die Siedlergemeinschaft es in weniger als einem Jahr nach der Währungsreform aus eigener Kraft fertiggebracht habe, die Mittel für den Rohbau der ersten Siedlungshäuser aufzubringen. Diese Tatsache, so der Oberstadtdirektor, verdiene "von allen Seiten höchste Anerkennung und die Arbeit auch seitens der Behörden jegliche Förderung".

178

Nur vier Monate später, am 18. September 1949, konnte der Grundstein für eine weitere Kleinsiedlung gelegt werden. Auch für diese Siedlung, "Auf dem Plue", im Stadtteil Forst, hatte die Kommune das Gelände zur Verfügung gestellt. (Abb. 2)

Im Anschluß an die Grundsteinlegungen schritten die Bauarbeiten - wo sie nicht durch externe Einflüsse, insbesondere durch Schwierigkeiten bei der Kapitalbeschaffung, negativ betroffen waren - in einem gemessen auch an heutigen Fertigstellungszeiträumen zügigen Tempo voran. Erschließung, technische Planung, wirtschaftliche Betreuung, Materialproduktion auf dem Bauhof, Auftragsvergabe und Bauleitung waren so effizient koordiniert, daß das in den ersten Jahren - gemessen insbesondere an der zahlenmäßigen Stärke des hauptamtlichen Mitarbeiterstabes der Genossenschaft - recht beachtliche Bauprogramm sehr schnell realisiert werden konnte, wirtschaftlichen Widrigkeiten mannigfacher Art zum Trotz.

Abb. 2: "Auf dem Plue" (Teilansicht)

Daß Siedlergemeinschaft und Genossenschaft durch tatkräftigen Einsatz auf dem Bauhof und durch wirtschaftliche Umsicht in so kurzer Zeit mit der Realisierung der ersten Bauvorhaben beginnen konnten, darf nicht darüber hinwegtäuschen, daß das erste Geschäftsjahr durch erhebliche Kapitalbeschaffungsschwierigkeiten gekennzeichnet war.

Einer der Gründe dieser Schwierigkeiten war - so der erste Geschäftsbericht -, daß es "trotz intensiver Bemühungen im Geschäftsjahr 1949 nicht gelang, die Grundstücke in das Eigentum der Genossenschaft zu überführen, um die Hypothekendarlehen zu sichern und damit deren Auszahlung zu ermöglichen". Unbeschadet dieser Schwierigkeiten erwarb die Genossenschaft neben den ihr von der Stadt Aachen zugeteilten Grundstücken zwei unbebaute Grundstücke "Auf Vogelsang", um sie ebenfalls mit Kleinwohnungen zu bebauen. Zur Errichtung von Kleinsiedlungen und Volkswohnungen wurden Pläne ausgearbeitet, baureif fertiggestellt oder doch vorbereitet. Der von der Siedlergemeinschaft übernommene Bauhof an der Warmweiherstraße wurde maschinell besser ausgestattet, um den Selbsthilfeeinsatz der Mitglieder effektiver zu machen.

Die im ersten Geschäftsbericht vermerkten Finanzierungsschwierigkeiten waren Probleme, denen nicht nur diese Genossenschaft gegenüberstand. Kapitalbildungs- und Kapitalbeschaffungsprobleme gehören zu den Schwierigkeiten, die alle genossenschaftlichen Neugründungen zu lösen haben. Auch hier verfahren Genossenschaften nach dem Grundsatz: Hilfe zur Selbsthilfe. Dieser Grundsatz bedeutet, daß individuelle Leistungsvermögen ohne gewinnorientierte Zielsetzung in einen Prozeß der kollektiven Selbsthilfe einzubringen sind und daß dadurch für alle Beteiligten ein höherer Versorgungsstand erreichbar wird, als er jedem einzelnen aus eigener Kraft möglich wäre. Für die Kapitalbildung und Kapitalbeschaffung einer Baugenossenschaft bedeutet dies: Erst die Akkumulation vieler kleiner, von den einzelnen hergegebener Eigenkapitale ergibt einen Kapitalstock, der die Hereinnahme von Fremdmitteln und damit eine effiziente Baufinanzierung ermöglicht.

Im vorigen Jahrhundert, als die ersten Baugenossenschaften entstanden, schienen die Probleme bei der Beschaffung von Fremdkapital oft kaum lösbar zu sein. Welcher Kapitalgeber fand sich schon bereit, in einen kaum existierenden Wirtschaftszweig zu investieren, sein Geld also zu geben an Unternehmen mit entweder rechtlich nicht genügend geklärter oder wirtschaftlich als unzureichend angesehener Haftungs- und Nachschußverpflichtung? In der Entstehungszeit der ersten Baugenossenschaften verloren diese Probleme erst dann an Gewicht, als die rechtlichen Voraussetzungen dafür geschaffen worden waren, daß die Landesversicherungsanstalten als Kreditgeber der Wohnungsbaugenossenschaften fungieren konnten.

Die Kapitalbildungs- und Kapitalbeschaffungsprobleme, die die Eigenheimbau in den ersten Jahren nach ihrer Gründung lösen mußte, hatten andere Ursachen als jene grundlegenden Bonitätsprobleme, die in der Zeit der Industrialisierung die Geschäfte der neu gegründeten Baugenossenschaften erschwerten. Die Geschäftsberichte der frühen fünfziger Jahre enthalten immer wieder Hinweise auf Kreditrestriktionen, die sich aus außenpolitischen und außenwirtschaftlichen Zusammenhängen ergaben. So waren etwa im Jahr 1950 die Baupläne für fünf Kleinsiedlungen ausgearbeitet und zur Beantragung der Förderung mit Landesmitteln bei der Bewilligungsbehörde angemeldet worden. Der Geschäftsbericht stellt jedoch fest: "Die Verwirklichung dieser Pläne scheiterte an der Möglichkeit der restlosen Finanzierung, da die in der Mitte des Berichtsjahres durch den Ausbruch des Korea-Krieges entstandenen Kreditrestriktionen die Beschaffung erststelliger Hypotheken unmöglich machten."

Auch der Geschäftsbericht des folgenden Jahres schildert noch die nämlichen Probleme: "Die Kreditrestriktionen in Verfolg der durch die Koreakrise ausgelösten Wirtschaftsschwierigkeiten behinderten im Kalenderjahr 1951 die Neubautätigkeit der Genossenschaft. Die Bautätigkeit konnte daher nicht in dem Maße fortgesetzt werden, das erstrebt und im Interesse der wohnlichen Unterbringung der Mitglieder der Genossenschaft erforderlich war."

Um trotz der Kreditrestriktionen in den Jahren 1950 und 1951 bauen und soviel wie möglich des dringend benötigten Wohnraums schaffen zu können, trat die Genossenschaft mit Eigenmitteln, aber auch mit Teilen der von noch nicht versorgten Siedlern erbrachten Anwärterzahlungen in Vorleistung. Da erststellige Hypotheken in diesen beiden Jahren nur sehr schwer, gelegentlich überhaupt nicht zu beschaffen waren, investierte die Genossenschaft eigene Mittel sowie durch Anwärterzahlungen verfügbares Kapital länger, als ursprünglich beabsichtigt, in die Finanzierung der begonnenen Arbeiten. Als die Restfinanzierung der durch diesen Kapitaleinsatz in einer ersten Bauphase realisierbar gewordenen Maßnahmen zunächst nicht gelang, die investierten Mittel also nicht zurückflossen, geriet die weitere Bautätigkeit ins Stocken. Die "intensiven Bemühungen, weitere erststellige Hypothekenmittel zu erhalten", erstreckten sich, so der Geschäftsbericht des Jahres 1951, "auf das ganze Bundesgebiet". Die Bemühungen waren jedoch erst im Frühjahr 1952 erfolgreich. Erst als 1952 die investierten Eigenmittel wieder frei wurden, konnten laut Geschäftsbericht "vorübergehende Kassenschwierigkeiten" behoben werden. Im Geschäftsbericht des Jahres 1952 werden denn auch "sehr lebhafte Bautätigkeit", eine "erfreuliche Ausweitung der Neubautätigkeit" und eine "Fülle von Arbeiten am Zeichentisch, am Schreibtisch und an den Baustellen" konstatiert. (Abb. 3)

In den ersten Jahren war die Finanzlage der Genossenschaft nicht nur aus den geschilderten Gründen der erschwerten Kapitalbeschaffung zeitweise angespannt. Der Bericht des Verbandes rheinischer Wohnungsunternehmen e.V. über die Prüfung der Bilanz des Geschäftsjahres 1951 nennt weitere, in der Mitgliederstruktur, dem Vermögensaufbau und den wohnungswirtschaftlichen Zielen der Genossenschaft begründete Faktoren: Die Vermögens- und Finanzlage wird als gut bezeichnet. Von der Ertragslage jedoch heißt es, sie sei dadurch bestimmt, daß die Neugründung "in erster Linie Verkaufshäuser bewirtschaftet ..., die der Genossenschaft weder Überschüsse noch Verluste bringen". Eine Stärkung der betriebseigenen Mittel wird angeraten, und zwar mit dem Ziel, Anlagevermögen, also im Bestand verbleibende Genossenschaftswohnungen, zu schaffen. Als Weg, dieses Ziel zu erreichen, wird empfohlen, "auf die Erhöhung des Beteiligungskapitals hinzuwirken".

Die Genossenschaft wollte beides nicht - nicht den Weg und nicht das Ziel. Sie war nicht gegründet worden, um den Mitgliedern genossenschaftseigene Wohnungen zu vermieten, sondern um ihnen zu Wohneigentum in der Form des als familiengerecht erachteten Eigenheimes zu verhelfen. Schon der Firmenname zeigte dies. Damit zusammenhängend sollten die in der Mehrheit wirtschaftlich schwachen Mitglieder auch nicht zu höheren Beteiligungsleistungen herangezogen werden, als dies die Gründungsversammlung festgelegt hatte. Mehr als dieses Minimum glaubte man von einem wirtschaftlich schwachen Siedler nicht erwarten zu können, dessen Geschäftsanteil eben nicht als Eigenkapitalbasis der Finanzierung eines von ihm und seinen Mitgenossen bewohnten Mietshauses dienen sollte, sondern der Geschäftsfähigkeit und Liquidität einer Genossenschaft, die nicht sich selbst, sondern ihm zu Wohneigentum verhelfen sollte und wollte.

Abb. 3: Siedlung "Auf Vogelsang" (Teilansicht)

Dennoch wurden Mietobjekte errichtet. Mit den Arbeiten wurde im Mai 1950 begonnen. Bereits im November 1950 konnten die Wohnungen bezogen werden. Im gleichen Jahr hielt der Prüfungsbericht des Verbandes rheinischer Wohnungsunternehmen e.V. die Genossenschaft an, mehr in den Mietwohnungsbau zu investieren, als dies bisher geschah oder sich abzeichnete. Dabei bemühte der Verband keine wohnungs-, sondern eine betriebswirtschaftliche Begründung: Er hielt Mietwohnungsbau nicht aus Versorgungsmotiven für wünschenswert, sondern damit die Genossenschaft über die von den Mietern aufzubringenden Verwaltungskosten die Kosten ihrer Organisation decken konnte. Auch der Prüfungsbericht des Jahres 1952 schließt mit dem Hinweis, das in der Genossenschaft vorhandene Eigenkapital reiche für eine erneute Mietshausbautätigkeit aus, jedenfalls dann, wenn mit diesen Mitteln keine Vorfinanzierung der Eigenleistungen der Siedler erfolge. Noch im gleichen Jahr begann die Genossenschaft mit dem Bau von weiteren Genossenschaftswohnungen. Diese waren in der Mehrzahl für Umsiedler bestimmt.

Auch die folgenden Jahre brachten jeweils wieder eine Zunahme der Bautätigkeit, jedoch so gut wie ausschließlich durch die Erstellung von Eigenheimen und Kleinsiedlerstellen. Um diese Maßnahmen so rasch wie möglich abzuwickeln, setzte die Genossenschaft jeweils große Teile der ihr inzwischen zur Verfügung stehenden Eigenmittel ein, um noch nicht bereitgestellte erststellige Hypotheken oder auch Mittel der öffentlichen Hand vorzufinanzieren.

Neben den eigenen Trägermaßnahmen gab es umfangreiche finanzielle Betreuungen für private Bauherren, auch für ein nicht gemeinnütziges Wohnungsunternehmen und für den Wohnbauverein der Technischen Hochschule. (Abb. 4 u. 5)

Der Prüfungsbericht für die Jahre 1954 und 1955 konstatiert eine gute Vermögenslage und errechnet eine Eigenkapitalquote von inzwischen achtzehn Prozent. Dieses Eigenkapital reiche, so der Prüfungsbericht für eine weitere Mietshausbautätigkeit aus, jedenfalls dann, wenn die in der Vorfinanzierung festliegenden Gelder zurückgeflossen seien. Diese vorfinanzierten Beträge müßten - so der Prüfungsbericht - "beschleunigt durch Fremdmittel abgelöst" werden, damit die Liquiditätslage so verbessert werde, daß Mittel für eine erneute Miethausbautätigkeit zur Verfügung stünden. Der Prüfungsverband drängte die Genossenschaft also wiederum zu einer Art der Bautätigkeit, die von dieser nicht oder doch nicht in dem vom Verband gewünschten Ausmaß gewollt wurde. Der Verband riet der Genossenschaft jedoch weiterhin, die Ertragslage nicht ausschließlich vom Volumen der Trägermaßnahmen abhängig zu machen, damit die Verwaltungskosten nicht so gut wie vollständig durch die Einnahmen bei der Abwicklung dieser Maßnahmen gedeckt werden mußten.

Im Geschäftsjahr 1955, das dem Geschäftsbericht zufolge eine "weitere Ausweitung der Bautätigkeit" sowie "wiederum umfangreiche Betreuungen für private Bauherren, vor allem auch für größere Mietwohnungsbaumaßnahmen" brachte, wurde die Geschäftsstelle der Genossenschaft verlegt. Die Genossenschaft verließ das Gelände des noch von der Siedlergemeinschaft e.V. übernommenen Bauhofes. Die Maschinen und maschinellen Anlagen des Bauhofes wurden bereits im Jahre 1953 veräußert. Im Geschäftsjahr 1955 wurde auch der auf dem Bauhof gelegene Werkschuppen verkauft. Damit fand die von der Genossenschaft bis dahin in größerem Umfang auf dem Bauhof organisierte Selbsthilfe endgültig ihr Ende.

Abb. 4 u. 5: "Erlenweg" und "Seffenter Weg" (Teilansicht)

Zeitgleich mit der endgültigen Auflösung des Bauhofes überstiegen die Guthaben aus Kaufanwärterzahlungen - also die Verbindlichkeiten der Genossenschaft gegenüber den Erwerbern von Eigenheimen- erstmals geringfügig die den Kleinsiedlern gegenüber bestehenden Verbindlichkeiten. In den folgenden Jahren gingen letztere weiterhin spürbar zurück. In der Bilanz des Geschäftsjahres 1958 sind die Verbindlichkeiten gegenüber Kaufanwärtern schon beinahe achtzigmal so hoch wie die den Kleinsiedlern gegenüber bestehenden.

Im Geschäftsjahr 1956 wurde ein größeres Baugelände in Aachen-Forst gekauft, auf dem die erste Trägermaßnahme größeren Umfangs geplant wurde, die keine Kleinsiedlerstellen mehr vorsah. (Abb. 6 u. 7)

Neben ihren Trägermaßnahmen übte die Genossenschaft in diesen Jahren eine rege Betreuungstätigkeit aus. Der Geschäftsbericht des Jahres 1956 konstatiert: "Die Betreuungstätigkeit der Genossenschaft erreicht im Berichtsjahr wiederum einen beachtlichen Umfang. Die Errichtung von insgesamt 149 Wohnungen ist von uns technisch und finanziell oder auch nur finanziell betreut worden. Diese Wohnungen umfassen zum großen Teil Mehrfamilienhäuser, zum kleineren Teil auch Ein- und Zweifamilienhäuser. Die Wohnungen in den Mehrfamilienhäusern dienten zum großen Teil der Unterbringung von Personen, die in Notunterkünften, insbesondere auch in Bunkern, wohnten." Unter den betreuten Mehrfamilienhaus-Projekten befand sich auch ein größeres Bauvorhaben, das im Rahmen der sogenannten "Stadtkern-Maßnahmen" errichtet wurde.

Die Genossenschaft beteiligte sich im Rahmen ihrer Wiederaufbauleistung in diesen Jahren also sehr wohl durch Planung und finanzierungstechnische Hilfestellung am Mietwohnungsbau, allerdings weniger auf eigene Rechnung, sondern eher als Betreuung für fremde Bauherren. Der Vermögensaufbau der Genossenschaft blieb jedoch weiterhin durch ihre Struktur und ihren Hauptzweck, die Erstellung von Eigenheimen, bestimmt. Auch wenn die Eigenkapitalquote in den folgenden Jahren relativ und absolut weiterhin stieg, blieb ihr Anteil am Gesamtvermögen strukturbedingt vorläufig relativ gering. Im Geschäftsjahr 1958 empfahl der Prüfungsverband, aus Liquiditätsgründen eine Erhöhung des Geschäftsanteiles oder die Verpflichtung der Mitglieder zur Übernahme eines oder zweier weiterer Geschäftsanteile durch die Generalversammlung beschließen zu lassen. Die Genossenschaft folgte dieser Empfehlung nicht.

Abb. 6 u. 7: Reiheneigenheime in Aachen-Forst

In den ausgehenden fünfziger und den beginnenden sechziger Jahren baute die Genossenschaft vor allem in Aachen-Forst und Aachen-Burtscheid weiterhin Siedlungen mit Ein- und Zweifamilienhäusern. Zu den Maßnahmen, die wirtschaftlich und teilweise auch technisch betreut wurden, gehörten auch gemischt genutzte Gebäude, also Häuser mit Geschäften und Wohnungen. Die Geschäftsberichte dieser Jahre vermerken teilweise erhebliche Schwierigkeiten bei der Finanzierung der Maßnahmen, und zwar zum einen wegen gestiegener Baukosten, zum anderen wegen der Knappheit öffentlicher Fördermittel.

Auch in diesen Jahrzehnten war der notbestimmte Versorgungsbedarf allerorts noch sehr groß. Dies galt insbesondere für die Klientel gemeinnütziger Wohnungsunternehmen, die sich bevorzugt der Versorgung einkommensschwacher Bevölkerungsgruppen annehmen, jener Gruppen also, die wirtschaftliche Not am deutlichsten verspüren und am wenigsten in der Lage sind, aus eigener Kraft ihre Situation zu verbessern. Die Produktivität der Eigenheimbau blieb auch in dieser Zeit unvermindert hoch. Wenn in diesen Jahrzehnten die Möglichkeiten der Genossenschaft zu weiterer Bau- und Betreuungstätigkeit dennoch immer wieder mit Vorsicht zu beurteilen waren und wenn die Geschäftsführung beim Ankauf neuer Grundstücke, bei der Planung und bei der Realisierung des Bauprogramms nicht unentwegt auf Expansion setzen konnte, so hatte dies nichts mit fehlendem Bedarf oder sich abschwächender Bauwilligkeit zu tun. Dies hing ausschließlich mit der Finanzierbarkeit der Maßnahmen zusammen, insbesondere mit der Verfügbarkeit öffentlicher Fördermittel, ohne die der weit überwiegende Teil der von der Genossenschaft mit Wohneigentum Versorgten nicht hätte bauen können.

Stets bemüht, den Versorgungsauftrag gegenüber den Mitgliedern so umfassend und auch so schnell wie irgend möglich zu erfüllen und auch Betreuungsaufgaben gegenüber Nichtmitgliedern in dem Umfang nachzukommen, wie die Situation es erforderte und die Finanzierungsmöglichkeiten es gestatteten, richtete die Genossenschaft in diesen Jahrzehnten ihre Bautätigkeit zumeist so aus, daß ihre Produktionsmittel - Arbeitskraft und Geldkapital - ständig im äußersten Einsatz waren. Dem Nachfragedruck nachgebend, wurden Trägermaßnahmen auch in dieser Zeit begonnen, noch bevor ihre Endfinanzierung gesichert war. Dies führte nicht selten zu - vorübergehenden- Liquiditätsspannungen. Die Eigenmittel waren zu einem großen Teil in die Vorhaltung von Grundstücken investiert, für die die Planungen genehmigt waren und für die die Bewerber feststanden, die Mittelbewilligung aber noch nicht erfolgt war. Wurde die Wartezeit zu lange, ließ die Genossenschaft die Arbeiten beginnen. Sie mußte dann weitere Eigenmittel in die Bauzwischenfinanzierung investieren. Flossen diese Mittel nicht rechtzeitig zurück, kam es zu Engpässen. Im Extrem drohten Arbeitseinstellungen, und das Bauprogramm mußte vorübergehend reduziert werden. Waren die Fremdmittel schließlich valutiert und war das von der Genossenschaft investierte Kapital zurückgeflossen und damit für weitere Vorhaben verfügbar, wiederholte sich unter Umständen der geschilderte Prozeß bei den nächsten Maßnahmen.

Die Finanzierungsschwierigkeiten dieser Jahre wurden durch die zum Teil erheblichen Preissteigerungen für Bauleistungen noch vergrößert. Die instabilen Preise in der Bauwirtschaft hatten hauptsächlich konjunkturelle Gründe. Die große Nachfrage nach bauwirtschaftlichen Leistungen führte zu einer angespannten Beschäftigungslage und zu steigenden Kosten. Wann ein Bieter die zugesagten Leistungen tatsächlich erbrachte und zu welchen Bedingungen er es schließlich tat - dies richtig abzuschätzen, machte in dieser Zeit nicht zum wenigsten die Qualität der technischen und wirtschaftlichen Geschäftsführung eines Wohnungsunternehmens aus. Handelte es sich dabei - wie bei der Genossenschaft - um ein gemeinnütziges Wohnungsunternehmen, war die Beschäftigung eigener Bauhandwerker untersagt. Das Unternehmen war also hier vollständig abhängig von den Bedingungen, die der Markt der Fremdleistungen aufwies. Wenn zwischen der technischen und wirtschaftlichen Planung der Maßnahmen und der Bewilligung der Fördermittel als der schließlich entscheidenden Realisierungsbedingung ein größerer Zeitraum lag, dann hatte nicht selten der Preismechanismus der heißlaufenden Konjunktur das wirtschaftliche Konzept und die mit den Bewerbern aufgestellten Finanzierungspläne "gekippt". Die Baupreise waren den Vorkalkulationen davongelaufen. Die Mehrkosten mußten von den Bewerbern durch Erhöhungen ihrer Eigenleistungen, also durch zusätzliche Barmittel und zusätzliche Selbsthilfearbeiten, ausgeglichen werden.

Die Instabilität der Baupreise und die langen Zeiträume, die zwischen Kalkulation, Bewerberauswahl, Vertragsabschluß mit vorläufigem Finanzierungsplan, Mittelbewilligung, Bauphase und Fertigstellung lagen, machten es der Genossenschaft wie auch anderen Trägerunternehmen in diesen Jahren nicht möglich, mit den Bewerbern bei Vertragsabschluß Festpreisvereinbarungen zu treffen. Die Preise konnten nur vorkalkuliert werden, und zu den wichtigsten Verpflichtungen gegenüber den Bewerbern gehörte es, durch möglichst günstigen Einkauf der Fremdleistungen, aber auch durch eigene sparsame Wirtschaftsführung so viel Kostenstabilität zu erreichen, wie die allgemeine Preiskonjunktur dies irgend zuließ.

Wandel der Wohnvorstellungen

Im Geschäftsbericht des Jahres 1961 gab die Genossenschaft den Mitgliedern einen Rückblick nicht nur über die Tätigkeit dieses Jahres, sondern auch über die gesamte Bauproduktion seit der Gründung. Im gleichen Jahr trat sie - erstmals wieder seit den Festschriften anläßlich der Grundsteinlegungen für die Siedlungen "Hörnhang" und "Auf dem Plue" - mit einer Schrift an die Öffentlichkeit. In dieser Schrift wurden die in zwölfjähriger Bauzeit in eigener Trägerschaft erstellten Stadtrandsiedlungen sowie einige der Betreuungsmaßnahmen präsentiert und die Motive und Ziele der Genossenschaft erläutert. Die Schrift wurde zu einem Zeitpunkt veröffentlicht, zu dem die durch Neubau zu sichernde Versorgung mit Wohnraum immer noch als eine der dringenden volkswirtschaftlichen Aufgaben galt, die bedrückende Not der Nachkriegszeit aber als weitgehend überwunden angesehen werden konnte.

In den zwölf Jahren, während derer die Genossenschaft bestand, hatte sich im Prozeß des Wiederaufbaus nicht nur der Wirtschaftsstandort Bundesrepublik trotz einer Reihe hauptsächlich außenpolitisch und außenwirtschaftlich induzierter Krisen erfolgreich entwickelt. Auch die gesellschaftlichen Verhältnisse hatten sich neu formiert. Es hatte sich eine Sozialstruktur gebildet, die von der Mehrheit der Bevölkerung als der sozialen Marktwirtschaft zu verdankendes historisches Novum einer "nivellierten Mittelstandsgesellschaft" (H. Schelsky) positiv bewertet wurde. Die 1949 als sozialer Rechtsstaat verfaßte Bundesrepublik Deutschland galt der Mehrheit der Bevölkerung - nicht zuletzt im Vergleich mit dem anderen deutschen Staat - als modernes, industriegeprägtes, wohlfahrtsstaatlich ausgerichtetes Gemeinwesen, in dem nicht nur die wirtschaftlichen Folgen der zerstörerischen Wirkungen des Krieges behoben worden waren, sondern Demokratie und Wohlstand zu weitgehend gerechten sozialen Verhältnissen und zu einem hohen "Massenlebenswert" (A. Gehlen) geführt hatten.

Die rasche und erhebliche, als "Wirtschaftswunder" apostrophierte Verbesserung der wirtschaftlichen Verhältnisse manifestierte sich nicht zuletzt in der gegenüber den ersten Nachkriegsjahren deutlich günstiger gewordenen Versorgungslage auf dem Wohnungsmarkt, in ständig steigendem Wohnungswohlstand und in einem unübersehbaren Wandel auch der mit dem Wohnen verbundenen Vorstellungen und Ansprüche. Es ging inzwischen für immer mehr Bevölkerungsgruppen nicht nur um Wohnraumversorgung, sondern um die Realisierung, nicht selten auch um die Präsentation des neuen Wohlstandes. Dieser Wandel in den wirtschaftlichen Verhältnissen, in den Vorstellungen und Ansprüchen dokumentiert sich auch in der Selbstdarstellung, die die Genossenschaft zu Beginn der sechziger Jahre von sich gibt.

Die Siedlergemeinschaft Aachen e.V., aus der die gemeinnützige Baugenossenschaft hervorgegangen war, hatte das Streben nach Wohneigentum unter anderem noch mit Motiven christlicher Naturrechts- und Soziallehre legitimiert. Dies paßte offenbar kaum mehr in eine Zeit, in der sich vieles profanisiert hatte. Auch die seinerzeit aus praktischen Zwängen nötige und mit Überzeugung vertretene Betonung der innerhalb einer Genossenschaft erforderlichen Solidarität vertrug sich kaum mehr mit der Lebensplanung einer "skeptischen Generation" (H. Schelsky). So unterscheidet sich die Selbstdarstellung, die die Genossenschaft zu Beginn der sechziger Jahre von sich gibt, erheblich von dem, was ihre Gründer in den Festschriften aus Anlaß der ersten Grundsteinlegungen Ende der vierziger Jahre zu sagen hatten - obwohl die Personen im wesentlichen noch die gleichen waren.

Bauen und Wohnen wird zwar - wie zwölf Jahre zuvor - als zukunftsgestaltende Aufgabe dargestellt, aber diese Aufgabe wird nicht mehr begründet mit der in der "Natur" des Menschen und in der Verantwortung seiner Familie gegenüber liegenden Verpflichtung, einen "natürlichen", das heißt einen naturnahen, aber auch durch eine siedelnde Gemeinschaft sozial gestalteten Lebens- und Wohnraum zu schaffen. Nicht mehr die "Natur" des Menschen, die Sorge um seine gesunde, soziale, aber auch sittliche und religiöse Entwicklung begründen das Streben nach der von der Genossenschaft nach wie vor favorisierten Wohnform, sondern die modernen Lebensumstände und der "Zeitgeist". Nicht mehr die opfervolle, in Solidarität mit Gleichgestellten und Gleichgesinnten erbrachte Selbsthilfe, sondern der Rückgriff auf eine bezahlbar gewordene Dienstleistung, nicht mehr das Selberbauen, sondern das Bauenlassen stehen im Vordergrund: "Das Eigenheim mit Garten ist und bleibt ... der Idealfall. Wer ein Eigenheim bauen läßt, baut zeitgemäß. Wer ein Eigenheim bewohnt, wohnt zeitgemäß."

Zwar wird auf die Geschichte der Genossenschaft - nicht ohne Stolz - zurückgeblickt: auf den Bauhof, die organisierte Selbsthilfe, die Solidarität, die frühen Grundsteinlegungen. An die Siedlerselbsthilfe, die noch zwölf Jahre zuvor die Aufnahme der Arbeit der Genossenschaft erst möglich machte und die die Basis war für die wirtschaftlichen Erfolge der frühen Jahre, wird jetzt jedoch eher wie an eine Episode erinnert, wie an eine Möglichkeit der Baufinanzierung, die sich überlebt hat und in Vergessenheit zu geraten droht: "Es ist auch möglich, die eigene Mitarbeit am Hausbau als Eigenleistung werten zu lassen. Sie fällt unter die Bezeichnung 'Selbsthilfe'." Haus und Garten werden auch jetzt noch als "Gesundbrunnen der Familie", als günstige Bedingung für eine gesunde Entwicklung der Kinder dargestellt. Aber die Betonung der Siedlungsqualität "Nachbarschaft", des Lebensraums Gleichgesinnter fehlt.

Stattdessen werden die mit dem Erwerb eines eigenen Hauses verbundenen persönlichen wirtschaftlichen Vorteile und Individualisierungsmöglichkeiten betont, und zwar bis hin zur Illusion vom Eigenheim als einem der "scheinbar sicheren Verstecke" (P. Gorsen) vor den Widrigkeiten der Außenwelt: "Wie schön zu wissen, daß einem ein Stück Grund und Boden selbst gehört! Dieses Wissen schließt ein Gefühl der Sicherheit mit ein, Sicherheit für die Familie in Krisenzeiten. Sie braucht den Notfall nicht mehr zu fürchten. Aus dieser Sicherheit und Zufriedenheit wächst auch wieder das Leistungsvermögen im Beruf, im Leben draußen. So schließt sich materieller und ideeller Vorteil zu einem Kreis zusammen, in dem die Familie, wie hinter einem Wall, vor allen Mißhelligkeiten und Krisen geschützt bleibt."

Im übrigen werden pragmatische Argumente angeführt. Es werden die wirtschaftlichen Vorteile betont, die der Besitz von Wohneigentum im Vergleich mit dem Mietwohnen mit sich bringt. Die Vorteile der öffentlichen Förderung werden dargestellt. Die wohnungspolitischen Intentionen des Bundes, wie sie im ersten und zweiten Wohnungsbaugesetz, in den Gesetzen und Verordnungen zur Steuerbegünstigung des Wohneigentums, im Wohnungsbau-Prämiengesetz, im Einkommens- und Grunderwerbsteuergesetz zum Ausdruck kommen, werden als Gründe angeführt, die eigentlich auch den "eingefleischten Mieter" ebenso für den Erwerb von Wohneigentum einnehmen müßten wie der einfache rechnerische Vergleich der Zins- und Tilgungsbeträge für das eigene Haus mit der Miete für eine gleichgroße Wohnung.

Die Genossenschaft präsentiert sich in dieser Selbstdarstellung zwölf Jahre nach ihrer Gründung als leistungsfähiger, erfahrener Bauträger, als ein Unternehmen mit wohnungswirtschaftlich und technisch qualifizierten Mitarbeitern, das der bauwilligen Familie die Dienstleistung anbietet, auf attraktivem und kostengünstigem Baugelände, in zeitgerechter Architektur und mit günstigem Finanzierungskonzept ein Eigenheim zu erwerben. Daß es sich dabei zumeist um ein Reihen- oder Doppelhaus handelte, war Folge der relativ geringen finanziellen Leistungsfähigkeit der meisten Nachfrager, jedoch anders als in der Gründungsphase kaum mehr Ergebnis der bewußten Suche nach Nachbarschaft, nach "Siedlung".

Die Genossenschaft entwickelte in dieser Zeit einen Haustyp, dessen Schilderung sie auch in der Selbstdarstellung des Jahres 1961 breiten Raum gewährt und der die eben beschriebene Tendenz architektonisch auf den Punkt bringt: das "Gartenhofhaus" bzw. "Atriumhaus". Als einer der Vorteile dieses Haustyps wird angeführt, daß er aus der "städtebaulichen Verdichtung" herausführe. Dies ist zwar - bedingt - richtig, unterscheidet diesen Typ aber noch nicht von anderen Typen im Bereich des Einfamilienhausbaus. Entscheidendes Merkmal dieses Haustyps ist, daß Haus und Garten konsequent als "Privatsphäre" ausgebildet werden, daß - anders gesagt - der Garten, ausgeführt als nicht überdachter Gartenhof, gefangener "Mittelraum" des erdgeschossigen Hauses wird. Auf diesen gefangenen "Mittelraum" hin sind alle Wohn- und Schlafräume ausgerichtet. Es entsteht ein "zusätzliches grünes Zimmer". Der Garten ist nicht von der Straße aus zu betreten, und er ist vor allem nicht von den Nachbarn einsehbar. Damit ist das in sozialer Hinsicht entscheidende Merkmal dieses Haustyps angesprochen: die soweit wie möglich realisierte Ausschaltung von Nachbarschaft. (Abb. 8 bis 11)

Abb. 8 u. 9: Atriumhäuser in Aachen-Soers, Am Weberhof (Straßenansichten)

Abb. 10 u. 11: Atriumhäuser in Aachen-Soers, Soerser Weg und Am Tivoli
(Gartenansichten)

195

Die Genossenschaft hat derartige Atriumhäuser eine Zeitlang in verschiedenen Stadtrandgebieten gebaut (Soers, Vaalserquartier, später - in abgewandelter Form - auch in Burtscheid). Der städtebauliche Gesamteindruck der teilweise aufwendig ausgeführten Häuser ist durchaus positiv, was sich in Burtscheid auch aus der Topographie, einer Hanglage mit Blick über große Teile der Stadt, erklärt. (Abb. 12 u. 13) Der Wohnwert dieser Häuser wird von ihren Nutzern in aller Regel hoch veranschlagt.

In diesen Gartenhofhäusern äußerte sich das bereits angesprochene Individualisierungskonzept am deutlichsten. Hier sind Nachbarschaft und Wohnumfeld keine Teile des Lebensraumes, die grundsätzlich als positiv empfunden werden und auf deren sozialintegrativ wirkende Gestaltung deshalb Wert gelegt wird. Die Allgemeinflächen sind so knapp wie möglich gehaltene Erschließungsflächen, teilweise "Anliegerstraßen", also Straßen mit beschränkten Zufahrtsrechten. Fremde Zutritte, aber auch Nachbarschaften werden soweit wie möglich ausgeschaltet. Es gibt nicht den Blickkontakt im Garten, denn dieser liegt - auf eine relativ kleine Fläche reduziert - im "Inneren" des Hauses. Den Nachbarn sieht oder hört man allenfalls dann, wenn er sein Haus betritt oder verläßt.

Dieses Konzept "insularer" Einfamilienhausarchitektur wäre in der Gründungszeit der Genossenschaft nicht durchsetzbar gewesen, und zwar nicht nur aus finanziellen Gründen. Es hätte nicht zu den Vorstellungen von gemeinschaftlichem Wohnen, gewiß auch nicht zu dem Bedürfnis nach einem großen zu "bestellenden" Garten gepaßt.

Das Konzept des Gartenhofhauses war auf die Bedürfnisse derer abgestimmt, die nicht der Nachbarschaft, sondern der Zurückgezogenheit den Vorzug gaben. Dies aber hätte sich schon mit dem Motiv der Gründer, in den Siedlungen eine sozialintegrativ wirkende, insbesondere eine kindgerechte Umgebung zu gestalten, nicht in Einklang bringen lassen. Diese hätten nicht verzichtet auf jene - heute "Kommunikationsräume" genannten - allen Mitbewohnern oder der Allgemeinheit gehörenden Flächen, auf Straßen mit Plätzen und Bürgersteigen, auf die aneinanderstoßenden, Nachbarschaft herstellenden Gärten.

Abb. 12 u. 13: Bebauung in Aachen-Burtscheid, Ziegelweiher (Gartenansichten)

Das Gartenhofhaus war demgegenüber aus der Situation des in anstrengender Berufstätigkeit eingefangenen, des Ruhe, Erholung und Abgeschirmtheit suchenden Bewohners gedacht. Entsprechend heißt es in der Selbstdarstellung der Genossenschaft: "Immer stärker tritt das Heim in seiner ureigensten Funktion in der heutigen Zeit in den Vordergrund: es ist der Hort der Zurückgezogenheit, der Besinnung auf sich selbst, der ungestörte persönliche Lebensbereich der persönlichen Entscheidungsfreiheit. Nur unter diesen häuslichen Voraussetzungen auf eigenem Grund und Boden können jene Kräfte wieder gesammelt werden, die in unserer so schnellebigen, gehetzten, technisierten und durch ungünstige Umweltfaktoren 'nervenfressenden' Zeit erforderlich sind, um den Lebenskampf erfolgreich zu bestehen."

In der hier deutlich werdenden Auffassung wird die Wohnform "Eigenheim" - wie bei der Gründung der Genossenschaft - immer noch als Möglichkeit gesehen, die Beeinflussung durch widrige Lebensumstände so weit wie möglich einzudämmen. Diese Einflüsse werden jedoch - nach nur zwölf Jahren - in Reaktion auf die offenbar grundlegend gewandelten Lebenswelten und Einstellungen deutlich anders beschrieben. Wenige Jahre nach Kriegsende sah man diese Einflüsse noch als Gefahren, die sich aus der allgemeinen wirtschaftlichen Not und aus den tiefsitzenden Verunsicherungen, nicht zuletzt aus dem Verlust an religiösen und sittlichen Maßstäben ergaben. Nur zwölf Jahre später werden die Einflüsse, denen man sich im "Hort" des eigenen Hauses am ehesten glaubt entziehen zu können, deutlich anders bestimmt. Es sind jetzt jene Belastungen, die sich offenbar zwangsläufig aus den modernen Lebensumständen, insbesondere aus dem Berufsleben, ergeben. Der Kampf, von dem man sich zu Hause erholen soll, ist der berufliche Existenz- und Konkurrenzkampf, und das Eigenheim mit Garten (und Garage) ist für manch einen nicht nur ein Erholungsheim, sondern auch eine Trophäe in diesem Kampf. Es gilt als prestigewirksamer, offenkundiger Beweis dafür, in diesem Kampf erfolgreicher gewesen zu sein als der ehemalige Nachbar, den man zusammen mit seiner Familie im Mietshaus zurückließ, als der Kollege, der für die letztlich belohnte Sparsamkeit nur höhnische Worte fand, jetzt aber das Nachsehen hat, und als der "arme" Verwandte, der es wohl nie schaffen wird und den man großzügig und auch nicht wenig stolz sommers zu sich in den Garten lädt.

Noch einen Unterschied gilt es zu betonen: Die Nachfrager, die die Genossenschaft jetzt versorgt, sind hinsichtlich ihrer sozialen Herkunft, ihres Bildungsstandes und ihres beruflichen Status homogener als die ersten Siedler, aber sie bilden trotz dieser Homogenität keine derart integrierten Gruppen, wie die ersten Siedlergemeinschaften es waren. Dies lag nicht an der geschilderten Architektur. Diese war nur die versteinerte Antwort auf von ihr selbst nicht geschaffene, sondern nur aufgenommene, dann allerdings auch verstärkte Bedürfnisse nach "Atomisierung", nach insularem Wohnen. Es lag vielmehr daran, daß der Wert der "Gemeinschaft" - realisiert in der Solidarität praktischer Selbsthilfe und bewußt sozialintegrativer Nachbarschaft - offenbar eher ein Notstandswert gewesen war. Jedenfalls hatte er sehr rasch an Bedeutung verloren und mit ihm wohl auch die Überzeugungen, die das Handeln der Genossenschaftsgründer und der frühen Siedler noch geleitet hatten.

Das Bauprogramm der sechziger, siebziger und achtziger Jahre

Das Bauprogramm der Genossenschaft umfaßte in den folgenden Jahrzehnten neben Betreuungsmaßnahmen insbesondere Trägersiedlungen in der Soers, in Hanbruch, in Eilendorf, in Forst, in Vaalserquartier und in Burtscheid. Die Durchführung der größeren Trägermaßnahmen in der Soers, in Burtscheid und in Eilendorf beinhaltete auch die in Kooperation mit der Stadt Aachen erfolgende Vorbereitung der Bebauungspläne und die Übernahme sämtlicher Erschließungsmaßnahmen.

Zur Erschließung des Baugeländes in der Soers gehörte auch der Abriß des alten Weberhofes, dessen erhaltungswürdige Bauelemente die Genossenschaft dem Heimatmuseum Kommern bei Euskirchen zur Verfügung stellte. (Abb. 14 u. 15)

Im Auftrag der Bundesvermögensverwaltung baute die Genossenschaft in Eilendorf eine größere Einfamilienhaussiedlung, die zunächst in ihrem Eigentum verblieb. Die Häuser wurden ausschließlich an Bundeswehrangehörige vermietet und diesen Mietern in den späteren Jahren, wie mit der Bundesvermögensverwaltung vertraglich vereinbart, zum überwiegenden Teil verkauft. (Abb. 16)

Abb. 14 u. 15: Weberhof, Aachen-Soers

200

In dieser Zeit errichtete die Genossenschaft neben der Eilendorfer Siedlung mit Mieteinfamilienhäusern nur vereinzelte Mietwohnungen und gemischt genutzte Gebäude. Die Gewichte verschoben sich noch deutlicher als im ersten Jahrzehnt ihres Bestehens auf den Bau von Ein- und Zweifamilienhäusern. Zu Beginn der sechziger Jahre erwarb die Genossenschaft zwar ein größeres Gelände in Stolberg, das zur Bebauung mit Mietshäusern vorgesehen war. Da über Jahre hinweg kein gültiger Bebauungsplan zustandekam und die Stadt Stolberg das Gelände schließlich zu großen Teilen als Straßenland auswies, wurden die Grundstücke 1968 jedoch der Kommune verkauft.

Mitte der sechziger Jahre wurde die Geschäftstelle der Genossenschaft zum zweiten Mal verlegt. Die Genossenschaft kaufte ein denkmalgeschütztes Gebäude in der Innenstadt, in dem sie auch jetzt noch ihren Sitz hat.

Abb. 16: Mieteinfamilienhäuser in Aachen-Eilendorf

In den siebziger und achtziger Jahren baute die Genossenschaft weitere Stadtrandsiedlungen mit Ein- und Zweifamilienhäusern in Burtscheid, Laurensberg, Eilendorf, Richterich und in der Soers. (Abb. 17 bis 20) Zum Bauprogramm gehörten auch weiterhin Erschließungsmaßnahmen. Ab 1981 wurde der genossenschaftseigene Wohnungsbestand weitgehend modernisiert. Energiesparmaßnahmen wurden durchgeführt. In den letzten Jahren dieses Jahrzehnts begann die Genossenschaft, neben der Neubautätigkeit auch Altbausanierungsmaßnahmen durchzuführen. 1987/88 baute die Genossenschaft in Richterich einen Drei-Gruppen-Kindergarten, der in ihrem Eigentum verbleibt und langfristig an die Stadt Aachen als die Trägerin der Einrichtung vermietet wird. Das dabei von der Genossenschaft neu entwickelte, auf erbbaurechtsvertraglichen Grundlagen basierende Finanzierungs- und Vertragskonzept wird inzwischen als "Richtericher Modell" bezeichnet und fand Nachahmer. (Abb. 21 bis 24)

Die baukonjunkturellen Schwierigkeiten der siebziger und achtziger Jahre forderten von der Genossenschaft verstärkten personellen und sächlichen Aufwand, damit der zur Kostendeckung der verwaltenden Organisation und zur Erwirtschaftung von Erträgen erforderliche Produktabsatz erreicht wurde. Die zur Realisierung des Verkaufs notwendige Intensivierung der Vertriebsbemühungen und die Verbesserung der Vertriebstechniken standen in dieser Zeit im Vordergrund der betrieblichen Aktivitäten. Mitte der achtziger Jahre tritt die Genossenschaft erneut mit einer Selbstdarstellung an die Öffentlichkeit. In dieser Selbstdarstellung blickt die Genossenschaft auf ihre inzwischen fünfunddreißigjährige Bautätigkeit zurück und erläutert ihr Selbstverständnis als gemeinnütziges Wohnungsunternehmen.

Wie in der Selbstdarstellung des Jahres 1961 betont die Genossenschaft den Umfang ihres Dienstleistungsangebotes. In das Bild, das die Genossenschaft Mitte der achtziger Jahre von sich gibt, sind jedoch auch andere Farbtöne eingemischt. Zwar wird erneut auf die Vorteile des Wohneigentums hingewiesen. Zwar wird das eigene Haus erneut als jene Wohnform dargestellt, die es am ehesten ermögliche, individueller Lebensgestaltung den äußeren Rahmen zu bieten. Aber es werden noch andere Aspekte benannt: Die Naturnähe des Wohnens am Stadtrand wird wieder stärker hervorgehoben - wenngleich in einer anderen Begrifflichkeit als in den Festschriften zu den Grundsteinlegungen des Jahres 1949: Jetzt ist die Rede von Siedlungen, die die Vorzüge städtischen Wohnens mit dem Vorteil einer naturnahen Wohnlage verbinden. (Abb. 25 u. 26) Betont werden die großzügigen, unverbaubaren Grünflächen in der Nachbarschaft der neuen Siedlungen und die innerhalb oder doch in der Nähe der einzelnen Bauvorhaben geschaffenen Kinderspieleinrichtungen, von denen es heißt, sie seien die Voraussetzung für ein familiengerechtes Wohnen, "insbesondere für ein störungfreies Aufwachsen der Kinder in einer kindgerecht gestalteten Umgebung". Die Wichtigkeit einer bewußt sozialintegrativ gestalteten Nachbarschaft und die Bedeutung "gesunder" Wohnformen werden herausgestellt, nicht zuletzt im Hinblick auf das störungsfreie Heranwachsen der Kinder. Generell heißt es: "Es gibt keine kindgerechtere Umgebung als die Nachbarschaft junger Familien." Für eine fertiggestellte Siedlung an der Peripherie Burtscheids wird betont, daß ein großzügiger Spielplatz und ein als Biotop angelegter Weiher mit Matschzone inmitten einer gartenarchitektonisch sorgfältig geplanten Grünanlage das "kinderfreundliche Zentrum" dieser Siedlung bilden. (Abb. 27)

Auch die wirtschaftliche Seite des Bauens und des Wohnens im eigenen Haus wird Mitte der achtziger Jahre mit anderen Akzenten geschildert als in der Selbstdarstellung des Jahres 1961. Anhand bereits realisierter Baumaßnahmen belegt die Genossenschaft, daß sie in der jüngeren Vergangenheit in bevorzugten Wohngegenden der Stadt, in städtebaulich und infrastrukturell günstigen Lagen großzügig konzipierte Einfamilienhäuser baute, die ein "modernes, höchsten Ansprüchen genügendes Wohnen in kultivierter Atmosphäre" ermöglichten. Aber sie betont jetzt auch, daß sie nicht nur Nachfragern mit gehobenen Wohnansprüchen zur Verfügung steht und legt ihre Verpflichtung dar, als gemeinnütziges Unternehmen nach dem Prinzip der Kostendeckung zu arbeiten. Als Ziel nennt sie die Versorgung mit "attraktivem, bedarfsgerechtem und kostengünstigem Wohneigentum". Dazu gehören ausdrücklich Baumaßnahmen innerhalb des damals sogenannten "kosten- und flächensparenden Bauens". Für diese Maßnahmen übernimmt die Genossenschaft die Maxime: "Hohe Qualität zu tragbaren Kosten". In den nach dieser Maxime realisierten Projekten sind Selbsthilfearbeiten in einem Umfang vorgesehen, der beinahe dem entspricht, was die ersten Siedler der Genossenschaft leisteten. Unter anderem, da es seit Jahrzehnten keinen Bauhof mehr gibt, werden diese Selbsthilfearbeiten allerdings als Individualleistungen, nicht als Gruppenselbsthilfe erbracht, wenngleich es bei der Durchführung der Maßnahmen immer wieder zu selbstorganisierter Nachbarschaftshilfe kam.

Abb. 17 u. 18: Einfamilienhäuser in Aachen-Burtscheid

Abb. 19 u. 20: Einfamilienhäuser in Aachen-Laurensberg

Abb. 21 u. 22: Kindergarten in Aachen-Richterich

206

Abb. 23 u. 24: Kindergarten in Aachen-Richterich

Abb. 25 u. 26: Fassadenbegrünung und Gartengestaltung in Aachen-Richterich

Abb. 27: Einfamilienhäuser und Kinderspielplatz in Aachen-Burtscheid

In ihrem Bemühen, kostengünstig zu bauen, konnte die Genossenschaft bei mehreren Maßnahmen nach langer Zeit auch wieder auf
städtische Grundstücke zurückgreifen. Die Stadt stellte diese Grundstücke, um die Finanzierungen der Käufer zu erleichtern, als Erbbau-
rechte zur Verfügung oder aber zu einem Grundstückskaufpreis,
der die Einkommens- und Familienverhältnisse der Käufer berück-
sichtigte. (Abb. 28 bis 31)

Mehr als achtzig Prozent der Käufer, die sich an den in der zweiten Hälfte der achtziger Jahre von der Genossenschaft in Eilendorf
und Richterich realisierten Baumaßnahmen beteiligten, konnten eine
öffentliche oder nichtöffentliche Förderung in Anspruch nehmen.
In diesen Baumaßnahmen fanden sich verstärkt kinderreiche und
eher einkommensschwächere Familien, jene Gruppen also, die die
Genossenschaft in den ersten Jahren nach ihrer Gründung bevorzugt versorgt hatte.

Abb. 28 u. 29: Einfamilienhäuser in Aachen-Richterich

210

Abb. 30 u. 31: Einfamilienhäuser in Aachen-Richterich

211

Im übrigen waren die achtziger Jahre für Träger- und Betreuungsunternehmen wie die Eigenheimbau aufgrund der allgemeinen wohnungswirtschaftlichen Lage mit nicht geringen Absatzschwierigkeiten verbunden. Der Geschäftsbericht des Jahres 1986 vermerkt: "Um den Verkauf der von der Genossenschaft angebotenen Objekte zu erreichen, genügt nicht mehr die bloße Herstellung und auch nicht mehr das bloße Angebot des Hauses oder der Wohnung. Hinzu kommen müssen zunehmend weitere Dienstleistungen. Dabei geht es sowohl um dem eigentlichen Verkauf zeitlich vorgelagerte Serviceleistungen als auch um nach dem Verkauf erbrachte Dienste. Hierzu zählen neben ständig umfangreicher und arbeitsaufwendig werdender allgemeiner Beratung insbesondere informative und gelegentlich auch praktische Hilfen bei der Finanzierung. Hierzu zählen weiterhin die Zulassung und die zeitaufwendige Organisation teilweise erheblicher Selbsthilfemaßnahmen, aber auch Garantieleistungen jenseits der rechtlich bindenden Fristen und weitere, nach der Veräußerung erbrachte allgemeine technische und kaufmännische Betreuungsleistungen."

In diesen Jahren ging die Genossenschaft erstmals dazu über, neben Maßnahmen für feststehende Bewerber auch Vorratsbebauung durchzuführen. Derartige Vorratsbebauung band betriebseigene liquide Mittel, die möglichst schnell wieder zurückfließen mußten. Die Durchlaufzeit der Maßnahmen mußte also möglichst knapp bemessen werden - was die bereits angesprochene Intensivierung des Vertriebs erforderlich machte. In der Durchführung von Vorratsbebauung folgte die Genossenschaft - wie andere Wohnungsunternehmen auch - einem absatzwirtschaftlichen Gebot der Zeit.

Betriebswirtschaftlich gesehen ist "Absatz" die Schlußphase des Leistungsherstellungsprozesses. Umsichtige, marktgerechte Planung des Absatzes wurde jedoch nach dem Entstehen eines Käufermarktes notwendiger Orientierungsfixpunkt aller Produktionsphasen. Grundstücksankauf, Grundstücksbevorratung und Grundstückteilung, architektonische Planung und Baukostenkalkulation, Ertragserwartung, die Bindung liquider Mittel - all dies hatte nach Maßgabe möglichst exakter und umsichtiger Absatzplanung zu erfolgen. Die bei derartiger Planung erforderlichen Prognosen sind jedoch problematisch. Neben der Einschätzung der betriebseigenen Leistungsfähigkeit müssen Marktvolumen und Marktentwicklung sowie Käuferwünsche und Käuferverhalten möglichst genau berücksichtigt werden. Aus vielen Gründen läßt sich dieser komplexe Zusammenhang jedoch stets nur näherungsweise analysieren. Das tatsächliche Käuferverhalten läßt sich nur bedingt ableiten aus den Befragungs-Informationen über Wohnbedürfnisse, über die Zufriedenheit mit der eigenen Wohnung etc. Diese Befragungs-Informationen ließen auch in Zeiten wohnungswirtschaftlicher Rezession ein weitgehend ungebrochenes Streben nach Wohneigentum als einem der vorrangigen ökonomischen Lebensziele erkennen. Das tatsächliche Käuferverhalten ergibt sich jedoch nicht einfach als logische Folge derartiger Wünsche. Es ergibt sich auch nicht als rationale Konsequenz der durchweg günstigen objektiven ökonomischen Rahmendaten. Wäre dies so, hätten die in den achtziger Jahren gegebene Preisstabilität bei Bauleistungen und Bauland, ferner das lange Zeit günstige Hypothekenzinsniveau sowie die in veränderter Form weiterhin bestehenden Steuerpräferenzen für selbstgenutztes Wohneigentum und auch die immer noch erreichbare staatliche Wohnungsbauförderung zu einer stärkeren als der zu verzeichnenden Nachfrage führen müssen.

Auch in diesen durchweg schwierigen Geschäftsjahren überstiegen die Erlöse der Genossenschaft die bei der Leistungserstellung entstandenen Aufwendungen, so daß sich auch in dieser Zeit aus den Unternehmensumsätzen Finanzierungsmittelzuflüsse ergaben. Die Selbstfinanzierungskapazität stieg weiterhin an. Der Nettozustrom an Finanzierungsmitteln ermöglichte der Genossenschaft weitere Rücklagenbildung, so daß auch in diesen Jahren bauwirtschaftlicher Rezession die Rentabilitäts- und Vermögenslage bei stets vorhandener Liquidität als gut bezeichnet werden konnte. Dies war nicht selbstverständlich, da diese Kapitalzugänge anders als bei Unternehmen mit großem eigenem Wohnungsbestand so gut wie ausschließlich bei der Abwicklung der Trägermaßnahmen erzielt werden mußten und da im Vergleich mit früheren Jahren Erträge aus dem Wertzuwachs vorgehaltener Grundstücke wesentlich geringer auszuweisen waren. Erträge aus der Veräußerung von Teilen des Anlagevermögens wurden nicht gesucht.

Im Laufe der vier Jahrzehnte, während derer die Genossenschaft existiert, haben sich die wohnungswirtschaftlichen Rahmenbedingungen geändert. Dies blieb nicht ohne Folgen für die Unternehmen dieses Wirtschaftszweiges. Die Unternehmensziele der Nachkriegsjahre waren in den Folgejahrzehnten nur noch bedingt als Unternehmensleitbilder geeignet. Wie andere Baugenossenschaften hat sich auch die Eigenheimbau in manchen Hinsichten zwangsläufig an die Struktur erwerbswirtschaftlicher Unternehmungen angenähert. In den Gründerjahren der Genossenschaft standen der Wille zur Schaffung familiengerechten Wohnraums und direkt erfahrbare Hilfe zur Selbsthilfe, stand die in einer genossenschaftlichen Gemeinschaftsbeziehung organisierte Bauarbeit im Vordergrund. An die Stelle dessen ist immer mehr das Angebot spezieller Dienstleistung getreten. Dieser Strukturwandel bewirkte auch, daß Produktivitätsaspekte, also die Sicherung von Marktanteilen und wirtschaftliches Wachstum, zunehmend wichtiger wurden. Zwar blieb für die Geschäftsführung neben betriebswirtschaftlichen Gesichtspunkten die Orientierung an den Prinzipien genossenschaftlichen Wirtschaftens handlungsleitend. Zwar wurde neben den wirtschaftlichen Aufgaben der Genossenschaft stets auch ihre soziale Funktion gesehen. Geänderte wirtschaftliche Rahmenbedingungen machten die Genossenschaft jedoch immer mehr in Konkurrenz zu Erwerbsunternehmen zum Funktionsträger von Dienstleistungen.

Baugenossenschaftliches Selbstverständnis nach der Abschaffung der Wohnungsgemeinnützigkeit

Die Diskussion um die Situation der gemeinnützigen Wohnungswirtschaft befaßt sich seit längerem mit Bedarfsfragen. Innerhalb der gemeinnützigen Wohnungswirtschaft ist die geänderte - bzw. die als geändert dargestellte - Bedarfsproblematik jedoch derzeit nicht das einzige wichtige Diskussionsthema. Die im Rahmen der Steuerreformgesetzgebung des Bundes beschlossene Abschaffung der Wohnungsgemeinnützigkeit stellt jedes gemeinnützige Wohnungsunternehmen vor betriebswirtschaftliche und unternehmenskonzeptionelle Probleme.

Die im Steuerreformgesetz 1990 verkündete Abschaffung der Wohnungsgemeinnützigkeit beläßt ausschließlich gemeinnützigen Wohnungsunternehmen in der Rechtsform Genossenschaft auch nach Inkrafttreten des Gesetzes die Möglichkeit, auf Kosten einer erheblichen Einschränkung des traditionellen Geschäftskreises gemeinnütziger Wohnungsunternehmen weiterhin Steuerpräferenzen in Anspruch zu nehmen. Dies gilt jedoch nur für "Vermietungsgenossenschaften", das heißt für solche Genossenschaften, die sich - abgesehen von sogenannten "Hilfsgeschäften" - auf die Bewirtschaftung der an ihre Mitglieder verwalteten Bestände beschränken.

Die Eigenheimbau ist das gerade Gegenteil einer solchen "Vermietungsgenossenschaft". Sie wird 1990, spätestens aber - falls sie von der im Gesetz vorgesehenen Option Gebrauch macht - im darauf folgenden Geschäftsjahr in vollem Umfang steuerpflichtig werden. Mit der Überführung in die Steuerpflicht verliert sie die Steuerpräferenzen, die der gemeinnützigen Wohnungswirtschaft bis zum Inkrafttreten des Steuerreformgesetzes 1990 gewährt wurden. Es entfallen jedoch auch sämtliche Verhaltensbindungen, die sich bis zu dessen Abschaffung aus dem Wohnungsgemeinnützigkeitsgesetz ergeben. Dazu zählen die - allerdings in der Satzung (vorerst) fortbestehenden - regionalen und inhaltlichen Beschränkungen des Geschäftskreises, die Beschränkung der Dividende und die Beschränkung auf die gemeinnützigkeitsrechtliche Kostenmiete auch dort, wo die Wohnungen keiner Sozialbindung unterliegen. Es entfallen die traditionellen gemeinnützigen Verhaltensmaximen der unterlassenen Gewinnmaximierung und der Vermögensbindung. Genauer: diesen Bindungen liegt kein kodifiziertes Recht mehr zugrunde. Sollen sie beibehalten werden, müssen sie wieder das sein, was sie in der Geschichte der gemeinnützigen Wohnungswirtschaft auch ursprünglich waren: Selbstbindungen und freiwillige Selbstverpflichtungen.

Inwieweit nach dem Wegfall der wohnungsgemeinnützigkeitsrechtlichen Bindungen weiterhin gemeinnütziges Verhalten praktiziert wird, bestimmen die Entscheidungsorgane jedes einzelnen Unternehmens. Dabei sind die jeweiligen Unternehmensziele, aber auch die spezifischen Unternehmensstrukturen zu berücksichtigen.

Die Eigenheimbau unterscheidet sich von der überwiegenden Mehrzahl gemeinnütziger Wohnungsbaugenossenschaften hinsichtlich der Struktur ihres Vermögens ebenso wie hinsichtlich der Struktur ihrer Mitgliederschaft und ihrer geschäftlichen Aktivitäten - also in allen für die Charakteristik eines baugenossenschaftlichen Unternehmens zentralen Merkmalen.

Die Gründer der Genossenschaft haben die Zielsetzung ihrer Selbsthilfeeinrichtung bereits im Namen "Eigenheimbau" festgehalten. Das Bauprogramm bestand - insbesondere dort, wo es sich nicht um Betreuungen handelte - weitgehend aus Trägermaßnahmen zur Eigentumsbildung. Nur etwa fünf Prozent der errichteten Wohnungen sind im Eigentum der Genossenschaft verblieben. Der weit überwiegende Anteil dieses Bestandes wurde im ersten Jahrzehnt nach der Gründung gebaut. In den letzten Jahrzehnten wurden fast nur noch Eigentumsmaßnahmen durchgeführt.

Dieser Bautätigkeit entsprechend sind die Mitglieder der Genossenschaft zu etwa drei Vierteln Erwerber von Eigenheimen. Damit unterscheidet sich die Eigenheimbau von der Mehrzahl gemeinnütziger Baugenossenschaften sowohl hinsichtlich der Struktur als auch hinsichtlich der Bedürfnisse ihrer Mitglieder.

Der Mieter einer Genossenschaftswohnung erhält die "Ware" Wohnung in Form eines eigentumsähnlichen Dauernutzungsrechtes. Er fragt diese "Ware" während einer oft Jahrzehnte dauernden, gelegentlich sogar in der Generation seiner Kinder fortgesetzten Mietzeit permanent nach. Beim Erwerb eines Eigenheimes dagegen hat die Genossenschaft mit dem Bau und der Übertragung des Objektes ihre vom Mitglied erwartete Leistung weitgehend erbracht. Das beim Eintritt in die Genossenschaft leitende wirtschaftliche Motiv: Erwerb eines Grundstückes und eines Bauwerkes besteht nach Übertragung des Objektes nicht mehr. Die Eigenheimbau ist auch nach der Schaffung und Übertragung des Wohneigentums für ihre Mitglieder beratend und betreuend tätig, und zwar sowohl im technischen als auch im kaufmännischen Leistungsbereich. Viele Mitglieder machen von den Leistungsangeboten der Genossenschaft bis hin zur Jahrzehnte dauernden wirtschaftlichen Weiterbetreuung in Form der Übertragung der gesamten Inkasso-Tätigkeit Gebrauch. Viele andere tun dies nicht. Dementsprechend erhält die Genossenschaft auch immer wieder Kündigungen von Mitgliedern, die im Eigentumsbereich Dienstleistungen der Genossenschaft nach dem Ende der Bauzeit nicht in Anspruch nehmen.

Der von den Mitgliedern der Genossenschaft zu erwerbende Geschäftsanteil ist während des vierzigjährigen Bestehens gleich geblieben. Die Geschäftsguthaben der Mitglieder spielen beim Eigenkapitalaufkommen der Genossenschaft im Gegensatz zum Kapitalaufbau vieler anderer Wohnungsbaugenossenschaften eine nur nachrangige Rolle. Sie machen in den achtziger Jahren nur ca. drei Prozent des Eigenkapitals der Genossenschaft aus.

Bei Mietergenossenschaften sind die Geschäftsanteile nicht selten wesentlich höher. Darüber hinaus beträgt die Anzahl der auf jedes Mitglied obligatorisch entfallenden Geschäftsanteile häufig ein Vielfaches dessen, was innerhalb der Eigenheimbau satzungsgemäß verpflichtend gemacht wurde. Der Anteil der Geschäftsguthaben der Mitglieder am Gesamteigenkapital liegt deshalb in aller Regel wesentlich höher als in dieser Genossenschaft. Darüber hinaus werden zur besseren Kapitalausstattung der Genossenschaften gelegentlich auch per Satzungsänderung Erhöhungen der Geschäftsanteile beschlossen. Von dieser Möglichkeit wurde in der Eigenheimbau seit ihrem Bestehen nie Gebrauch gemacht.

Baugenossenschaften wie die Eigenheimbau haben nach dem Kriege in nicht zu unterschätzender Weise mit dazu beigetragen, daß die Wohnungsnot überwunden werden konnte. Indem sie dies erfolgreich taten, haben diese Genossenschaften nicht gleichzeitig auch ihre eigene Existenzberechtigung "überwunden". Vielleicht sind in der heutigen Zeit die Leistungsvorteile der Organisationsform "Genossenschaft" nicht mehr ohne weiteres ersichtlich, insbesondere bei Genossenschaften, die sich weitgehend Träger- und Betreuungsmaßnahmen gewidmet haben. Gerade solche Wohnungsbaugenossenschaften haben es zunehmend schwer, darzutun, worin sie sich von anderen Investoren und Trägern auf dem Wohnungsmarkt unterscheiden.

Um die ihnen durch das Wohnungsgemeinnützigkeitsgesetz auferlegte, aber auch nach dem Außerkrafttreten dieses Gesetzes von ihnen selbst gewollte soziale Orientierung wohnungswirtschaftlich umsetzen zu können, müssen sie auf dem Markt erfolgreich sein. Das bedeutet: sie müssen sich von erwerbswirtschaftlichen Gesichtspunkten leiten lassen. Ihre Gemeinwohl-Funktion wird am ehesten dadurch deutlich, daß gemeinnützige Baugenossenschaften häufig genug einen wichtigen Beitrag zur sozialen Abstützung derer leisten, die sich nicht ohne fremde Hilfe auf dem Wohnungsmarkt versorgen können. Zum Unternehmenskonzept der Eigenheimbau zählte von Beginn bis heute an, auch solchen Bauwilligen den Erwerb von Wohnungseigentum zu ermöglichen, deren wirtschaftliche Kraft dafür ohne Hilfsmaßnahmen nicht ausreichte. Das Angebot und die Vermittlung dieser Hilfe sind nach wie vor sinnvolle, in der Unternehmensform "Genossenschaft" optimal organisierbare Aufgaben. Diese Hilfe macht die Arbeit innerhalb einer Genossenschaft zu einer nicht nur wirtschaftlichen, sondern auch sozialen Aufgabe.

Es gibt weiterhin Knappheitssituationen, bei denen in Form organisierter Selbsthilfe Verbesserungen erreicht werden können. Diese Knappheitssituationen sind heute anders zu definieren als in den Jahren der Gründung der Genossenschaft. Es gibt eine ganze Reihe, selbst oft kaum artikulationsfähiger und deshalb schwer identifizierbarer Gruppen, deren Versorgung auf dem Wohnungsmarkt unzureichend ist. Diese Gruppen anzusprechen, ihnen zur Artikulation zu verhelfen und mit ihnen zusammen Konzepte zur Verbesserung der Wohnsituation zu entwickeln, gehört zu den Zukunftsaufgaben einer gemeinnützigen Baugenossenschaft.

Anmerkungen

(1) Zu den vierzehn Gründungsmitgliedern der Genossenschaft zählte auch der damals einunddreißigjährige Heinz Wahlen, der die Geschäfte der Genossenschaft von Beginn an führte und bis zum Erreichen der Altersgrenze am 19. April 1985 dem Vorstand und ab dem 20. Juni 1986 dem Aufsichtsrat der Genossenschaft angehörte. Heinz Wahlen ist am 2. August 1988 gestorben. Der Erinnerung an seine Arbeit ist dieser Aufsatz gewidmet.

(2) Im Anschluß an die Eintragung durch das Registergericht firmierte die Genossenschaft zunächst als "Eigenheimbau Aachen e.G.m.b.H.", später dann als "Eigenheimbau Aachen e.G.". Im Text wird die Genossenschaft im folgenden als "Eigenheimbau" bezeichnet.

Heinrich Wahlen

Wohnungsgemeinnützigkeit und genossenschaftliches Selbstverständnis
Historische Marginalien zu einer aktuellen Diskussion

I

Die Geschichte der gemeinnützigen Wohnungswirtschaft und die der gemeinnützigen Baugenossenschaften beginnt in der Mitte des vorigen Jahrhunderts. Sie neigt sich nach dem Willen des Gesetzgebers jetzt jäh ihrem Ende zu. Das Wohnungsgemeinnützigkeitsgesetz, das rechtsverbindlich die Verhaltensbindungen regelt, denen die Unternehmen unterliegen, tritt im Rahmen des Steuerreformgesetzes 1990 am 31.12.1989 außer Kraft. Damit endet auch die teilweise Steuerbefreiung, die den Unternehmen wegen ihrer Gemeinnützigkeit gewährt wurde.

Bereits in den sechziger Jahren wurde in Politik, Wissenschaft, Verbänden und Unternehmen über eine Reform des Gemeinnützigkeitsrechtes im Rahmen einer umfassenden Neuregelung wohnungswirtschaftlicher Gesetzgebung diskutiert. Zu Gesetzesänderungen führte dies nicht. Die Diskussion wurde in den achtziger Jahren vor dem Hintergrund sich wandelnder Wohnungsmärkte erneut geführt. Seit der Verabschiedung des Steuerreformgesetzes 1990 haben sich für die gemeinnützige Wohnungswirtschaft die wohnungspolitischen Diskussionslinien verschoben. In dem Teil des Gesetzes, der sich auf die gemeinnützige Wohnungswirtschaft bezieht, wird die Ansicht des Gesetzgebers deutlich, eine Privilegierung der gemeinnützigen Wohnungswirtschaft durch Steuerbefreiung sei wohnungswirtschaftlich nicht mehr gerechtfertigt.

Die vom Bundesminister der Finanzen eingesetzte "Unabhängige Kommission zur Prüfung der steuerlichen Regelungen für gemeinnützige Wohnungs- und Siedlungsunternehmen" kam bereits 1985 in dem von ihr vorgelegten Gutachten zu dem Ergebnis, "daß der unternehmerische Tätigkeitsbereich steuerfreier und steuerpflichtiger Wohnungsanbieter bei wirtschaftlicher Betrachtung deckungsgleich" sei und daß der Staat auf jene "Lenkungsnormen" verzichten könne, über die er bisher als Gegenleistung zur Steuerbefreiung verfügt habe, da der Zweck der gemeinnützigen Wohnungswirtschaft heute auf der Grundlage anderer Gesetze erfüllt werde (Gutachten 1985, 141 ff.). Die Kommission erachtete die nach ihrem Urteil durch Steuervergünstigungen gegebene Subventionierung der gemeinnützigen Wohnungswirtschaft nicht nur als wohnungspolitisch nicht mehr geboten. Sie vertrat darüber hinaus die Auffassung, diese Subventionierung führe zu einer "rechtswidrigen Belastung der nichtbegünstigten Wettbewerber" (dies. 145). Die Kommission empfahl, das Wohnungsgemeinnützigkeitsgesetz aufzuheben und die gemeinnützigen Wohnungsunternehmen in die Steuerpflicht zu überführen. Von der Steuerpflicht ausgenommen sollten jene Wohnungsbaugenossenschaften und -vereine werden, die sich darauf beschränken, Wohnungen ausschließlich zur Vermietung an ihre Mitglieder zu errichten, also die sogenannten "Vermietungsgenossenschaften" (dies. 148ff.; hierzu kritisch z.B. Hämmerlein 1988).

Die Kommission und die der Empfehlung der Kommission im Tenor folgende Gesetzgebung gingen davon aus, angesichts des in den achtziger Jahren erreichten Versorgungsniveaus sei es nicht mehr erforderlich, das investive Potential der auf die Wohnraumversorgung insbesondere breiter Bevölkerungsschichten ausgerichteten gemeinnützigen Wohnungswirtschaft durch Steuerpräferenzen zu stärken und die sozialen Komponenten des Wohnungsmarktes durch Verhaltensbindungen, denen die gemeinnützigen Vermieter unterliegen, zu betonen. Der Gesetzgeber glaubte, daß er insbesondere durch verbesserten Mieterschutz und durch seine Wohngeldbestimmungen ausreichende Instrumente zur sozialstaatlichen Regulierung des Wohnungsmarktes geschaffen habe. Er hielt es deshalb nicht länger oder doch nicht mehr in dem bisherigen Ausmaß für erforderlich, daß das Geschehen auf dem Wohnungsmarkt durch solche Unternehmen mitbestimmt wird, die zu gemeinnützigem Verhalten verpflichtet sind. Im übrigen erschien ihm der Mietwohnungsneubau bis vor kurzer Zeit nicht mehr besonders förderungswürdig. Der Bund hat sich bereits 1986 aus der Mitförderung des Mietwohnungsbaus zurückgezogen, und auch die Länder haben ihre Förderkontingente zum Teil erheblich gekürzt. Im Jahre 1983 wurden noch mehr als 100.000 Wohnungen gefördert, davon etwa 60.000 Mietwohnungen. 1987 wurden noch knapp 41.000 Wohnungen gefördert, darunter weniger als 13.000 Mietwohnungen. Die mittelfristige Finanzplanung des Bundes sah ursprünglich nur noch Mittel für die Eigentumsförderung vor. Die Finanzhilfen sollten stufenweise abgesenkt werden. Neuerdings denkt man hier jedoch offenbar wieder um. Es gibt Stimmen, die für eine Wiederaufnahme des sozialen Wohnungsbaus weit über das beschlossene Maß hinaus plädieren.

Für 1989 hat der Bund seine Fördermittel gegenüber dem Vorjahr um 600 Mio. DM auf 1.05 Mrd. DM aufgestockt. Hierzu gehört auch das Sonderprogramm zur Förderung des Aussiedlerwohnungsbaus mit 30.000 Wohnungen. In den Ländern sind die Fördermittel bereits mehrfach überzeichnet. Die Programmeldungen lassen im sozialen Wohnungsbau ein gegenüber den Vorjahren verbessertes Förderergebnis erwarten. Inzwischen hat der Bund eine das Jahr 1990 betreffende Grundsatzentscheidung über eine nochmalige Aufstockung der Fördermittel für den sozialen Wohnungsbau getroffen. Es ist nicht auszuschließen, daß die Länder im Vorgriff auf folgende Haushaltsjahre zusätzliche Bewilligungen aussprechen. Für 1990 wird - unter dieser Voraussetzung - mit einem Förderergebnis von 70.000 Wohnungen und mit einem Gesamtgenehmigungsergebnis von deutlich mehr als 250.000 Einheiten gerechnet (vgl. Hamm 1989, 175).

II

Bis vor kurzem ging die Wohnungspolitik davon aus, daß der Wohnungsmarkt weithin gesättigt sei. Standardargumente hierfür waren unter anderem die weitgehende Stabilität der Mietpreise, die zumindest regional nachgewiesenen Leerstände, die seit der Währungsreform ständige Bestandsausweitung, die verstetigte Reduzierung der Belegungsdichten resp. die ständige Vergrößerung der auf den einzelnen Nachfrager im statistischen Mittel entfallenden Wohnfläche und nicht zuletzt die negativen Zuwachsraten in der Entwicklung der Bevölkerung und - angeblich - der Wohnraum nachfragenden Haushalte. Allenfalls regionale Engpässe und Versorgungsprobleme bestimmter Nutzergruppen wurden zugegeben, gleichzeitig aber als Kurzzeitprobleme ohne symptomatische Bedeutung bagatellisiert. Ein Einpendeln der jährlichen Fertigstellungsquote auf weniger als 200.000 Einheiten galt als ausreichend. Vor dem Hintergrund derartiger Markteinschätzung wurde die direkte staatliche Förderung zu Lasten der Neubaukapazitäten und zugunsten von Sanierungsmaßnahmen - Stadterneuerung, Innenstadtkonzepte, Modernisierung, Denkmalschutz - umgeschichtet (hierzu kritisch Pfeiffer 1989). Die indirekte, steuerpolitische Förderung wurde entsprechend so neustrukturiert, daß anlagesuchendes Kapital sich - falls es überhaupt noch auf den Wohnungsmärkten nachweisbar war - auf die Bestände konzentrierte.

Inzwischen wird versucht, durch staatliche Förderprogramme zur Ausweitung des sozialen Wohnungsbaus sowie durch Erhöhung der degressiven Abschreibung wieder Anreize zu setzen, um potentielle, jedoch abwartende Investoren möglichst rasch zur Anlage beim Neubau von Mietwohnungen zu bewegen. Gemäß Koalitionsbeschluß gilt für alle Mietobjekte, für die nach dem 28. Februar 1989 der Bauantrag gestellt wird, die neue Staffel der degressiven Abschreibung mit einem Satz von 7 % in den ersten vier Jahren. Diese neuerliche wohnungspolitische Wende versucht, Fehleinschätzungen vergangener Jahre zu korrigieren. Diese Fehleinschätzungen lagen weniger in der Fehlkalkulation des zahlenmäßigen Verhältnisses von Wohnraumangebot und Wohnraumnachfrage. Unzutreffend eingeschätzt wurde eher die subjektive Zufriedenheit der Nachfrager mit den Versorgungs-, Standard- und Mobilitätschancen, die der - im globalen statistischen Blick durchaus weitgehend ausgeglichene - Wohnungsmarkt bietet. Es bewahrheitet sich, was die Demographen den Wohnungspolitikern warnend raten, wenn diese allzu behende deren Zahlen in Bedarfspolitik umsetzen wollen: "Der Wohnungsbedarf ist keine fixe Größe, die unmittelbar aus Bevölkerungs- und Haushaltszahlen entsprechend deren regionaler Verteilung abgeleitet werden kann; er ist vielmehr eine politische und manipulierbare Größe, die im Verhältnis zur Entwicklung des Wohlstandes und der damit veränderlichen sozialen Normen und Standards gesehen werden muß." (Mackensen 1986, 1)

Es ist kaum zutreffend, aus den inzwischen vorliegenden Ergebnissen der Volkszählung ableiten zu wollen, die politische Fehleinschätzung des Bedarfs sei damit erklärbar, daß es in der Bundesrepublik ca. eine Million Wohnungen weniger gebe, als man bisher vermutet habe. Hier muß man die Bedeutung derartiger Ergebnisse für die Versorgungsplanung deutlich machen: "Was aber zeigt der nüchterne Blick? Nur soviel: Es gibt keine einzige Wohnung weniger als es am Markt eben gibt. Und hätte man eine Million Wohnungen mehr gezählt, dann stünde für die Wohnungsversorgung nicht eine einzige Wohnung mehr zur Verfügung als eben vorhanden sind. So einfach ist das." (Müller 1989, 200) So einfach ist das in der Tat. Im übrigen weichen die neuen Zahlen - zumindest für Nordrhein-Westfalen - nicht signifikant von denen ab, die man nach der letzten Wohnungs- und Gebäudezählung des Jahres 1968 fortgeschrieben hatte. Die Abweichung beträgt hier ganze 1.1 vom Hundert (vgl. Verband 1989). Gegenüber 1968 hat sich in Nordrhein-Westfalen der Bestand im übrigen um mehr als ein Drittel erhöht. Im Regierungsbezirk Köln betrug der Zugang mehr als 43, in Aachen sogar 48,7 vom Hundert (vgl. ebd.). Dies scheint den Nachfragern - aus unterschiedlichen Gründen - jedoch offenbar nicht auszureichen.

Seit der Wahl in Berlin zu Beginn des Jahres 1989 werden bundesweit Defizite auf dem Wohnungsmarkt diskutiert. Bei einer Erhebung im Zusammenhang mit den wenig später folgenden Kommunalwahlen in Hessen antworteten 49 vom Hundert der Befragten auf die Frage nach den gegenwärtig wichtigsten Problemen in Frankfurt mit "Mie- ten" und "Wohnungsmarkt" (Gibowski 1989). Damit wurde diesen Problemen die höchste Wichtigkeit überhaupt zuerkannt. Die Aussied- ler- und Asylantenproblematik wurde nur von knapp einem Drittel der Befragten zum wichtigsten Problem erklärt, obwohl sie zumindest von der Mehrheitspartei in Frankfurt zum zentralen Wahlkampfthema gemacht worden war (vgl. ebd.).

In einer derartigen Einschätzung können sich nicht nur persönlich erfahrene, aktuelle Schwierigkeiten bei der Wohnraumsuche oder bei der Finanzierung der Kosten des Wohnens niederschlagen. So plötzlich vergrößerte sich nicht die zum Wohnungswechsel nötigende ausbildungs- oder berufsbedingte Mobilität, so viele Haushalte wurden nicht in so kurzer Zeit neu gegründet, so sehr hat der Aussiedler- zustrom das Angebot nicht verknappt, und so sehr sind die Mieten in den letzten Jahren nicht gestiegen. In einer derartigen Einschät- zung kommt der Unmut über eine Wohnungspolitik zum Ausdruck, die Programme und Anreize für Nettoinvestitionen in den Wohnungs- markt, also für Investitionen, die über die Bestandswahrung hinaus- gehen, nicht mehr für nötig hält und damit in Kauf nimmt, daß ein jetzt bereits nicht als ausreichend erlebtes Angebot weiter zurück- gefahren wird und daß ein weiter reduziertes Angebot die Kosten treiben muß. Es kommt der Unmut über eine staatliche Wohnungspo- litik zum Ausdruck, die in diesem zentralen Politikbereich die ständig steigenden Ansprüche an staatlich subventionierte Daseinsvorsorge vernachlässigt. Es wird offenbar nicht goutiert, daß staatliche Woh- nungspolitik zuläßt, daß bereits jetzt, aber erst recht künftig, die

Versorgung mit Wohnraum aufwendiger, schwieriger, "frustrierender" ist, als es eine Gesellschaft akzeptiert, für die Knappheit kein Lebensumstand mehr ist, die sich vielmehr daran gewöhnt hat, daß die Güter, die sie nachfragt, auch in ausreichendem Umfang und der wachsenden Kaufkraft angemessen zur Verfügung stehen.

III

Zurück zu den Konsequenzen der Abschaffung des Wohnungsgemeinnützigkeitsgesetzes.

Fragen einer zeitgerechten Umsetzung der Verhaltensbindungen, die sich aus dem Wohnungsgemeinnützigkeitsgesetz ergeben, sind in den Unternehmen und Verbänden bereits intensiv und kontrovers erörtert worden, als noch nicht die Abschaffung, sondern eine Novellierung des Wohnungsgemeinnützigkeitsgesetzes anzustehen schien. Inzwischen hat der Gesetzgeber durch das Steuerreformgesetz 1990 Fakten geschaffen. Mit der Mehrheit der unionsregierten Länder ist auch der Bundesrat im April 1989 den wohnungspolitisch wirksamen Bestimmungen dieses Gesetzes gefolgt, indem er die Absicht der SPD-Länder vereitelte, die für 1990 vorgesehene Abschaffung des Wohnungsgemeinnützigkeitsgesetzes rückgängig zu machen. Die Länderkammer schloß sich mehrheitlich der von den SPD-Ländern vertretenen Auffassung nicht an, eine Abschaffung der Wohnungsgemeinnützigkeit werde zu einem Schwund an bezahlbaren Wohnungen, zu drastischen Mieterhöhungen und zu steigenden Baupreisen führen.

In dieser durch den Gesetzgeber geschaffenen Situation geht es für die gemeinnützigen Wohnungsunternehmen nicht allein darum, sich auf jene vielfältigen Probleme vorzubereiten, die sich in der täglichen Arbeit durch die Überführung in die Steuerpflicht ergeben werden. Fraglos sind auch die Unternehmensleitziele zu überdenken. Dabei wird es in den einzelnen Unternehmen zu unterschiedlichen Ergebnissen kommen. Dem Wohnungsmarkt und seinen Nachfragern ist zu wünschen, daß sich möglichst viele Unternehmen dafür entscheiden, ihre gemeinnützige Tradition soweit wie möglich fortzusetzen. Dabei wird man den unternehmerischen Standpunkt akzeptieren müssen, daß nur eine marktgerechte Fortführung dieser Traditionen angezeigt sein kann. Das heißt aber: "gemeinnütziges Verhalten kann zukünftig nicht identisch sein mit den Verhaltensbindungen im einzelnen, wie sie heute im WGG enthalten sind" (Simon 1989, 167). Wenn es den gemeinnützigen Wohnungsunternehmen Ernst damit ist, ihren traditionellen Förder- und Versorgungsauftrag auch nach Wegfall der gemeinnützigkeitsrechtlichen Verhaltensbindungen fortzuführen, dann wird man ihnen konzedieren müssen, daß es dennoch zu gewissen Diskontinuitäten kommen wird. Dies liegt nicht nur in der Abschaffung der Wohnungsgemeinnützigkeit begründet. Die heute zu lösenden wohnungswirtschaftlichen Probleme und die gesamtwirtschaftlichen Rahmenbedingungen sind andere als die der vergangenen Epochen großer Wohnungsnot. Andere Probleme jedoch verlangen andere Lösungen. Dennoch kann die Erinnerung an die eigene Tradition den gemeinnützigen Wohnungsunternehmen, nicht zuletzt den Baugenossenschaften, dabei helfen, den Katalog der Unternehmensziele zu bebildern, und zwar insbesondere in den Kapiteln, die vom sozialen Förderauftrag handeln. Diese Kapitel sollten künftig nicht schmaler ausfallen. Den Unternehmen sollte bewußt bleiben, daß soziale Marktwirtschaft nicht nur aus der Kodifizierung von Verhaltensbindungen besteht, "sondern auch aus einer sozialpolitisch verpflichtenden Philosophie der Unternehmen in einer demokratischen Wirtschaftsgesellschaft" (ders. 166).

Wenn sie ihre Geschichte ernst nehmen, wenn sie sich in ihrer eigenen Tradition sehen, haben bei derartiger "Erinnerungsarbeit" insbesondere die genossenschaftlichen Unternehmen eine Bringschuld. Die ältesten von ihnen entstanden zu einer Zeit, in der die sozial ungerechten, die verelendenden Wirtschaftsverhältnisse von konzessionslos kapitalistischen Lehren legitimiert, aber auch von nicht minder rigiden sozialrevolutionären Theorien bekämpft wurden. Bekanntlich fand dieser Kampf nicht nur in den Bibliotheken, sondern oft genug auch auf den Straßen und in den Betrieben statt. Genossenschaften, auch Baugenossenschaften, schienen im erbitterten Kampf zwischen Kapital und Arbeit, zwischen Markt und Marxismus, eine Zeitlang in einigen Bereichen, nicht zuletzt in dem des Wohnens, ein "dritter Weg" sein zu können. Dieser Weg schien es den engagierten, den zur Solidaritätsleistung bereiten einzelnen zu ermöglichen, ihre ökonomischen Ziele nicht in konkurrenzwirtschaftlicher Organisation, sondern in solidarischer, den Marktzwängen ein Stück weit entzogener Gemeinwirtschaft zu erreichen. Hiervon ist eher wenig geblieben. Auch unsere soziale Marktwirtschaft beansprucht, aufgrund ihrer weitreichenden sozialen Steuerungsmechanismen ein "dritter Weg" zu sein zwischen einer rein liberalen

Marktwirtschaft und einem gelenkten Wirtschaftssystem. Es ist denn auch zutreffend zu sagen, gemeinwirtschaftliches Verhalten, insbesondere die Wohnungsgemeinnützigkeit, füge sich "nahtlos" in das Konzept unserer sozialen Marktwirtschaft ein (Steinert 1987, 269). Ohne die Leistungen des modernen Sozialstaates zu überschätzen, wird man jedoch nicht behaupten können, er habe heute für das Ganze jene Solidarqualität erreicht, durch die funktionierende Genossenschaften sich einmal auszeichneten oder die sie doch zumindest zu erreichen suchten. Im übrigen ist hier der gedankliche Ansatz anders.

IV

Zum Selbstverständnis moderner westlicher Industriegesellschaften gehört es, daß in ihren Marktwirtschaften Menschenrechte, Rechtsstaatlichkeit und Wirtschaftsdemokratie zu verwirklichen sind. Die eher zynisch klingende Ansicht, die einzige soziale Verantwortung eines Unternehmers bestehe darin, seine Gewinne zu erhöhen, könnte sich jedoch immerhin auf Positionen klassischer Nationalökonomie berufen: etwa auf David Ricardo, der lehrte, das Vorteilsstreben des einzelnen sei "auf wunderbare Weise" verknüpft mit dem Wohl des Ganzen. Oder auf Adam Smith, dessen "Wohlstand der Nationen" gegen die Sozialmoral der Gesellschaft das Recht der Eigeninteressen des einzelnen setzte. Wer aufgrund seiner grenzenlosen Bedürfnisse danach strebe, seinen Nutzen zu maximieren, der werde durch die "unsichtbare Hand" des Marktes dazu geführt, so zu handeln, daß er den Nutzen aller mehre. Auf den Märkten müsse der Egoismus regieren, weil dies das "System der natürlichen Freiheit" erfordere.

Klassische liberale Nationalökonomie und ihre Folgetheorien gingen und gehen davon aus, die Verfolgung des Eigeninteresses auf den Märkten werde zu einer Wohlstandsmehrung führen, die allen, nicht zuletzt den Armen, zugute komme. Ein funktionierender Markt - und Bedingung dieses Funktionierens sei: ein möglichst wenig durch Interventionen gestörter Wettbewerb - verbessere die Lebensmöglichkeiten aller. Er sei deshalb der moralisch begründeten samariterhaften und mitleidsbestimmten Hilfe vorzuziehen, denn diese erreiche immer nur einzelne und sei als Konzept für das Ganze nicht brauchbar.

Wenn der durch Egoismus in Gang gehaltene Marktmechanismus im Ergebnis Wohlfahrt für alle erzeugte, dann wäre in der Tat eine Wirtschaftsethik überflüssig, die dem wirtschaftlichen Handeln sozialmoralische Normen setzen will. Die Erfahrungen vieler haben diese Ansicht jedoch widerlegt. Im Grundgesetz der Bundesrepublik Deutschland hat die Sozialstaatlichkeit, hat die Staatsfunktion "Wohlfahrt" Verfassungsrang erhalten. Dies hat eine leidvolle Geschichte. Immerhin hatte bereits Adam Smith in seiner "Theory of Mental Sentiments" zugegeben: "So eigensüchtig wir uns den Menschen auch denken mögen, so müssen wir doch zugeben, daß eine gewisse natürliche Stimmung seines Herzens ihn nöthige, an dem Schicksal seiner Brüder theil zu nehmen, und ihr Glück als ein unumgängliches Erforderniß zu seinem eigenen Glück zu betrachten, sollt' er auch nichts anderes davon haben, als das Vergnügen, es mit anzusehen." (Smith 1791, 3) Das Gefühl, dessen Theorie hier entwickelt wird, ist das Mitleid, "eine Empfänglichkeit der Seele, fremdes Elend mitzufühlen", jenes Gefühl, in dem Schopenhauers Abhandlung "Grundprobleme der Ethik" zwei Generationen später die Grundlage der aus Nächstenliebe, Demut und Opferbereitschaft bestehenden "natürlichen Moral" und das einzige echte, von allen Religionen unabhängige moralische Motiv sah. Mitleid jedoch ist das Leid dessen, dem selbst kein Leid zugefügt wird - außer dem, das Leiden des anderen mitansehen zu müssen. Mitleid ist das Leid des vom Leiden selbst nicht Betroffenen, dessen also, der sich "aus natürlicher Moral" derer annimmt, die sich in einer schlechteren Lage befinden als er selbst. In diesem Sinne ist auch staatliche Wohlfahrt "Mitleid". Die Wirtschaftsordnung akzeptiert, daß auf den Märkten der Egoismus herrscht und daß die Schwachen, die weniger Leistungsfähigen das Nachsehen haben. Der moderne Wohlfahrtsstaat kompensiert Kaufkraftdefizite der einzelnen jedoch soweit, daß diese nur in einem für zumutbar gehaltenen Ausmaß jene Freiheitsverluste hinnehmen müssen, die dort unabdingbar sind, wo "Freiheit" weitgehend mit dem Maßstab der Marktpartizipation, das heißt der Kaufkraft, gemessen wird.

Eines von Smith' Hauptanliegen, vielleicht die "Kernwahrheit" seiner Lehre (Samuelson 1981 II, 577), war, die Fehlwirkungen wohlfahrtsstaatlich intendierter Eingriffe in das Wettbewerbsgeschehen des Marktes zu zeigen. Obwohl er selbst "eindeutig auf der Seite des kleinen Mannes" stand (ebd.) und obwohl er und andere klassische Nationalökonomen für ihre Rezeptionsgeschichte wohl nicht voll verantwortlich gemacht werden können, haben die Smithsche Nationalökonomie und die ihr verwandten Theorien, insbesondere aber die eindeutig ins Konservative gerichtete Wende dieser Lehren etwa bei Malthus und Burke zuvörderst nicht dem Wohle des "kleinen Mannes" gedient. Derartige Lehren waren erfolgreich, weil das aufsteigende Bürgertum Zeugen, möglichst unverdächtige Zeugen für die moralische Reputierlichkeit und unbedingte Staatskonformität seiner Wirtschaftsgesinnung und seines Erwerbsstrebens suchte. Lehren wie diese - getragen von der "Ideologie des Laissez-faire" (ebd.) oder von eindeutig bürgerlich-konservativer Ausrichtung - trugen dazu bei, die herrschenden Verhältnisse "moralisch" abzusichern. "Der Kaufmann von Manchester wußte, daß er, wenn er seinen Geschäften nachging, gleichzeitig nach Gottes Willen handelte und das Reich seines Königs unterstützte." (ebd.)

Vor dem Hintergrund der bis in das neunzehnte Jahrhundert derart ideologisch legitimierten Verhältnisse ist es gerechtfertigt, die im Industriezeitalter entstehende moderne Genossenschaftsbewegung als eine "sozio-ökonomische Protestbewegung" zu bezeichnen (Infield 1969, 346). Dabei sollte allerdings nicht übersehen werden, daß weder das Gedankengut, aus dem diese Bewegung sich herleitete und legitimierte, noch die Trägergruppen, die es - auf unterschiedliche Weise - realisierten, völlig homogen waren. Vor dem Hintergrund der Laissez-faire-Ideologie der konservativen Nationalökonomie, aber auch vor dem Hintergrund der marxistischen Lehre von der historischen Notwendigkeit des Klassenkampfes und der gewaltsamen, umfassenden proletarischen Revolution heben sich die in der Genossenschaftsbewegung aufkommenden gemeinwirtschaftlichen Überzeugungen jedoch deutlich als ein alternatives Konzept, als ein "dritter Weg" zwischen reiner Plan- und reiner Marktwirtschaft ab.

Planwirtschaft sucht - idealtypisch dargestellt - nicht den rational und demokratisch zustandekommenden Konsens darüber, für die Herstellung welcher Güter und Leistungen die begrenzten Produktionsmittel eingesetzt und wie die Produkte verteilt werden sollen. Sie verfügt, wer was zu tun hat und wer was bekommt. Planwirtschaft dogmatisiert Herrschaftsansprüche. Sie negiert die positive Sozialqualität von Konkurrenz, Wettbewerb und Einzelinitiative und verarbeitet eventuelle individuelle Entscheidungsspielräume als Systemanomalien, als mangelnde Reichweite oder als gestörte Realisierung des Konzeptes.

Marktrationale Wirtschaftspolitik glaubt - wiederum idealtypisch dargestellt - an die selbsttätige, selbstregulative Erzeugung einer sozialverträglichen Ordnung im freien Spiel der Kräfte des Marktes. Sie ist damit eine der "zahllosen Versionen der Utopie der Herrschaftslosigkeit" (Dahrendorf 1972, 249). Soziale Marktwirtschaft verfügt, realisiert und kontrolliert allerdings wider die reine Lehre der liberalen Dogmen Eingriffe in die Herrschaftsstrukturen des Marktes. Wenn der Markt Herrschaft eben nicht ausschließt, sondern als Kraft kennt, "die beharrlich mit der reinen Verwirklichung marktrationaler Prinzipien interferiert" (ders. 248), dann gebietet es die "Mitleids- und Fürsorge-Ethik" (Gehlen 1978, 27) des modernen Sozialstaates, die negativen Folgen dieser Interferenzen durch entsprechende Eingriffe in das Marktgeschehen zu mildern.

Gemeinwirtschaft ist nicht gerichtet auf einen Ausgleich der negativen Folgen von Herrschaft durch sozialstaatliche Eingriffe oder durch irgendeine Form von mildtätiger, mitleidbestimmter Fürsorge. Hierin waren sich bei aller sonstigen Unterschiedlichkeit Hermann Schulze-Delitzsch und Friedrich Wilhelm Raiffeisen, die beiden großen bürgerlichen Pioniere der modernen deutschen Genossenschaftsbewegung einig: Es ging in dieser Bewegung darum, "die Wohltätigkeit alten Stils ... von Anfang an sozialreformerisch zu überwinden", und zwar durch die "solidarische Selbsthilfe der in Gruppen vereinigten Bedürftigen" (Engelhardt 1988, 6 f.). Raiffeisen und auch der für die gemeinnützige Wohnungswirtschaft bedeutsame Victor Aimé Huber setzten wie Schulze-Delitzsch auf eine staatliche Gesetzgebung, die die genossenschaftlich organisierte Form des Wirtschaftens fördern sollte. Deutlicher als dieser befürworteten sie allerdings auch die zeitweise Hilfe durch ein sozialreformerisch engagiertes Besitzbürgertum und durch den Staat. Diese Hilfe zur genossenschaftlichen Selbsthilfe sollte die Solidargemeinschaften in ihrer Gestaltungsfreiheit jedoch nicht einschränken. Sie sollte solange als Katalysator und Stabilisator wirken, wie die neuen Gruppen sich noch nicht als sozialreformerische Bewegung und als eigenständige Wirtschaftsgebilde verstetigt hatten.

Dem in der modernen Genossenschaftsbewegung leitenden Gedanken der Gemeinwirtschaft lag von Beginn an ein Menschenbild zugrunde, das von Freiheitswillen, Solidarität und dem Glauben an Gleichheit und Gleichberechtigung bestimmt war. Diese Gedanken sollten Verwirklichung finden nicht in einer groß angelegten politischen Kampfaktion, sondern im sozialen Nahbereich, in Solidargemeinschaften, die in den wichtigsten wirtschaftlichen Bereichen - in der Produktion, im Konsum, bei der Organisation der Arbeit, des Wohnens und des sozialen und kulturellen Lebens - vom Willen der Mitglieder bestimmt waren.

Gemeinwirtschaft meint - insbesondere dort, wo sie sich in genossenschaftlicher Rechtsform organisiert - die Solidarität Gleichberechtigter und Gleichbehandelter, sie meint nicht Mitleid. Gemeinwirtschaft heißt nicht Mitleid, sondern Mitwirkung. Die Mitwirkungsrechte des einzelnen sind hier keine Funktion seiner Kaufkraft. Jeder hat eine Stimme. Jeder hat nur eine Stimme. Das Prinzip der Kostendeckung bedeutet in seinem Ursprung: Zwischen dem Gemeinschaftsbetrieb und dem Mitglied gibt es keinen Markt. Es gibt keine "Preise" im eigentlichen Sinne, und es gibt keine Gewinnerzielung.

Der Grundgedanke einer derartigen Bewegung läßt sich wie folgt beschreiben: "Eine Kultur wie die unsere, deren wesentlicher Charakterzug die wirtschaftliche Konkurrenz ist, hat die Tendenz, zwischen gewissen wesentlichen Bedürfnissen und ihrer Befriedigung Schranken zu errichten, die sich für eine größere oder kleinere Anzahl von Menschen als unüberwindlich erweisen. Anstatt in hilfloser Resignation sich damit abzufinden, beschließt ein Teil von ihnen, die wirtschaftliche Konkurrenz mit ihrem Widerstreit aller gegen alle aufzugeben, und sucht die Schranken, die sich der Befriedigung ihrer Bedürfnisse entgegenstellen und die der einzelne unüberwindlich findet, durch einen mehr oder weniger umfassenden genossenschaftlichen Zusammenschluß zu überwinden. In weiterer Folge verzichten sie freiwillig auf einen Teil ihrer Handlungsfreiheit und teilen die Ergebnisse ihrer gemeinsamen Aktion untereinander, wie sie es gerecht und billig finden." (Infield 1969, 346)

Man wird vielleicht einwenden wollen, eine derartige Orientierung sei in moderne Wirtschaftsstrukturen kaum umsetzbar. Dies zeige sich schon daran, daß heute - nicht zuletzt auch im Bereich der Wohnungswirtschaft - nur diejenigen Genossenschaften im Sinne ihres Förderauftrages effizient sein könnten, die ihre Wirtschaft und ihre Organisationsstruktur so ausgerichtet hätten, daß beides den Erfordernissen der wettbewerbsbestimmten Marktsituation genüge. Dem sei schwer zu entgegnen, wenn man nicht den Maßstab der "Effizienz" grundlegend problematisieren wolle. Dies aber verbiete sich wohl. Immerhin nenne das Genossenschaftsgesetz als Zweck und Verpflichtung einer jeden Erwerbs- und Wirtschaftsgenossenschaft, daß die Wirtschaft der Mitglieder zu fördern sei.

Aufgrund derartiger Abwehrhaltung ist das sozialreformerische Gedankengut der frühen Genossenschaftsbewegung, sind auch die wichtigen städtebaulichen und architektonischen Pionierleistungen der frühen Baugenossenschaften eine Tradition, an die man sich heute eher außerhalb der Genossenschaften - etwa innerhalb einer interessierten Hochschulöffentlichkeit, aber auch bei alternativen Gruppen - erinnert. Die Baugenossenschaften erinnern (sich) heute offenbar lieber an die von ihnen nach dem Zweiten Weltkrieg erbrachte quantitative Wiederaufbauleistung und an den in dieser Zeit im Markt plazierten Bestandszuwachs als an die sozialreformerischen Intentionen ihrer Gründer. Diese Art der Erinnerung verkürzt jedoch nicht nur die Historie. Sie reproduziert auch genau die Leistungen der Genossenschaftsbewegung nicht, deren Wiederaufnahme den Baugenossenschaften, aber auch der übrigen gemeinnützigen Wohnungswirtschaft, den Weg zeigen könnte, ein unverkennbares Unternehmensleitbild zu entwerfen.

Die Geschichte der gemeinnützigen Wohnungswirtschaft, nicht zuletzt die der gemeinnützigen Baugenossenschaften, beginnt nicht erst mit dem Wiederaufbau nach dem Zweiten Weltkrieg, und es spricht einiges dafür, daß lange vor jener Zeit die Leistungen erbracht wurden, die die Leistungsfähigkeit gemeinwirtschaftlich ausgerichteter Wohnungsbauunternehmen besonders eindrucksvoll belegen. Vielleicht ist hier eine aktuelle Kritik an der gemeinnützigen Wohnungswirtschaft doch stärker berechtigt, als deren Vertreter in Unternehmen und Verbänden zuzugeben bereit sind: Die gemeinnützige Wohnungswirtschaft habe sich nicht zuletzt in der Diskussion um die Abschaffung des Wohnungsgemeinnützigkeitsgesetzes zu sehr auf die "Verteidigung des Status quo" beschränkt, statt "in der Tradition der historischen Wohnungsreform eine strukturelle Erneuerung des Gemeinnützigkeitsgedankens in Angriff zu nehmen" (Harlander 1988, 49). Zu fragen ist, ob es hierfür zu spät ist.

Durch die Abschaffung des Wohnungsgemeinnützigkeitsgesetzes bietet der Gesetzgeber den ehemaligen gemeinnützigen Wohnungsunternehmen unter anderem die Möglichkeit zur Ausdehnung ihres Geschäftskreises. Der Gesetzgeber argumentiert, hierdurch sowie durch den

Wegfall der gemeinnützigkeitsrechtlich verbindlichen Kostenmiete, der Dividendenbeschränkung und der Vermögensbindung würden die Ertragskraft und damit die Leistungsfähigkeit der ehemals gemeinnützigen Wohnungsunternehmen soweit gestärkt, daß sie auch nach dem Wegfall der gesetzlichen Verpflichtung zu gemeinwirtschaftlichem Verhalten weiterhin Gemeinnützigkeit praktizieren, das heißt insbesondere: das Angebot preisgünstigen Wohnraumes aufrechterhalten könnten. In der Tat vergrößert der Wegfall des Gesetzes die Entscheidungsspielräume nicht unerheblich. Der Wegfall von Bindungen vermehrt die soziale Verantwortung. Es wird sich zeigen, inwieweit die soziale Wohnungswirtschaft die gemeinwirtschaftlichen Verhaltensbindungen im Laufe ihrer Existenz "verinnerlicht" hat. Zu dieser Verinnerlichung sollte auch Erinnerung gehören, das heißt die Bewußtmachung der eigenen Tradition. Wo neue Unternehmensleitziele formuliert werden müssen, kann die Geschichte, nicht zuletzt die Geschichte des Genossenschaftswesens, Orientierung geben.

Wie sie dies kann, soll im folgenden schlaglichtartig verdeutlicht werden. Dabei ist nicht beabsichtigt, auch nur ansatzweise einen Abriß der Ideen- oder Realgeschichte des deutschen Genossenschaftswesens zu geben oder die bei der Schilderung der Entwicklung der Baugenossenschaften zu berücksichtigenden historischen Gegebenheiten systematisch darzustellen. Von den wichtigsten wirtschaftlichen und gesellschaftlichen Strukturwandlungen, von den universalhistorischen Geschehnissen und vielfältigen wirtschaftlichen Konjunkturverläufen, die den Hintergrund für diese Entwicklungen abgeben, werden nur wenige skizziert. Dies geschieht nicht in systematischer Absicht oder mit dem Anspruch auf Vollständigkeit. Es geht nur darum, einige jener Entwicklungslinien nachzuzeichnen, die im Erscheinungsbild der modernen Baugenossenschaften nicht mehr immer deutlich werden. (1)

Noch eine einschränkende Bemerkung ist erforderlich. Es entspricht nicht unbedingt dem "Zeitgeist" der Moderne, in der Erinnerung an soziale Bewegungen vergangener Epochen Lösungen für aktuelle und künftige soziale oder politische Probleme finden zu wollen. Zum Selbstverständnis der Moderne gehört eher die Vorstellung von ständiger Erneuerung, von Diskontinuität. Zu ihren Kennzeichen gehört, daß es für sie keine "exemplarischen Vergangenheiten" mehr gibt (Habermas 1985, 141). Das bedeutet, daß sie "ihre orientierenden Maßstäbe nicht mehr den Vorbildern anderer Epochen entlehnen" zu können glaubt (ebd.). Sie glaubt vielmehr, "ihre Normativität aus sich selber schöpfen" zu müssen (ebd.). So soll denn hier auch nicht behauptet werden, Gegenwart und Zukunft seien durch den bloßen Griff in die Geschichte gestaltbar. Diese bietet lediglich eine Perspektive, eine Weise der Betrachtung dessen, was gegenwärtig oder zukünftig der Beachtung und der tätigen Gestaltung wert ist. Sie bietet dabei auch - und hier liegt gewiß nicht ihre geringste Bedeutung - die Möglichkeit, den Blick zu weiten und damit Problemverkürzungen zu vermeiden.

Was für die Geschichte allgemein gilt, hat Geltung auch für die im folgenden angesprochenen historischen Zusammenhänge: vergangene Geschehnisse sind historiographisch nicht vollständig reproduzierbar. Historische Rekonstruktion impliziert - im Rahmen methodischer Sorgfaltspflicht - Auswahl und Deutung. Eine jede vergangene Handlung kann "in einer beliebigen Anzahl wahrer Beschreibungen dargestellt werden" (Danto 1980, 295). Der Historiker hat vom vergangenen Geschehen eine andere Kenntnis als dessen Akteure oder unmittelbare Zeugen. Er sieht es in Verbindung mit späteren Ereignissen und als Teilstück eines Zeitkontingentes. Geschichte erschließt sich stets "refraktiert, gebrochen durch unser Wissen, unsere Kenntnis anderer Epochen, anderer Lebensformen" (ders. 424). Mit welchen Deutungen wir tatsächlich abgelaufene Ereignisse versehen - darin liegt ein Wesentliches unserer Identität. Man mag in der Rückbesinnung auf Vergangenes auch ein Krisensymptom, ein Zeichen der Verunsicherung und der Orientierungslosigkeit sehen. Dies wäre negativ nur, wenn aus der Beschäftigung mit der Vergangenheit eine falsche Sicherheit erwüchse - die nämlich, daß die Kopie des Geschehenen das Konzept für die Zukunft abgeben könnte. Daß dem nicht so ist, daß die Geschichte, um die es in Teilen hier geht, die Geschichte der Gemeinwirtschaft, um der Zukunft willen aber auch nicht einfach vergessen werden darf - dies sollte im folgenden deutlich werden.

V

Zu den "auffälligen Zeichen der Zeit" zählen Ökonomen, "daß die Wirtschaft ethische Fragen entdeckt und daß soziale Bewegungen ... in ihrer Bedeutung für den gesellschaftlichen Wandel gewürdigt werden" (Hengsbach 1989). Die Frage nach der ethischen Normierung wirtschaftlichen Verhaltens ist für eine moderne Sozialökonomie die Frage danach, "welche gesellschaftlichen Gruppen überhaupt in der Lage sind, ethische Normen in den wirtschaftspolitischen Alltag umzusetzen" (ebd.). Die Historie zeigt, daß dies am ehesten von solchen Gruppen geleistet werden kann, die Teil einer sozialen Bewegung sind, das heißt von "Großgruppen, die Menschen und Sachmittel mobilisieren, um Gegenwart aufzubauen und gesellschaftliche Ziele zu erreichen" (ebd.). Von diesen Gruppen kann gesagt werden, "daß sie das wirtschaftsethische und wirtschaftspolitische Bewußtsein maßgeblich beeinflußt haben" (ebd.).

Als Beispiele für solche sozialen Bewegungen werden unter anderem die Deutsche Arbeiterbewegung sowie die aktuelle Umwelt- und Alternativbewegung genannt (vgl. ebd.). Auffällig ist, daß beide Bewegungen - gewiß unter völlig verschiedenen wirtschaftlichen, politischen und kulturellen Bedingungen - Affinität zur modernen Genossenschaftsidee und zur modernen Genossenschaftsbewegung haben. In der Geschichte der Arbeiterbewegung spielen Genossenschaften, nicht zuletzt Baugenossenschaften, eine wichtige Rolle. Vielen Vertretern der Umwelt- und Alternativbewegung erscheint eine "Renaissance des Genossenschaftsgedankens" ein Weg zu sein, die Struktur der industriellen Arbeitswelt zu verändern und die Disharmonie von Ökonomie und Ökologie ein Stück weit abzubauen.

Das Genossenschaftswesen hat in Deutschland eine weit in die Historie zurückreichende Tradition. Vom Reichtum des deutschen mittelalterlichen Genossenschaftswesens sagte Max Weber, er sei "einzig in der Welt" gewesen (Weber 1976, 437). Auch heute existieren in der Bundesrepublik in verschiedenen Wirtschaftszweigen noch zahlreiche Unternehmen in der Rechtsform Genossenschaft. Aus dieser Rechtsform ergibt sich jedoch keine einheitliche, beispielsweise eine einheitlich gemeinwirtschaftliche oder gemeinnützige Wirtschaftsgesinnung. Vielmehr ist es wohl zutreffend, daß sich "die weit überwiegende Anzahl der gegenwärtig in der Bundesrepublik bestehenden Kooperativen ... zweifellos nicht bzw. nicht mehr als in irgendeinem Sinne gemeinwirtschaftlich oder gemeinnützig" versteht (Engelhardt 1988, 11). Dies gilt bisher nicht für die Baugenossenschaften, jedenfalls dann nicht, wenn diese als gemeinnützige Wohnungsunternehmen anerkannt sind. Bislang sind die gemeinnützigen Baugenossenschaften innerhalb der genossenschaftsrechtlich organisierten Unternehmen ein "wesentlicher Ausnahmebereich" (ebd.).

Wichtigster Grund hierfür ist, "daß nur in der Wohnungswirtschaft das Rechtsinstitut der Gemeinnützigkeit bekannt ist, unter das auch die meisten Wohnungsbaugenossenschaften fallen" (Jenkis 1986, 13). Weitere Unterschiede liegen darin begründet, daß die meisten Baugenossenschaften "(Wohnungs-) Bestandsunternehmen mit hoher Kapitalintensität" sind (ebd.), wohingegen es sich bei den Genossenschaften anderer Wirtschaftsbereiche in aller Regel um umsatzorientierte und umsatzdominierte Unternehmungen handelt.

Die Aufhebung der Wohnungsgemeinnützigkeit bedeutet, daß dem oben bezeichneten wichtigsten Grund für die Ausnahmestellung der gemeinnützigen Baugenossenschaften seine Rechtsverbindlichkeit genommen wird. Damit besteht die Möglichkeit, daß auch diese Genossenschaften sich aus der Gemeinwirtschaft verabschieden und daß eine wichtige sozialreformerische Tradition ihr Ende findet, ohne daß die sozialen Probleme, zu deren Lösung sie begründet wurde, sämtlich behoben wären und ohne daß die von dieser Bewegung ausgehenden sozialreformerischen Impulse andernorts aufgegriffen und als Prinzipien wirtschaftlichen Handelns verstetigt worden wären. Um welche sozialen Probleme es sich handelt und welche sozialreformerischen Impulse weiterhin tradierungwürdig sind, soll im folgenden durch eine historische Skizze verdeutlicht werden.

VI

Die modernen Genossenschaften entstehen während der Industrialisierung. Auch die ersten Baugenossenschaften bilden sich in der zweiten Hälfte des vorigen Jahrhunderts. Sie sind Teil einer sozialen Bewegung. In genossenschaftlichen Zusammenschlüssen solidarisieren sich von vielfacher Not unmittelbar Betroffene im Versuch, aus eigener Kraft die wichtigsten wirtschaftlichen und sozialen Probleme zu lösen, aber auch die politischen und kulturellen Spannungen zu mindern, die während des Industrialisierungsprozesses entstanden. Angesichts dieser mit der Gründung von Genossenschaften verbundenen Bestrebungen ist es erklärlich, "daß in der Programmatik der frühen Arbeiterbewegung genossenschaftliche Selbsthilfeunternehmen einen höheren Stellenwert besaßen als etwa die gewerkschaftliche Organisation" (Novy/Prinz 1985, 11). Da die Anfänge der Baugenossenschaftsbewegung in Deutschland von bürgerlichen Reformern mitgetragen wurden, war diese Akzeptanz insbesondere bei den politischen Führern der Arbeiterbewegung jedoch nicht von Anfang an vorhanden. So fand etwa die sozialdemokratische Partei erst im Anschluß an die Revisionismusdebatte zu einem solidarischen Verständnis mit den bestehenden Konsum- und Wohnungsgenossenschaften, jenen Kooperativen also, in deren - aus sozialistischer Sicht - oft mittelständischer Orientierung ihr zunächst zu viel Systemstabilisierung gelegen hatte (vgl. Mersmann 1985, 25 ff., Karthaus 1985, 65 f., Weiland 1988).

Die während des Industrialisierungsprozesses gegründeten modernen Genossenschaften sind eine Reaktion auf die völlige Umgestaltung traditioneller Lebenswelten, die dieser Prozeß mit sich brachte. Der Industrialisierungsprozeß revolutionierte nicht nur die Produktionsbedingungen. Er veränderte mit der Umstrukturierung des Produktions- und Arbeitsprozesses auch die Wohnbedingungen. Der Satz, daß die Wohnung der Arbeit folge, erhält hier zum ersten Mal seine volle Gültigkeit für große Teile der Bevölkerung, insbesondere für die neu entstehende Klasse, das Industrieproletariat. Daß die Wohnung der Arbeit folgt, setzt die historische Entwicklung der Trennung von Wohn- und Arbeitsraum bereits voraus. Diese Trennung vollzieht sich massenhaft jedoch erst jetzt, während des Industrialisierungsprozesses.

Das System industrieller Produktion - vom Bürgertum geschaffen und von den Finanzverwaltungen der zunehmend auf rationale Staatsführung bedachten westlichen Regierungen in seinem Entstehen und Überdauern unterstützt - schaffte nicht nur Maschinen und Waren in bis dahin unvorstellbarer Menge. Es erzeugte auch "mit struktureller Notwendigkeit, als Bedingung seiner Existenz, den rechtlich freien, besitzlosen, verstädterten, von allen ländlichen Subsistenzquellen abgeschnittenen Industriearbeiter" (Freyer 1965, 207).

Das industrielle System machte seine Standortentscheidungen nicht zuletzt abhängig von der unterschiedlichen Mobilität der benötigten Produktionsfaktoren. Es war hinsichtlich seiner materiellen Antriebskräfte und der benötigten Rohstoffe auf größtmögliche Selbstversorgung bedacht, das heißt: auf die Förderung von Energiereserven und Rohstoffen, die erst durch den Einsatz von Maschinen wirtschaftlich erschließbar wurden. Das industrielle System siedelte sich entsprechend vornehmlich dort an, wo es das am wenigsten mobile der benötigten Produktionsmittel fand, dort also, wo die

Bodenschätze lagen, die die Energie für die Maschinen und die Rohstoffe für die Produkte lieferten. Die beiden anderen Produktionsfaktoren, Kapital und Arbeit, zog es an diese Standorte nach. Kapital ist als Geldkapital hochbeweglich. Menschen sind immobiler.

Die Umformung des gesamten Staatsvolkes in eine "Arbeitsgesellschaft" (ders. 196), die Erziehung zum "industriösen Bewußtsein", hatte in den zentralistisch regierten Staaten Westeuropas in Ansätzen bereits im absolutistischen Zeitalter begonnen, also in dem Zeitabschnitt, der in den "nachreformatorischen Wirren" (Koselleck 1979, 11) begann und mit der Französischen Revolution endete. Insbesondere die rechtlosen, verarmten unterbäuerlichen Schichten waren gezwungen, sich zunächst als freie Landarbeiter, als Deputat- und Saisonarbeiter zu verdingen. Nachdem die Versorgung der Armen nicht mehr zu den Pflichten der Besitzenden gehörte, waren die bäuerlichen Schichten, waren viele Handwerker und die unterbäuerlichen Schichten gezwungen, ihre angestammten Lebensräume zu verlassen. "Eigentumslos, entwurzelt, heimatlos zwischen 'Staat und Stand', lebte nahezu die Hälfte der Einwohner in den deutschen Territorien in Armut und Elend." (Böhme 1981, 31)

Als die Industrialisierung einsetzte, entstand eine massenhafte Wanderungsbewegung. "Daß ... Arbeiter in zunächst unerschöpflichen Mengen zur Verfügung stehen und mit Weib und Kind überall hinströmen, wo Fabrikarbeit angeboten wird, ist eine ebenso wichtige Voraussetzung für die industrielle Entwicklung wie die Kohlenflöze, mit denen die Maschinen geheizt werden." (Freyer 1965, 198)

Bereits die in vorindustrieller Zeit staatlich geförderten Manufakturen waren abhängig gewesen vom Einsatz "werkstättennaher und billiger, in der Regel außerhalb der Zunftgesetze stehender Arbeitskräfte" (Jantke 1964, 117). Eine auf angestrengte Erwerbsarbeit ausgerichtete neue Wirtschaftsgesinnung entstand, die nach den optimalen Möglichkeiten der geplanten und rationalisierten Verwertung von Arbeitskraft und Arbeitsertrag strebte und dies gegen traditionelle Lebensgewohnheiten und herkömmliche soziale Strukturen durchzusetzen suchte. Es vollzogen sich tiefgreifende Änderungen der Sozial- und Wirtschaftsordnung, nicht zuletzt im "erbitterten Kampf gegen die letzten Reste der ständischen Vertretung" (Koselleck 1979, 52).

Zu diesen Änderungen gehörten die Auflösung der traditionellen leib- und zehntherrlichen Beziehungen, die Abschaffung der korporativen Verfassung auf dem Land und die Zerschlagung des Bauerntums als eines bis dahin zwar abhängigen, jedoch verfaßten und damit berechtigten Standes. All dies setzte eine Vielzahl unqualifizierter Arbeitskräfte frei und schuf das "Fundament für die Rationalisierung des gesamten Arbeitsprozesses" (Böhme 1981, 30).

Der Merkantilismus stellte das wirtschaftliche System unter die Gebote politischer Planung und staatlicher Führung. In bewußter und nicht selten mit Zwangsmitteln durchgesetzter Abwendung von den bis dahin mächtigen, vielfältig gestützten Traditionen handwerklicher und kleinbäuerlicher Arbeit praktizierte der absolutistische Staat in einem "Bündnis ... mit kapitalistischen Interessen" (Weber 1976, 820), nämlich zusammen mit einem von ihm aus Machtmotiven geförderten, auf die Gründung zentralisierter Großbetriebe bedachten Unternehmertum, eine Strategie der Produktionssteigerung durch unternehmerisch organisierte Erwerbsarbeit. Diese Strategie war gedacht auch als Initiative zur Überwindung der Massenphänomene des Bettelns und der Verwahrlosung, als Maßnahme zur Abwehr der "'Staatsunmittelbarkeit der Massenarmut'" (Böhme 1981, 31). Der Arme sollte "zur Linderung der Not aus eigener Kraft durch Mitwirkung innerhalb der neugeschaffenen Produktionseinrichtungen verpflichtet werden. Rationelle Verwertung aller überschüssigen Kräfte - einschließlich der der Frauen und Kinder - lautete das staatswirtschaftliche Gebot der Zeit." (Jantke 1964, 113)

Im Kampf um die Rekrutierung neuer Arbeitskräfte ließen sich weder der Staat noch das von ihm geförderte Unternehmertum von der Rücksicht auf gewachsene soziale Strukturen, auf Lebensgewohnheiten und Lebensräume beirren. Durch lange Zeit hindurch hatte die Familie die "Grenze der Unternehmung" (Böhme 1981, 33) gebildet. Solange Verlagswesen und Hausindustrie die wichtigsten Organisationsformen der Erwerbsarbeit waren, beließ man die Arbeiter und ihre mit in die Arbeit gezwungenen Frauen und Kinder zumeist in ihren angestammten Lebensräumen. Mit der beschriebenen Neuorganisation der Arbeit änderte sich dies. Bereits im siebzehnten und achtzehnten Jahrhundert begann jener Prozeß, während dessen ein Mensch "nicht mehr primär aus seinem Familienstand, sondern einfach als geschäfts- und vertragsfähiges Individuum betrachtet" wurde (König 1964, 134). Mit der verstärkten Integration in einen nach strengen ökonomischen Maßstäben organisierten Arbeitsprozeß ging eine Desintegration der Familie einher. Bereits in dieser Zeit begann jener Prozeß, in dessen Verlauf die Familie sich auf immer weniger Personen beschränkte. Dieser Prozeß vollzog sich in der Stadt schneller als auf dem Land. Wegen der Besonderheiten der landwirtschaftlichen Betriebsführung behielten hier die weiteren Verwandtschaftskreise noch eine längere Zeit eine gewisse Bedeutung bei. Für den während der Industrialisierung in den Produktionszentren entstehenden vierten Stand galt dies jedoch nicht. Hier wurde die Trennung von Arbeit und Familie, von Wohn- und Arbeitsraum innerhalb kurzer Zeit und ganz offenbar irreversibel durchgeführt: "Zu einem neuen und vollkommeneren Gleichschritt des Arbeitsrhythmus bedurfte es jener vom Technischen und Liberal-Ökonomischen neu geprägten Betriebsform, die zugleich die endgültige Trennung des 'Arbeitsraumes' vom häuslich-familiären 'Lebensraum' herbeiführte: der Fabrik. Die neuen 'Fabrikherren' waren ein vom staatlichen Reglement unabhängig gewordenes Unternehmertum, das nunmehr die Mechanisierung der Produktion ohne Rücksicht auf die überlieferte Arbeitsweise des Menschen durchzusetzen vermochte." (Jantke 1964, 118).

VII

Die marxistische Rekonstruktion des westlichen Industrialisierungsprozesses beschreibt diesen Prozeß als einen Antagonismus, als einen Gegensatz, "in dem eine beschränkte Produktivkraft mit sich selbst steht" (Jonas 1974, 178): Die ständig fortschreitende Akkumulation der Kapitalien erzeugt notwendig die fortschreitende Verelendung derer, die dem Markt nichts zu bieten haben als ihre Arbeitskraft, die sie den Besitzern der Produktionsmittel zur Verfügung stellen müssen, um existieren zu können, und die zu einer riesenhaften, entwurzelten industriellen Reservearmee werden. Man sollte das Elend nicht vergessen, das der Fortschritt verheißende Industrialisierungsprozeß für die arbeitenden Massen in seinem Frühstadium brachte: Verpflichtung der ganzen Arbeiterfamilie, auch der Frauen und Kinder, zu Erwerbsarbeit, weitgehende Entwurzelung aus den angestammten Lebensräumen, soziale Not bei Krankheit, im Alter und - nicht zuletzt - in sozialer und hygienischer Sicht katastrophale Wohnverhältnisse.

Die Arbeitszwänge, denen die entwurzelte Proletarierfamilie im neunzehnten Jahrhundert ausgesetzt wurde, sind kaum mehr vorstellbar. Gleiches gilt für die Lebensumstände überhaupt. Wohnungsnot, Krankheit, hohe Sterblichkeit, das Fehlen von Hygiene, oft auch Hunger bestimmten die Existenz. Das enorme Bevölkerungswachstum vergrößerte die Bedeutung jedes einzelnen dieser Elendsfaktoren noch. Die Einführung der Maschinenarbeit führte in ganz Europa zu einer beträchtlichen Verlängerung der Arbeitszeit, auch für Frauen und Kinder. Die den Handwerksgesellen bis zum siebzehnten Jahrhundert noch gewährte Koalitionsfreiheit wurde bei Strafe verboten. Kinderarbeit war die Regel. Ein 1802 in England eingebrachtes Gesetz, dem gemäß in der Textilindustrie Kinder täglich nicht mehr als zwölf Stunden arbeiten sollten, wurde zwar angenommen, aber nicht ausgeführt. In den dreißiger Jahren des neunzehnten Jahrhunderts betrug in den englischen Textilfabriken der Anteil der Arbeiter im Alter von weniger als dreizehn Jahren mehr als zehn Prozent. Ein erstes Kinderschutzgesetz aus dieser Zeit beschränkte in England die Arbeitszeit der in Woll- und Baumwollverarbeitung beschäftigten Kinder vom neunten bis zum dreizehnten Lebensjahr auf neun Stunden täglich und auf achtundvierzig Stunden wöchentlich. Im Alter von dreizehn bis achtzehn Jahren ließ das Gesetz täglich bis zu zwölf Stunden Erwerbsarbeit zu.

In dieser Zeit war auch in Preußen ab dem neunten Lebensjahr Kinderarbeit in Fabriken, Berg- und Hüttenwerken bis zu einer Arbeitszeit von zehn Stunden täglich erlaubt. Von den etwa einer halben Million Fabrikarbeitern waren dort mehr als dreißigtausend Kinder zwischen neun und vierzehn Jahren.

Die Bismarcksche Staatskonstruktion war nicht auf die Bedürfnisse des vierten Standes abgestellt und traf keine ausreichenden Anstalten, die Lage der unteren sozialen Schichten zu verbessern. 1854 waren die mit revolutionären Forderungen auftretenden Arbeiterverbindungen verboten worden. Lediglich konfessionelle Arbeitervereine, die eher geeignet waren, potentiellen Widerstand zu neutralisieren, waren als Arbeiterorganisation geduldet. Widerstand regte sich und fand allmählich organisatorische Formen. Dies vollzog sich jedoch vielerorts anders, als es die sozialistische Lehre vorhergesagt hatte. Marx sagte die Zwangsläufigkeit der proletarischen Revolution analog der Gesetzmäßigkeit eines Naturprozesses voraus. Die Ungerechtigkeit der Lebensverhältnisse war ihm so gewiß wie die Notwendigkeit des

Zusammenbruchs des kapitalistischen Systems. Die hochindustrialisierten westlichen Länder haben sich jedoch nicht im Sinne dieser vorhergesagten Gesetzmäßigkeit entwickelt. Die verheerende soziale Lage der arbeitenden Massen setzte vielmehr Kräfte frei, die der fortschreitenden Verelendung Einhalt geboten. Nicht nur staatliche Sozialpolitik, die sich im ausgehenden neunzehnten Jahrhundert auch in Deutschland in grundlegender Gesetzgebung zu festigen begann, nicht nur aus der Arbeiterbewegung entstehende politische Organisationen und gewerkschaftliche Solidarisierung haben dazu beigetragen. Zahlreiche Selbsthilfevereinigungen boten praktisch wirksame Lebenshilfe und Verbesserungen der wirtschaftlichen, sozialen und kulturellen Existenzbedingungen.

Die Niederlage des Jahres 1848 hatte die Arbeiterschaft geschwächt, aber auch die Notwendigkeit des organisierten Widerstandes nochmals verdeutlicht. Was begonnen hatte als "Klassenkampf kleiner aktivistischer Eliten unter der Führung politischer Parteien" wurde in den sechziger und siebziger Jahren des vorigen Jahrhunderts zum Kampf einer einheitlich organisierten Arbeiterschaft mit "politischradikaler und sozialrevolutionärer Zielsetzung" (Böhme 1981, 76).

1865/66 wurde von Zigarrenarbeitern und Buchdruckern die erste überörtliche deutsche Gewerkschaft gegründet. 1869 hob die Gewerbeordnung des Norddeutschen Bundes alle Koalitionsverbote auf und legalisierte das Streikrecht. Im gleichen Jahr wurde in Eisenach unter Führung von August Bebel und Karl Liebknecht die Sozialdemokratische Arbeiterpartei gegründet. 1873 wurde in Leipzig unter der Führung von Ferdinand Lassalle der Allgemeine Deutsche Arbeiterverein ins Leben gerufen, ein Jahr später durch Karl Marx in London die Internationale Arbeiter-Association. 1875 vereinigten sich der Allgemeine Deutsche Arbeiterverein und die Sozialdemokratische Arbeiterpartei und verständigten sich in ihrem Gothaerprogramm auf die "Zerbrechung des ehernen Lohngesetzes" und die Aufhebung der Ausbeutung als gemeinsames Ziel. 1877 gewannen Mandatsträger der Sozialdemokratischen Arbeiterpartei zwölf Sitze im Deutschen Reichstag. Im Herbst des folgenden Jahres trat als staatskonservative Reaktion das "Gesetz gegen die gemeingefährlichen Socialdemocraten" in Kraft. Es ermöglichte es den Staatsorganen, Versammlungen und Veröffentlichungen zu verbieten, Vereine aufzulösen und Personen auszuweisen. Das Gesetz blieb bis zum Jahre

1890 in Kraft. Es konnte jedoch das Entstehen einer um ihre Rechte kämpfenden, vereinigten Arbeiterbewegung nicht mehr verhindern.

In der industriellen Arbeiterschaft formierten sich auch zahlreiche andere, auf die Verbesserung der wirtschaftlichen Lage und der Lebensweltbedingungen zielende Zusammenschlüsse unterschiedlichster Art. Diese Zusammenschlüsse waren so erfolgreich, daß sie auch von anderen Trägergruppen aufgegriffen wurden und im nachhinein als einer der Entstehungsfaktoren, vielleicht sogar als eines der Grundmuster der pluralistischen, der aus Teilgruppen und Teilgruppen-Interessen gebildeten modernen Gesellschaften angesehen werden können.

VIII

Auch die in der Zeit der Industrialisierung gegründeten Genossenschaften zählen zu diesen Gruppen. Diese Genossenschaften wurden von sehr unterschiedlichen geistigen Strömungen getragen. Demokratische Sozialisten fanden sich ebenso wie philanthropisch orientierte Liberale wie christlich oder konservativ ausgerichtete Kräfte des Bürgertums. Neben den Konsumgenossenschaften entstanden Genossenschaften in Landwirtschaft und Gewerbe sowie nicht zuletzt Wohnungsbaugenossenschaften. Die Genossenschaften der Industriezeit wurden "über ihre Spaltung in einzelwirtschaftliche und klassengerichtete Gefüge hinaus von divergenten Strömungen und Kräften getragen" (Engelhardt 1985, 148). Aus der Sicht der Geschichte der Arbeiterbewegung ist das moderne, sich im Zeitalter der Industrialisierung entwickelnde Genossenschaftswesen eine Geschichte von Menschen, die sich zur Wehr setzen. Selbsthilfe und Selbstverantwortung, Solidarität und Partizipation waren die Prinzipien, auf denen ein Handeln aufbaute, das Not eigeninitiativ wenden sollte. Für die Wohnungsproblematik hieß dies: Abwehr von Mietwucher, von beengten, menschenunwürdigen Formen der kasernierten Versorgung. Es hieß: Wohnen statt Unterbringung.

Menschen, die ihre angestammten Lebensräume verlassen müssen, um Arbeit zu suchen, müssen neue Lebensräume finden, müssen zu allererst Unterkünfte schaffen. Aus der Sicht derer, deren Interessen sich beschränkten auf die kostenminimierende, expansions- und gewinnorientierte Organisation der Modernisierung der Wirtschaft genügte es in dieser Zeit, daß der Produktionsfaktor Arbeit in solcher Menge zur Verfügung stand, daß nicht Knappheit seine Kosten steigerte. Kalkuliert wurde der Fortschritt, und diese Kalkulationen enthielten in der Regel keine Gegenrechnungen. Die ausschließlich auf Produktionssteigerung und Kostenminimierung ausgerichteten Erfolgsrechnungen erachteten es als unnötig, daß sie "die Kosten aufrechneten, die in menschlicher Währung, nämlich als Einbuße an Glück, Freiheit und Menschlichkeit für den Fortschritt zu entrichten sein würden" (Freyer 1965, 157).

Privater Lebensraum, Wohnraum war aus dieser Sicht in erster Linie der Raum, an dem sich Arbeitskraft während arbeitsfreier Zeit auf erneute Arbeit vorbereitete, sich also reproduzierte. Wohnraum war aus dieser Sicht: ein Dach über dem Kopf. Die so in den Industriestädten entstehende Zusammenballung von Unterkünften war nichts weniger als ein "siedlerischer Akt" (Mitscherlich 1968, 79). Neben dem materiellen Elend bedeutete diese Zusammenballung Entwurzelung. Es entstanden Lebensverhältnisse, die in sozialer Hinsicht nur defizitär definiert werden können, nämlich Ansiedlungen, bei denen die "sonst im Nachbarverband spezifische, persönliche gegenseitige Bekanntschaft der Einwohner miteinander fehlt" (Weber 1976, 727). Unter anderem deshalb haben die in der Zeit der Industrialisierung gegründeten Genossenschaften - unabhängig davon, von welchen geistigen Strömungen sie getragen wurden - Wohnungsbau nicht nur als quantitatives, als reines Versorgungsproblem gesehen. Es ging nicht nur um die Linderung der Wohnungsnot, sondern auch um qualitative Verbesserung, um Wohnreform.

Wohnreform ist ein Stück Geschichte, das wesentlich zur Tradition der gemeinnützigen Baugenossenschaften gehört. Mit Recht hat sich der Gesamtverband der Gemeinnützigen Wohnungswirtschaft e.V. dagegen gewehrt, daß die vom Bundesfinanzminister eingesetzte Hofbauer-Kommission in ihrem Gutachten (Gutachten 1985) als "Gemeinwohlkriterien" lediglich den "Bau gesunder und preiswerter Wohnungen" gelten ließ (Gesamtverband 1985, 9). Dies ist eine historisch unzutreffende Reduzierung des Gemeinwohlzwecks. Gerade die gemeinnützigen Baugenossenschaften haben nicht nur preiswerten Wohnraum geschaffen und gemeinwirtschaftlich verwaltet. Sie waren wichtige Träger der Wohnreform, auch städtebaulicher Reformkonzepte. In vielen der von ihnen realisierten Projekte begründete sich eine neue Wohnkultur. In einer späteren Phase, nach dem Ersten

Weltkrieg, nachdem die zahlreichen genossenschaftlichen Selbsthilfeinitiativen in eine umfassende Strategie der Wohnreform eingebunden
worden waren, wurden sie zum Träger "einer sichtbar neuen Ästhe-
tik, einer neuen Wohnkultur und eines reformierten Städtebaues"
(Novy/Prinz 1985, 83) und verhalfen so dem Neuen Bauen und der
Bauhaus-Architektur mit zum Durchbruch.

IX

Die ersten Wohnungsunternehmen, die aus der Retrospektive betrachtet die Bezeichnung "gemeinnützig" verdienen, waren keine genossenschaftlichen Selbsthilfeeinrichtungen, sondern Gesellschaftsgründungen, die auf Initiativen wie die des christlich-staatskonservativen
Pioniers Huber zurückgingen. Unabhängig von der Gesellschaftsform
- die Rechtsform "Genossenschaft" existierte damals noch nicht -
spielte hier und bei anderen Gründungen in dieser Zeit bereits
jenes Gedankengut eine Rolle, das in den später entstehenden
Baugenossenschaften verwirklicht wurde. Dazu zählten von Beginn
an neben den Bestrebungen, durch Selbsthilfe und Selbstverwaltung
ein nicht durch Gewinnspekulation und Kapitalanlage-Interessen
bestimmtes Wohnungsangebot zu schaffen, auch wohnreformerische
Intentionen. Die Gründungen entstanden als Reaktion auf die Wohn-
raumversorgungsprobleme, die zufolge der Industrialisierung, der
Bevölkerungsvermehrung und des raschen Wachstums der Städte zu
lösen waren.

Bevölkerungsvermehrung, verstärkter Zuzug in die Industriestädte,
Verdichtung in den Arbeiterwohnquartieren - dies waren Faktoren,
deren Zusammenwirken im vorigen Jahrhundert, insbesondere in
dessen zweiter Hälfte, Wohnungselend zu einem Massenproblem
werden ließ. War die Unterbringung der Arbeiterfamilien in Mietskasernen bis zu diesem Zeitpunkt zumindest nicht allerorts die Regel
gewesen, so wurde das kasernierte Wohnen in Massenunterkünften
in der zweiten Hälfte des vorigen Jahrhunderts in den großen Städten die gewöhnliche Wohnform für die Arbeiterfamilien.

Katastrophale Wohnverhältnisse entstanden. Mietshäuser erhielten
Seiten-, Quer- und Hinterhäuser in der Anzahl und Größe, die das
Grundstück bei größtmöglicher Bebauungsdichte hergab. Kellerwoh-
nungen, in die nie auch nur ein Sonnenstrahl fiel, Einraumwohnun-

gen, in denen außer dem Hauptmieter auch Untermieter und Schlaf-
gänger hausten, halbfertige, vom Bauprozeß noch feuchte Gemäuer,
die "trocken gewohnt" wurden, Schuppen, ja selbst Kanalschächte
und nicht zuletzt auch die Fabriken wurden als Wohnplätze genutzt.

Otto Rühle hat derartige Wohnverhältnisse in seiner 1930 erschienenen "Illustrierten Kultur- und Sittengeschichte des Proletariats"
anhand eines in Aachen gelegenen, "Arche Noah" genannten Arbei-
terwohnhauses in beklemmender Anschaulichkeit beschrieben: "Die
Arche Noah, ein Zellenhaus in der Form eines weit in den Hinterhof
sich erstreckenden Rechtecks mit zwei quadratischen Höfen von je
vier Schritt, während zu allen Seiten die in der Straße üblichen
vier Stockwerke emporstarren, verziert durch die zum Trocknen
herausgehängten zerlumpten Hemden, Hosen und anderen nicht
verpfändbaren Kleidungsstücke ... Im Inneren des Hauses bildet
jede Zelle eine Arbeitswohnung; sobald die Familie etwas zahlreicher
ist, erscheint die Stube überfüllt ... Ja, vielfach wurden in einem
Zimmer zwei Familien angetroffen, welche ihren Anteil an der Stube
durch Kreidestriche abgetrennt haben. In solchen Räumen wohnen,
kochen und schlafen die Armen ..." (zit. n. Kornemann 1987, 132f.)

Mit der Zunahme der Wohnungsnot in der zweiten Hälfte des vorigen
Jahrhunderts intensivierten sich die Bemühungen, das massenhafte
Wohnungselend zu lindern. Ein Weg hierzu war die konsequente
solidarische Eigentumsbildung der Besitzlosen, denn die Eigentums-
verhältnisse auf dem Wohnungsmarkt und die Interessenlage der
Wohnungseigentümer waren kaum geeignet, das Ziel zu erreichen,
in gesunden und preiswerten Wohnungen leben zu können.

Die Wohnungsbauentwicklung im vorigen Jahrhundert lag zum größten
Teil in den Händen privater Bauherren, auch Rentiers, die Wohnbau-
ten erstellten, um ihr Kapital anzulegen und ihre Rente zu sichern.
Daneben gab es Bauunternehmer, die die Produktion von Wohnungen
mit der Bauproduktion verbanden. Sie bauten nicht auf Bestellung
und im Auftrag. Sie produzierten einen Vorrat, der nicht zum dauernden Besitz bestimmt war, sondern zur Veräußerung in die Hände
von rentensuchendem Kapital. Das Interesse dieser Bauherren war
kaum auf die sozialverträgliche Bedarfsdeckung auf dem Wohnungsmarkt ausgerichtet. Es war bestimmt durch Kapitalanlage- und Ren-
teninteressen. Sozialpolitische Gesichtspunkte waren nicht handlungsleitend.

Unabhängig von ihrer Rechtsform folgten die gemeinnützigen Wohnungsunternehmen anders als die privaten Bauherren von vorneherein einer sozialpolitischen Zielsetzung. Nicht Kapitalanlage oder Gewinnspekulation, sondern die Beseitigung von Wohnungsnot, die Abwehr von Mietspekulation und von Vermieterwillkür waren ihre Motive. Sie bauten Wohnungen nicht für einen Markt, dessen Nachfrager sich über ihre Mietzahlungsfähigkeit auszuweisen hatten, sondern für Gruppen, die sich auf diesem Markt nicht behaupten konnten. Sie spezialisierten sich anders als die gewinnorientierten Bauherren auf den Bau von Kleinwohnungen und beschränkten - unabhängig von ihrer Rechtsform - die Dividendenausschüttung bzw. die Gewinnbeteiligung auf vier Prozent der Kapitaleinlagen bzw. der Geschäftsanteile. Sie verzichteten auf die Maximierung der Gewinne und banden das Vermögen an ihre wohnreformerischen Zielsetzungen. Erwirtschaftete Überschüsse wurden in den Wohnungsbau reinvestiert. Ein austretender Gesellschafter erhielt nur seine Nominaleinlage, ein austretender Genosse nur seinen Geschäftsanteil zurück.

Für Gesellschaften, die aus sozialpolitischen Gründen eine derartige Verwertung des Vermögens ihrer Kapitaleigner vorsahen, war die Beschaffung von Betriebskapital anfangs oft nicht weniger problematisch als in den Genossenschaften, deren Kapitalzufuhr in aller Regel so gut wie ausschließlich aus der Zeichnung von Geschäftsanteilen durch einkommensschwache Mitglieder erfolgte. Die fehlende Börsengängigkeit der Aktien einer gemeinnützigen Wohnungsgesellschaft und die Kapitalschwäche der gemeinnützigen Baugenossenschaften machten beide Unternehmensformen, so sie überleben wollten, häufig abhängig von externer Kapitalzufuhr, also vom sozial- und wohnungspolitisch motivierten finanziellen Engagement kapitalkräftiger und hergabewilliger Personen und Institutionen.

Die neu gegründeten Unternehmen konnten zu Beginn kaum auf staatliche Hilfe setzen. Diese regte sich erst nennenswert, als die wohnreformerischen Leistungen der Unternehmen nicht mehr zu übersehen waren. Die wohnreformerischen Absichten der Genossenschaften und Gesellschaften sowie ihrer Förderer lassen sich bei aller weltanschaulich und politisch bedingten Unterschiedlichkeit zusammenfassend beschreiben als Versuch, einkommensschwachen, oft elend hausenden Menschen Wohnungen zu geben, die gleichzeitig gesund, gut und preiswert waren. Gesund, gut und preiswert - dies mußte sich solange ausschließen, wie Verbesserungen im Wohnungsbau nur von privatwirtschaftlichen Unternehmen realisiert werden konnten, von Unternehmen also, deren Renditeerwartung die Mietzahlungsfähigkeit der zu Versorgenden vor allem dann weit überforderte, wenn die wohnreformerisch für notwendig erachteten Qualitätsstandards verwirklicht werden sollten.

Für den Arbeiterwohnungsbau war die abgeschlossene Kleinwohnung - zumindest in den hoch verdichteten großstädtischen Lagen - wichtiges Ziel, erstrebter Standard. Diese Wohnung sollte zwei bis drei Zimmer haben, nicht in einer Mietskaserne, sondern in einem kleinen Haus und in weiträumiger Umgebung liegen. Dies war zumeist ohne die Hilfe der öffentlichen Hände kaum zu verwirklichen. Dabei ging es nicht nur um finanzielle Hilfe, sondern auch um Unterstützung beim Versuch, Bebauungspläne so zu entwerfen und Bauordnungen so zu fassen, daß die Kleinwohnungsproduktion verbilligt werden konnte. Die angestrebte Funktionalisierung von Wohnungsgrundrissen und Hausformen sollte die gleiche Wirkung haben. Die Erfahrung zeigte, daß diese wohnreformerisch intendierte "Funktionalisierung" der Kleinwohnung auf die Mithilfe der öffentlichen Hände angewiesen war. Sie zeigte aber auch, daß dieses Ziel nicht in der Kooperation mit den Rentabilität suchenden Bauproduzenten erreicht werden konnte, sondern - wenn überhaupt - nur auf dem '"Nebenweg' des gemeinnützigen Wohnungsbaus" (Fehl 1988, 122).

Die Erscheinungsformen dieses gemeinnützigen Wohnungsbaus sind von Beginn an vielfältig, wenn auch die Ziele und Prinzipien übereinstimmen. Diese Vielfalt auf der Basis gleicher Ziele und Prinzipien zeigt sich auch innerhalb der Baugenossenschaften. Die ersten Baugenossenschaften wurden in der zweiten Hälfte des vergangenen Jahrhunderts gegründet. Sie verfolgten von Beginn an unterschiedliche Versorgungskonzepte. Dies zeigt sich an zwei bedeutenden Gründungen: Im Jahre 1878 wurde der Flensburger Arbeiter-Bauverein eGmbH gegründet. Er setzte sich die Aufgabe, seinen Mitgliedern zu "Erwerbshäusern" zu verhelfen, und hielt sie deshalb zum Sparen an, sammelte selbst Kapital und stellte seinen Mitgliedern zinsgünstiges Geld für deren Bauzwischenfinanzierungen zur Verfügung (vgl. Gesamtverband 1987, 6 f.). Sieben Jahre später wurde in Hannover der Spar- und Bauverein eGmbH gegründet, eine Genossenschaft, die auch über eine Spareinrichtung verfügte, sich aber ausschließlich mit dem Bau von Mietshäusern befaßte (vgl. ebd.). Bereits hier wurden Dauernutzungsrechte begründet.

X

Das moderne Genossenschaftswesen wurde erst in der zweiten Hälfte des vorigen Jahrhunderts auch rechtlich ausgeformt. Eine erste Kodifizierung gab es, als am 27.03.1867 das Preußische Genossenschaftsgesetz erlassen wurde. Dieses Gesetz wurde am 04. Juli 1868 als Gesetz des Norddeutschen Bundes verkündet. Es trat fünf Jahre später als Reichsgesetz in Kraft. Am 01. Mai 1869 wurde das "Gesetz betreffend die Erwerbs- und Wirtschaftsgenossenschaften" erlassen. Damit wurden insbesondere der Rahmen der geschäftlichen Organisation festgelegt und die Haftungs- und Prüfungsproblematik geregelt.

Das als Gesetz des Norddeutschen Bundes verkündete Genossenschaftsgesetz gehört in eine Reihe von Wirtschaftsgesetzen, die den Norddeutschen Reichstag in den sechziger und siebziger Jahren des vergangenen Jahrhunderts zum "Träger des wirtschaftspolitischen Liberalismus" machen (Böhme 1981, 62). In diesen Gesetzen findet eine geänderte Wirtschaftsgesinnung ihre rechtliche Ausformung.

Die traditionelle Wirtschaftsordnung basierte auf der Idee der Einheit von Staat und Gesellschaft. Nicht das Streben nach Gewinn, sondern die "hausväterlichen Prinzipien der Versorgung", personifiziert im "Souverän als fürsorglichem Landesvater" (ders. 13), bestimmten in dieser traditionellen Ordnung das wirtschaftliche Verhalten.

Die nachrevolutionäre Epoche war in Deutschland, nicht zuletzt in Preußen, durch ein nicht vorhergesehenes industrielles und wirtschaftliches Wachstum gekennzeichnet. Produktion und Absatz beschleunigten sich. Zahlreiche Unternehmen und Banken wurden neu gegründet. Es kam zu bedeutenden Unternehmens-Fusionen. In Preußen wurden allein zwischen 1851 und 1857 119 neue Aktiengesellschaften gebildet. 1871 bis 1874 wurden 857 Gesellschaften mit einem Aktienkapital von 1,4 Milliarden Talern eingerichtet. Im Ruhrgebiet, in Oberschlesien und an der Saar entstand mit teilweise erheblichem Kapitalaufwand eine große Zahl von Unternehmen des Eisenerz- und Kohlenbergbaus. Preußen erzeugte in diesen Industriegebieten mehr als neunzig Prozent der Bergbau- und Metallindustrieprodukte des Zollvereins. Berlin wurde zu einem bedeutenden Wirtschafts- und Handelszentrum. Die dortige Börse verzeichnete steigende Umsätze an Aktien und Effekten. Das überseeische Import-

und Export-Geschäft florierte. Neue Wege der Kapitalbeschaffung mußten gefunden, Anreize zur Umformung flüssigen Kapitals in industrielle Investitionen mußten gesetzt werden. Staat und Wirtschaft stellte sich die Aufgabe, "die konzentrierte Verwendung der Kapitalien zu organisieren" (ders. 47). So wurde in dieser Zeit in Preußen das Handelsrecht vereinheitlicht. In Leipzig wurde ein oberster Handelsgerichtshof eingerichtet. Eine neue Gewerbeordnung trat in Kraft. Gewerbefreiheit wurde zugesichert. Die Freizügigkeit des Aktienwesens wurde gesetzlich garantiert. Die Beteiligung der Banken an Industriegeschäften wurde erleichtert. Anders als der Staat alter Prägung, der sich die tätige Gestaltung der Wirtschaftsordnung vorbehielt, beschränkte sich der Staat nunmehr auf die Herstellung und die Garantie eines bestimmten Rahmens, insbesondere auf die "Schaffung gleicher Existenz- und Konkurrenzbedingungen" (ders. 63).

Der Staat bewegte sich in dieser Zeit ein entscheidendes Stück weit in jene Richtung, die ihn zum "pouvoir neutre" werden läßt, zur "Instanz, welche die Interessen des Ganzen gegenüber den Parteiansichten geltend macht", der Wert legt auf eine "wirksame und rechtskorrekte, also eine 'gekonnte' Verwaltung", um seine "Qualität als parteienüberlegener Schiedsrichter und Garant des Gemeinwohles", eben als '"pouvoir neutre"', erreichen zu können (Gehlen 1978, 158, 122). Innerhalb des von ihm gesetzten Rahmens überließ der Staat die Initiative der Wirtschaftsführung den Unternehmern und Unternehmen.

Unter dieser liberalen Wirtschaftspolitik entstanden nicht nur neue erwerbswirtschaftliche Unternehmungen. Nach Verkündigung des Genossenschaftsgesetzes wurden auch zahlreiche Bau- und Wohnungsgenossenschaften neu gegründet.

Im Jahre 1889 lassen sich bereits 28 Baugenossenschaften zählen. 1896 schlossen sich in Berlin 14 Baugenossenschaften zum "Verband der Baugenossenschaften Deutschlands" zusammen. 1897 wurde der "Verband der auf der Grundlage des Gemeinschaftseigentums ruhenden Deutschen Baugenossenschaften" geschaffen. Um die Jahrhundertwende sind bereits 289 Genossenschaften zu zählen, zu Beginn des Ersten Weltkrieges mehr als 1.400.

Zu dieser Zeit gab es 15 baugenossenschaftliche Verbände. 1920 wurde eine "Vereinigung Deutscher Baugenossenschaftsverbände" mit Sitz in Berlin gegründet. 1924 konstituierte sich in Erfurt der "Hauptverband Deutscher Baugenossenschaften", der unter anderem die Organisation der seit 1912 bestehenden "Allgemeinen Deutschen Bauvereinstage" übernahm. In Schleswig-Holstein schlossen sich um die Jahrhundertwende 28 Baugenossenschaften bereits verbandsmäßig zusammen.

Alle diese Baugenossenschaften stellten ihre Wirtschaft darauf ab, die Menschen mit Wohnraum zu versorgen, die ihre Wohnraumbedürfnisse nicht auf dem Wege der Selbstversorgung decken konnten. Nicht selten verbanden sie diese Aufgabe mit weitergehenden sozialen und kulturellen Zielen. Beispielhafte Gemeinschaftseinrichtungen entstanden.

Die Bauten erreichten in baulicher und städtebaulicher Hinsicht häufig einen Leistungsstandard, der sich später, etwa innerhalb des sozialen Wohnungsbaus nach dem Zweiten Weltkrieg, nicht mehr verwirklichen ließ. Neue Siedlungsformen wurden geschaffen, Grundrisse und Haustypen neu erarbeitet. Weiträumige Bauweisen lösten die beengten Wohnquartiere ab. Die bis zum Ende des neunzehnten Jahrhunderts in zahlreichen Städten gebauten Wohnanlagen wiesen oftmals großzügige, begrünte Innenhöfe auf und verfügten häufig über bewohnerdienliche, den Wohnwert steigernde Gemeinschaftsanlagen. Sie waren gekennzeichnet durch eine architektonische Formensprache, die gegen den antikisierenden Prunk der Wilhelminischen Epoche gesetzt war. Geprägt waren die wohnreformerischen Bauten von Architekten wie Schmohl, Metzendorf, Riemerschmidt und Schmitthenner - wie viele andere "Vordenker und Gestalter einer Architektur, die der soziale Wohnungsbau unserer Tage erst wieder für sich entdecken mußte" (Gesamtverband 1986, 10).

Gemeinsam war den Baugenossenschaften die Beschränkung des Geschäftskreises auf Kleinwohnungsbau und Wohnfolgeeinrichtungen, die Verfolgung wohnreformerischer Tendenzen, die Einhaltung des Selbstkostenprinzips, sparsame Wirtschaftsführung, Dividendenbeschränkung, Verzicht auf Gewinnmaximierung und Vermögensbindung. Dabei wurden von Beginn an eigentumspolitische Zielsetzungen verfolgt. In der aktuellen Diskussion um das Bauträgergeschäft der gemeinnützigen Wohnungsunternehmen wurde gelegentlich übersehen, "daß in der Anfangsphase der Wohnungsvereine ausschließlich Wohnungen erstellt wurden, die in das Einzeleigentum der Mitglieder übergingen" (Gesamtverband 1985, 8). Erst 1885 begann die erste Genossenschaft mit dem Mietwohnungsbau. Somit gehörte es von Beginn an zum Versorgungsziel der Genossenschaften (wie der übrigen gemeinnützigen Wohnungsunternehmen), "Einzeleigentum zur Versorgung der Mitglieder/Nachfrager aus breiten Kreisen der Bevölkerung zu errichten" (ebd.). Am Anfang der gemeinnützigen Wohnungswirtschaft standen also nicht der Bau und die Verwaltung von Miet- und Genossenschaftswohnungen, sondern die "Bildung von Wohneigentum in Form der Erwerbshäuser" (Gesamtverband 1988, 16).

Die ersten bedeutenden gemeinnützigen Wohnungsunternehmen waren Kapitalgesellschaften, in die sozialreformerisch engagierte private Geldgeber Stiftungsmittel investierten. Nur so ließen sich zu Beginn Kapitalbeschaffungsprobleme lösen. Hier lagen große, in der Marktstruktur begründete Schwierigkeiten: Jedes Unternehmen bedarf des Einsatzes von Kapital und Arbeit. Derjenige, der im Besitz von Kapital ist, kann sich in aller Regel mit Hilfe dieses Kapitals Arbeitskräfte beschaffen. Der umgekehrte Weg: das notwendige Kapital aufgrund von Arbeitskraft zu beschaffen, ist ungleich schwieriger. Humankapital wird nicht beliehen. Unternehmen sind in der Regel nur dann über Kredite finanzierbar, wenn Kapitalbesitz als Sicherheit nachgewiesen werden kann. Das bedeutete damals wie heute: "Diejenigen, die nur Arbeitskraft besitzen, haben ... grundsätzlich kaum die Möglichkeit, Arbeiter-Unternehmungen zu betreiben, sondern sind zur Annahme eines Arbeitsvertrages gezwungen." (Vogt 1979, 394) Daß die Möglichkeit dennoch besteht, zeigen die Gründungen genossenschaftlicher Unternehmungen, die jenen durch Stiftungsmittel privater Geldgeber ermöglichten Kapitalgesellschaften folgten, nachdem der Gedanke der wirtschaftlichen Selbstorganisation in der Arbeiterschaft ausreichende Gefolgschaft gefunden hatte.

Genossenschaftliche Spareinrichtungen und die Ausgabe von Schuldverschreibungen waren Versuche, die im Wohnungsbau besonders hoch anzusetzende Eigenkapitalquote zu erreichen. Zinsgünstige öffentliche Mittel, die zur Überwindung der Finanzierungsschwierigkeiten hätten dienen können, gab es, wenn überhaupt, nur für Beamtengenossenschaften, das heißt in Form von Bedienstetendarlehen - eine Förderung, von der die Arbeitergenossenschaften ausgeschlossen blieben.

Für diese Genossenschaften entwickelten die Bismarckschen Sozialversicherungsgesetze eine wichtige indirekte Zweckmäßigkeit. Die Sozialversicherungsträger akkumulierten große Vermögenswerte aus den Beitragsleistungen der Versicherten. Als die Landesversicherungsanstalten in die Finanzierung des (genossenschaftlichen) Arbeiterwohnungsbaus einbezogen wurden, erschlossen sich diesem Finanzierungsmöglichkeiten, die sowohl hinsichtlich der Zinshöhe als auch hinsichtlich der Zinsbindung günstiger waren als die üblichen Kapitalmarktdarlehen.

Auch die Kommunen haben Finanzierungshilfen gegeben. Besonders problematisch war der Kapitalbedarf außerhalb des erststelligen, mündelsicheren Beleihungsraumes. Die Gemeinden haben häufig durch die Übernahme von selbstschuldnerischen Bürgschaften die Darstellung der Finanzierungen auch im nachstelligen Bereich, jenseits der mündelsicheren Grenze, ermöglicht. Außerdem wurden in einzelnen Kommunen auch II. Hypotheken aus städtischen Mitteln hergegeben oder aber zu günstigen Bedingungen vermittelt.

Als Gegenleistung für derartige Hilfen erwarteten die Kommunen, daß ihnen in den Unternehmen Mitwirkungsmöglichkeiten eingeräumt wurden. Dieser Anspruch wirkte - naturgemäß - in einer Genossenschaft problematischer als in einer Aktiengesellschaft. Bei den Arbeitergenossenschaften war die Bereitschaft, derartige Unterstützung zu akzeptieren, wenn überhaupt, erst gegeben, nachdem die grundsätzlich oppositionelle Haltung gegenüber den Staatsorganen an Bedeutung verloren hatte und reformistisches Gedankengut sich stärker durchzusetzen begann. Es mag richtig sein, davor zu warnen, die historische Debatte innerhalb der Sozialdemokratie um die Arbeiterwohnungsfrage so darzustellen, als sei sie "eingleisig und irreversibel auf eine ein für allemal gesicherte Hegemonie des Reformismus" hinausgelaufen (Weiland 1988, 49). Es steht jedoch fest, daß die Arbeitergenossenschaften ohne diese Hegemonie auf Dauer keine Überlebenschance gehabt haben dürften. Von anderen Problemen abgesehen dürften sie infolge stetiger Kapitalknappheit und daraus folgender Produktivitätshemmnisse vom Schicksal ständiger Auszehrung und der sich fortwährend verstärkenden Unattraktivität heimgesucht worden sein. So wird man zugeben müssen, daß die Geschichte jener Baugenossenschaften, die ihre Ursprünge in der Arbeiterbewegung hatten, wesentlich mitbestimmt wurde durch den "Strategiewechsel der großen Schutzorganisationen der Arbeiterschaft:

vom abwehrenden Schutz zum aufbauenden Wirtschaftskampf" (Novy/ Prinz 1985, 54). Die Arbeiterorganisationen, insbesondere die von ihnen gegründeten Produktivgenossenschaften, erwiesen sich als "Kristallisationskerne" für die Errichtung von Baugenossenschaften (dies. 53).

XI

Auch in der Epoche nach dem Ersten Weltkrieg wahrten die Baugenossenschaften hohe Produktivität. Nach 1918 läßt sich eine "einmalige Gründungswelle von Selbstinitiativen vor allem genossenschaftlicher Art" beobachten (dies. 82). Mitte der zwanziger Jahre gab es in Deutschland mehr als 4.000 Wohnungs- und Siedlungsgenossenschaften. In den Jahren 1920 bis 1927 erstellten Baugenossenschaften, dort, wo es sie gab, ca. ein Viertel des gesamten Wohnungsneubaus (vgl. Gesamtverband 1987, 11). Die Genossenschaften verfolgten weiterhin gemeinwirtschaftliche Ziele, wenngleich von Vertretern der Gemeinwirtschaft gelegentlich auch kritisch vermerkt wurde, die Genossenschaften stellten die ihnen gesetzlich auferlegte Verpflichtung, den Erwerb ihrer Mitglieder zu fördern, allzu häufig über die ihnen gemeinwirtschaftlich doch ebenfalls verpflichtend gemachte Förderung des Allgemeinwohls (hierzu kritisch z. B. Jenkis 1986).

Nichtgenossenschaftliche Trägergruppen und Institutionen griffen mit gemeinnütziger Zielsetzung, aber unter Verwendung anderer Rechtsform verstärkt in das Geschehen auf dem Wohnungsmarkt ein. Nach dem Ersten Weltkrieg lassen sich in vielen Großstadtgemeinden Gründungen kommunaler Wohnungsunternehmen beobachten. Die öffentlichen Hände, insbesondere die Kommunen, leisteten in dieser Zeit, vereinzelt auch schon im neunzehnten Jahrhundert, einen Beitrag zum Reformwohnungsbau, dessen Bedeutung häufig nicht ausreichend gewürdigt wird.

Bis zum Ende des Ersten Weltkrieges gab es in Deutschland kein nationales Wohnungsgesetz. Demzufolge gab es auch keine reichsgesetzlich gesicherten Förderinstrumente in Form zweckgerichteter Subventionen. Dennoch gab es staatliche Hilfsmaßnahmen unterschiedlicher Art. Neben der von den Kommunen geleisteten Unterstützung genossenschaftlicher Wohnungsunternehmen und gemeinnüt-

ziger Wohnungsunternehmen anderer Rechtsform gab es staatlicherseits auch direkte, gruppenspezifische Wohnungsbauförderungen,
etwa für die Bediensteten von Bahn und Post, für kommunale Arbeiter und Beamte, aber auch für einkommensschwache Gruppen. Dieses
wohnungspolitische Engagement der Kommunen war keineswegs nur
sozialpolitisch intendiert. Dahinter standen auch gewichtige ord-
nungspolitische Interessen. Pointiert formuliert: "Der Umschlag der
Quantität des Stadtwachstums in die neue Qualität einer sozialräum-
lichen Gesellschaftspolitik kam darin zum Ausdruck, daß zu der
ungelösten ökonomischen Randproblematik der Unterbringung ärmerer
Arbeiter die unter der Flagge der Hygiene segelnde Problematik
planerischer und polizeilicher Dekonzentration und der öffentlichen
Finanzierung ihrer direkten und infrastrukturellen Folgekosten
hinzutrat. Diese Problemerweiterung durch Schichten, auf deren
Integration das politische System nicht ungestraft verzichten konnte,
war der Kern der neuen Wohnungsfrage." (Niethammer 1988, 55)

Wo die Kommunen zur Durchsetzung ihrer Wohnungsbauförderung auf
gemeinnützige Wohnungsunternehmen zurückgriffen, bevorzugten sie
in der Regel Aktiengesellschaften gegenüber den Baugenossenschaften. Dies lag zum einen daran, daß die Baugenossenschaften auch
nach dem Ersten Weltkrieg nicht selten noch wirtschaftliche Probleme hatten, die sich aus der schwachen Kapitalbasis und der
problematischen Zufuhr von Neukapital ergaben. Die Genossenschaften blieben abhängig von der Einzahlungsfähigkeit ihrer meist einkommensschwachen Mitglieder und waren deshalb häufig nicht in
der Lage, Wohnungsbaumaßnahmen größeren Umfanges zu finanzieren.
Der wichtigere Grund für die Bevorzugung der Aktiengesellschaften
lag jedoch in den dort im Unterschied zu Genossenschaften gegebenen kapitalabhängigen Entscheidungsstrukturen. Anders als bei den
Genossenschaften war es den Kommunen bei gemeinnützigen Wohnungsgesellschaften möglich, durch den Besitz oder den Erwerb der
Aktienmehrheit die Durchsetzung der eigenen wohnungspolitischen
Absichten zu sichern.

Die von den Kommunen getragenen Neugründungen und die von ihnen
durch entsprechende Kapitalzufuhr majorisierten bestehenden Gesellschaften erbrachten wichtige Aufbau- und Versorgungsleistungen.
Sie waren beim Neubau und in der Wohnungsverwaltung tatkräftige
Geschäftsbesorger der Gemeinden. Sie entlasteten diese von fürsorg-
lichen Verpflichtungen und Verwaltungsaufgaben. Die Geschäfte

wurden unter gemeinnützigen Prinzipien geführt. Anders als bei den Baugenossenschaften handelte es sich jedoch bei den kommunalen Unternehmen um eine von der Exekutive delegierte Versorgung, nicht also um die Selbsthilfe und Selbstverwaltung weitgehend autonomer, selbstnutzender Gruppen. Das bedeutete, daß die Bewohner grundsätzlich ungleich weniger Mitwirkungsrechte besaßen als in den Genossenschaften. Man geht gewiß nicht fehl, wenn man auch hierin einen wichtigen Grund dafür sieht, daß die Kommunen mehr auf die Gesellschaften setzten.

Nicht alle Gesellschaftsgründungen blendeten die Selbstverwaltung aus. Ein Beispiel: Im Oktober 1919 entstand auf Initiative des Schöneberger Stadtbaurates Martin Wagner die erste Bauhütte. Diese war eine GmbH mit im wesentlichen halbparitätischem, das heißt zu gleichen Teilen aus Belegschaft und Gesellschaftern zusammengesetztem Entscheidungsorgan. Diese Bauhütte und andere Bauhütten-Gründungen behielten wichtige genossenschaftliche Zielsetzungen bei, zum Beispiel die Verfolgung wohnreformerischer Tendenzen, die Einhaltung des Selbstkostenprinzips, die Dividendenbeschränkung und die Beschränkung des Geschäftskreises. Auch ihr Ziel war es, Arbeit ohne Ausbeutung und Entfremdung zu ermöglichen und die Arbeitsproduktivität dadurch zu steigern, daß diese Arbeit in einem Betrieb organisiert wurde, der den Arbeitenden gehörte. Sie unterschieden sich von den Genossenschaften jedoch dadurch, daß Ziel ihrer Unternehmungen nicht die Förderung des Erwerbs der Mitglieder war - diese gab es bei den Bauhütten im genossenschaftsrechtlichen Sinne nicht -, sondern der Dienst am Allgemeinwohl.

Ebenfalls um die Zeit nach dem Ersten Weltkrieg wurden ausgehend von dem Preußischen Wohnungsgesetz des Jahres 1918 provinzielle Wohnungsfürsorgegesellschaften gegründet ("Heimstätten"). Das Gesetz ermöglichte es, Mittel bereitzustellen, die in jeder Provinz eine Heimstättengründung zuließen. Diese neugegründeten Heimstätten sollten ursprünglich nicht selbst als Wohnungsunternehmen oder Bauherren tätig werden, sondern "im Wege der Betreuung in technischer und wirtschaftlicher Hinsicht den anderen Wohnungsunternehmen und Bauherren behilflich ... sein und auf diesem Wege die Grundsätze der staatlichen Wohnungspolitik mit durchsetzen" (Brecht 1950, 76).

Mit dem Aufkommen der Kleinsiedlungen nach 1931 wurden die Heimstätten jedoch selbst als Siedlungsträger aktiv. Sie erhielten die Aufgabe, bei dieser besonderen Form der Siedlungsförderung die Trägerschaft zu übernehmen oder die Betreuung durchzuführen. In Nordrhein-Westfalen und im Saarland entstanden durch Fusion der jeweils landeseigenen Heimstätten mit den landeseigenen Siedlungsunternehmen in späteren Jahren die Landesentwicklungsgesellschaften.

Neben den Heimstätten und kommunalen Wohnungsunternehmen wurden nach dem Ersten Weltkrieg zunehmend auch von den Gewerkschaften und der Industrie sowie von den Kirchen Wohnungsunternehmen gegründet, die gemeinnützige Ziele verfolgten. Die Anfänge des Werkwohnungsbaus reichen bis in das achtzehnte Jahrhundert zurück. Größeren Umfang erreichte er bereits während der Industrialisierung, also in der zweiten Hälfte des neunzehnten Jahrhunderts. Besonders engagiert waren Unternehmen des Bergbaus sowie der Eisen- und Stahlindustrie, jene Unternehmen also, die um diese Zeit ihre Belegschaften erheblich vergrößerten und bemüht waren, durch die Verknüpfung von arbeits- und mietrechtlichen Vereinbarungen die Bindung an den Betrieb zu intensivieren. Der Werkwohnungsbau war für die frühen wohnreformerischen Bemühungen besonders ergiebig, da er "von anderem Kalkül als dem der pekuniären Rentabilität" bestimmt war (Fehl 1988, 105; zum Werkwohnungsbau vgl. im übrigen Führ/Stemmrich 1985 sowie Kastorff-Viehmann 1988). Zentren des Werkwohnungsbaus waren das Ruhrgebiet, das Rhein-Main-Gebiet, Berlin und Oberschlesien.

Getragen von Unternehmen unterschiedlicher Rechtsform und unterschiedlicher Kapitalgeberschaft, von Genossenschaften, von kommunalen, gewerkschaftlichen, kirchlichen und werksverbundenen Gesellschaften, erreichte die gemeinnützige Wohnungswirtschaft in den zwanziger Jahren unseres Jahrhunderts eine bedeutende Blüte. Die zwanziger Jahre wurden die "architektonische Glanzzeit" der gemeinnützigen Wohnungswirtschaft (Gesamtverband 1986, 11). Schumacher, Salvisberg, Mies van der Rohe, Gropius, Taut, Häsler, Riphahn, May, Scharoun sind die prominentesten Vertreter in jenem historisch einmaligen "Wettstreit architektonischer Richtungen" (ebd.), dem die gemeinnützige Wohnungswirtschaft den Platz bot.

XII

Baugenossenschaften, kommunale und werksverbundene Wohnungsunternehmen verhielten sich bereits in dieser Zeit gemeinnützig. Eine umfassende und allgemein geltende gesetzliche Regelung dessen, was als gemeinnützig, was insbesondere als gemeinnützige Wohnungswirtschaft anzusehen sei, gab es jedoch noch nicht. Die Unternehmen verhielten sich gemeinnützig, ohne daß entsprechende, allgemein gültige staatliche Verhaltensbindungen existierten. Daß dies nicht selbstverständlich ist, wird aus der Tatsache deutlich, daß man in dem von der gemeinnützigen Wohnungswirtschaft freiwillig praktizierten Verzicht auf das Ausschöpfen von Gewinnmöglichkeiten und dessen schließlich erfolgender Kodifizierung in einem Spezialgesetz den "ersten Fall der deutschen Wirtschaftsgeschichte" sehen darf, "in dem ein nichtkapitalistisches Preisbildungsprinzip seinen gesetzlichen Niederschlag fand" (Klabunde 1950, 31).

Bis zum Jahre 1930 gab es in Deutschland keine einheitliche gesetzliche Ordnung der Wohnungsgemeinnützigkeit. Es gab lediglich einzelne, länderspezifische Regelungen, hauptsächlich steuerrechtliche Vergünstigungen betreffend. Diese Vielfalt landesrechtlicher Begünstigungen wurde schließlich im Jahre 1930 reichsrechtlich durch die als Notverordnung erlassene "Gemeinnützigkeitsverordnung" ersetzt. Dieser Verordnung lag ein vom Reichsarbeitsminister im Oktober 1929 eingebrachter Gesetzentwurf zugrunde. Hier wurden die gemeinnützigen Bindungen kodifiziert und damit auch die Voraussetzungen festgelegt, unter denen ein Unternehmen Anspruch auf die Steuerpräferenzen gemeinnütziger Wirtschaft haben sollte. Hierzu zählen insbesondere der Gewinnverzicht, die Beschränkung des Geschäftskreises und der Dividende, die Zugehörigkeit zu einem Prüfungsverband und die Vermögensbindung, jene Geschäftsprinzipien also, die von gemeinnützigen Wohnungswirtschaft im wesentlichen in freiwilliger Selbstkontrolle seit langem praktiziert wurden.

Zwischen 1930 und 1940 gab es in den einzelnen Ländern weitere einschlägige Gesetze und Verordnungen. 1940 wurden die reichsrechtlichen Bestimmungen zur Gemeinnützigkeit in einem Gesetz zusammengefaßt, das wiederum auf dem Verordnungsweg erlassen wurde: dem Wohnungsgemeinnützigkeitsgesetz. Dieses Gesetz basierte auf der Notverordnung des Jahres 1930, hatte diese allerdings um "zentralverwaltungswirtschaftliche Elemente" ergänzt (Gesamtverband

1987, 11), was die Interpretation zuläßt, daß es die Selbstverwaltung der Unternehmen "zugunsten behördlicher Ermessenseingriffe" einschränkte (Wiegand 1962, 12).

XIII

In den Jahren der faschistischen Herrschaft in Deutschland waren auch die gemeinnützigen Wohnungsbaugenossenschaften und -gesellschaften von Gleichschaltung betroffen. Dies beinhaltete nicht nur Druck auf die Personenwahlen in Vorstand und Aufsichtsräten. Es wurden auch massive Fusionszwänge ausgeübt. Die Vielfalt der Genossenschaftskultur war gefährdet und wurde teilweise zerstört. Die wohn- und sozialreformerischen Bestrebungen der Genossenschaftsbewegung wurden durch das wirtschaftliche Denken der Nationalsozialisten konterkariert. Die Situation der Baugenossenschaften und Wohnungsgesellschaften war schwierig. Die Lösung dieser Schwierigkeiten war nicht immer einwandfrei. "Die Gemeinnützige Wohnungswirtschaft war ein Spiegelbild der Verhältnisse. Es gab, wie überall im Deutschen Reich, viele Mitläufer und gelegentlichen Widerstand." (Gesamtverband 1987, 12)

Um seinen totalitären Herrschaftsanspruch im Inneren durchsetzen zu können, mußte das NS-Regime den Pluralismus gesellschaftlicher Gruppen soweit wie irgend möglich vernichten. Dazu gehörte die Zerschlagung der organisierten Arbeiterbewegung sowie der von dieser Bewegung geschaffenen oder ihr nahestehenden Gruppen. Der Versuch, die Gewerkschaften und die aus der Arbeiterbewegung hervorgegangenen oder ihr verbundenen Wirtschaftsunternehmen "gleichzuschalten", begann mit zahlreichen Terrorakten, mit tätlichen Übergriffen auch auf genossenschaftliches Eigentum und genossenschaftliche Organisationen. Daneben gab es vielfältige Restriktionen durch den staatlichen Verwaltungsapparat. Die Kreditgewährung für Genossenschaften wurde staatlicherseits erheblich erschwert.

Manche Genossenschaften suchten ihr Heil in der Anpassung an die "neue Ordnung". Im Mai 1933, drei Monate, nachdem Hitler von Hindenburg zum neuen Reichskanzler ernannt worden war, und zwei Monate, nachdem die NSDAP bei den Reichstagswahlen beinahe 44 Prozent der Stimmen erreicht hatte, fünf Wochen, nachdem der Reichstag das "Ermächtigungsgesetz" verabschiedet hatte, wurden in einer großen Gleichschaltungsaktion die Zentrale der freien Gewerkschaften, die Filialen der Arbeiterbank, der Volksfürsorge und auch die Geschäftsstellen von Baugesellschaften besetzt. Der staatliche Terror, der das "Führerprinzip" bis in die kleinsten Gliederungen des sozialen, kulturellen und wirtschaftlichen Lebens durchzusetzen suchte, beseitigte in den genossenschaftlichen Unternehmen die demokratische Selbstverwaltung. Viele Unternehmen wurden der Kontrolle der Deutschen Arbeitsfront unterstellt. Die Nationalsozialisten machten sich die nationalen Utopien, die Ressentiments und die Aggressionsbereitschaft großer Teile der durch Wirtschaftskrisen verunsicherten Bevölkerung zunutze, um demokratische, nicht zuletzt auch wirtschaftsdemokratische Institutionen, die mühevoll geschaffen worden waren, zu vernichten und der Despotie des Parteiapparates zu unterstellen.

Nicht nur Gewerkschaftsunternehmen wurden beschlagnahmt und der Deutschen Arbeitsfront unterstellt. Auch die Baugenossenschaften wurden, soweit sich dies irgend erzwingen ließ, für die Zwecke des totalitären Partei- und Staatsapparates eingesetzt. Die Vertretungsberechtigung blieb weitgehend solchen Mitgliedern vorbehalten, die sich mit den Zielen der Regierung solidarisch erklärten.

In der Staatsrechtslehre und in der Wirtschaftstheorie der damaligen Zeit wurden derartige Gleichschaltungen durch "wissenschaftliche Begründungen" wie die folgende legitimiert: "Der totale Staat muß ein Staat der totalen Verantwortung sein. Er stellt die totale Inpflichtnahme jedes einzelnen für die Nation dar. Diese Inpflichtnahme hebt den privaten Charakter der Einzelexistenz auf ... Nicht daß der Staat bis in die kleinsten Zellen des Volkslebens hinein Gesetze und Befehle ergehen läßt, ist wesentlich, sondern, daß er auch hier eine Verantwortung geltend machen kann, daß er den einzelnen zur Rechenschaft ziehen kann, der sein persönliches Geschick nicht dem der Nation völlig unterordnet. Dieser Anspruch des Staates, der ein totaler ist und an jeden Volksgenossen gestellt ist, macht das neue Wesen des Staates aus." (Forsthoff 1933, 42)

Die Wirtschaft hatte "völkisch" zu sein. Sie hatte dem Staat und damit dem Volke zu dienen. Die Wirtschaftsordnung sollte vom "völkischen Geschehen" bestimmt werden. Sie war zwar nicht als Staatswirtschaft gedacht, das heißt nicht als Wirtschaft, die vom Staat als Ganzes verwaltet wurde. Sie war jedoch auch keine Wirt-

schaft der gesellschaftlichen Interessengruppen, die - nur den Gesetzen des Marktes folgend - den Nutzen des einzelnen zu fördern
suchte. Sie hatte sich "völkischen Lebensgesetzen" vorbehaltlos zu
verpflichten.

Die in den Baugenossenschaften gewachsenen sozialen Beziehungen
und Strukturen wurden von derartiger Ideologie durchsetzt. Dies
verschärfte sich, als es in den Kriegsjahren zu systematischen
Zwangsverschmelzungen von Baugenossenschaften kam. Damit ging
die Identität vieler Genossenschaften verloren, zu deren Prinzipien
nicht zuletzt das des freiwilligen Zusammenschlusses gehörte. Die
von vielen Genossenschaften über lange Jahrzehnte tatkräftig entwickelte Gemeinschaftskultur, die sich im Aufbau lebendiger Sozial-
einrichtungen im überschaubaren Lebensraum ihre selbstbestimmten
Institutionen geschaffen hatte, mußte dem Zynismus der totalitären
Ideologie des NS-Staates weichen. Die Baugenossenschaften, die
nicht durch Selbstauflösung der Gleichschaltung entgingen, wurden
gleichermaßen von ihrer Tradition wie von ihren Zielen abgeschnit-
ten. Die ehemaligen Träger der Wohnreform bestanden nicht mehr.
Dies hatte auch städtebauliche Folgen.

XIV

Der Zweite Weltkrieg hatte im gesamten Reichsgebiet die Wohnungs-
bestände dezimiert. Wie die gesamte gemeinnützige Wohnungswirtschaft hatten auch die gemeinnützigen Baugenossenschaften am
Wiederaufbau entscheidenden Anteil. Obschon die staatliche Wohnungspolitik die Mithilfe gemeinnütziger Wohnungsunternehmen
bereits in der Wiederaufbauzeit nach dem Ersten Weltkrieg in erheblichem Umfang in Anspruch genommen hatte und obwohl die quali-
tativen und quantitativen Erfolge der gemeinnützigen Wohnungsunternehmen gerade in dieser Epoche unbestreitbar waren, blieb
die gemeinnützige Wohnungswirtschaft während des Wiederaufbaus
nach dem Zweiten Weltkrieg in die wirtschaftlich nicht immer oppor-
tunen gesetzlichen Verpflichtungen eingebunden, die das Wohnungsgemeinnützigkeitsgesetz aus dem Jahre 1940 in Kraft gesetzt hatte.
Dies führte neben anderen erheblichen Bindungen auch dazu, daß
nicht der Aufbau eines privaten Wohnungsunternehmens, wohl aber
die Neugründungen gemeinnütziger Wohnungsunternehmen grundsätzlich von der staatlichen Anerkennungsbehörde genehmigt werden

mußten. Lediglich in Hamburg gab es den Genehmigungszwang auch für die Neugründung von Wohnungsunternehmen nichtgemeinnütziger Art - eine mit dem Grundsatz der Gewerbefreiheit nach Ansicht der Betroffenen nicht unbedingt harmonierende Regelung (vgl. Brecht 1950, 75).

Die im Wohnungsgemeinnützigkeitsgesetz verfügten Verpflichtungen und Bindungen der gemeinnützigen Wohnungswirtschaft, aber auch ihre traditionellen wirtschaftlichen Absichten und die hohe Sozialverträglichkeit der von ihr eingesetzten unternehmerischen Mittel führten dazu, daß nach 1945 "Zielsetzung und Selbstverständnis der gemeinnützigen Wohnungswirtschaft und des Staates derart identisch" waren, "daß beispielsweise die 7c-Mittel bis 1951 faktisch nur an gemeinnützige Bauherren vergeben wurden" (Gesamtverband 1986, 7).

Die in der Zeit des Wiederaufbaus erbrachten Leistungen seien anhand einiger Zahlen verdeutlicht:

Von 1949 bis Ende 1988 haben die gemeinnützigen Wohnungsunternehmen mehr als 4,4 Millionen Wohnungen gebaut. Dies ist mehr als ein Fünftel der in dieser Zeit neu errichteten Wohnungen (vgl. ders. 1989, 28). Zeitweise bestritten die gemeinnützigen Wohnungsunternehmen vierzig Prozent des gesamten Wohnungsneubaus, in Berlin und Hamburg zeitweilig sogar achtzig Prozent (vgl. ders. 1986, 7). Von den seit der Währungsreform durch die gemeinnützigen Wohnungsunternehmen neu geschaffenen Wohnungen wurden knapp zwei Millionen, also etwa vierzig Prozent der gesamten Bauleistung, als Haus oder Wohnung zu Privateigentum überlassen (ebd.).

Laut Fortschreibung betrug der Wohnungsbestand in der Bundesrepublik am Ende des Jahres 1987 27,5 Millionen Einheiten. Die Ergebnisse der Volkszählung belegen, daß diese Zahl um ca. 1 Million nach unten zu korrigieren ist. Von den verbleibenden 26,5 Millionen Wohnungen gehören ca. 3,4 Millionen Einheiten zum Bestand gemeinnütziger Wohnungsunternehmen. Die am 31.12.1987 im Gesamtverband gemeinnütziger Wohnungsunternehmen e.V. vereinigten Unternehmen verfügen über ein zu Wiederbeschaffungspreisen geschätztes Bruttoanlagevermögen von ca. 520 Milliarden DM. Die Addition ihrer Bilanzsummen belief sich für das Vorjahr auf ca. 138 Milliarden DM (vgl. ders. 1987a).

Von den etwa 1.800 Mitgliedsunternehmen des Gesamtverbandes gemeinnütziger Wohnungsunternehmen e.V. war die überwiegende Zahl, nämlich ca. 1.200 Unternehmen, in der Rechtsform Genossenschaft organisiert. Etwa 600 Unternehmen sind Wohnungsbaugesellschaften, und zwar Aktiengesellschaften oder Gesellschaften mit beschränkter Haftung. Die restlichen Wohnungsunternehmen sind Gesellschaften anderer Rechtsform, etwa Stiftungen, Vereine und Körperschaften des öffentlichen Rechts. Die Zahl der im Jahre 1987 von gemeinnützigen Wohnungsunternehmen Beschäftigten belief sich auf insgesamt ca. 54.000 Mitarbeiter, davon ca. 38.000 hauptamtlich Beschäftigte (ebd.).

Ihrem traditionellen Verständnis entsprechend, daß zur Versorgung mit Wohnraum auch soziale Einrichtungen gehören, verfügen die gemeinnützigen Wohnungsunternehmen in den achtziger Jahren über etwa 600 Wohn- und Pflegeheime, über mehr als 500 Kindergärten und Kinderhorte sowie über mehr als 23.000 Spiel- und Sportplätze (vgl. ebd.).

Von den gemeinnützigen Baugenossenschaften wurden von der Währungsreform bis Mitte der achtziger Jahre mehr als 1,3 Millionen Wohnungen gebaut, das sind sieben Prozent aller in der Bundesrepublik erstellten Wohnungen (vgl. ders. 1987, 12). Etwa eine halbe Million dieser Wohnungen diente in Form von Kleinsiedlerstellen, Ein- und Zweifamilienhäusern sowie Eigentumswohnungen der Eigentumsbildung. Die restlichen ca. 800.000 Wohnungen wurden den Mitgliedern zumeist in Dauernutzungsverträgen überlassen, das heißt in Verträgen, die ihnen eigentumsähnliche Wohnrechte garantierten und weitere Rechte sicherten, lange, bevor der moderne Mieterschutz die Mieter in vergleichbarer Weise vor Vermieterwillkür bewahrte.

XV

In der Zeit des Wiederaufbaus ist die Betriebsgröße der meisten Wohnungsbaugenossenschaften ständig gewachsen. Mit zunehmender Betriebsgröße änderten sich die Organisationsstruktur, die Zusammensetzung der Wohnraum nachfragenden Gruppen und nicht zuletzt auch das Verhältnis der Mitglieder zu ihren Genossenschaften. Um im Wettbewerb bestehen zu können, haben die Genossenschaften die "branchenüblichen Ökonomisierungswege" beschritten (Draheim

1988, 65). Selbsthilfe, Selbstverantwortung und Ehrenamtlichkeit traten in den Hintergrund. Aspekte der Dienstleistung und der Professionalisierung, damit aber auch des Versorgungsdenkens wurden wichtiger. Genossenschaften sehen sich vielfach heute mit der Frage konfrontiert, ob sie sich nicht weitgehend anderen Unternehmensformen angeglichen und damit ihre Besonderheiten oft schwer erkennbar gemacht haben.

Fraglos läßt sich heute die Geschäftspolitik einer modernen Baugenossenschaft nicht mehr ohne weiteres mit Hilfe der Vorstellungen betreiben, die in der Zeit der Industrialisierung handlungsleitend waren. Dies ist nicht alleine in der geänderten Marktdynamik, insbesondere in der geänderten Wettbewerbssituation begründet. Auch die Klientel der Genossenschaften und deren Bedürfnisse haben sich gewandelt, haben sich stark differenziert. Baugenossenschaftliches Wirtschaften vollzieht sich heute in einem Wohlfahrtsstaat, in einer demokratischen Wirtschaftsordnung und vor dem Hintergrund vielfältiger sozialstaatlicher Regelungen. Die Mitglieder der Baugenossenschaften sind zumeist nicht mehr dadurch gekennzeichnet, daß sie "kaum auf andere Impulse als die der Solidarität zurückgreifen" können (ders. 69). Anders gesagt: "'Schwäche' der Mitglieder kann aus heutiger Sicht nur mit Vorbehalt als Merkmal zur Charakterisierung von Wohnungsgenossenschaften herangezogen werden." (Drupp 1987, 124)

Auch das in seinen Ursprüngen kooperative Wirtschaften unterliegt in den Zeiten geänderter Marktdynamik den Zwängen einer zweckrationalen Unternehmensführung, wenn es nicht den Prinzipien ordnungsgemäßer Geschäftsführung zuwiderlaufen soll. So hört man denn gelegentlich die Meinung, Genossenschaften stünden - wenn auch nicht immer bewußt - vor der Wahl, entweder die Mitwirkungsrechte der Mitglieder soweit wie möglich gelten zu lassen und damit einen Verzicht auf organisatorische Effizienz zu riskieren oder aber im Interesse möglichst großer unternehmerischer Wirksamkeit die Verfügungsmöglichkeiten der Mitglieder so gering zu halten, wie das Genossenschaftsgesetz und die Satzung es irgend zulassen.

Man mag dies als eine paradoxe Entwicklung oder gar als ein "Dilemma" ansehen (Mackscheidt 1985, 10): Hilfe zur Selbsthilfe, Partizipation und Ehrenamtlichkeit haben Unternehmen entstehen lassen, die - sicherlich auch aufgrund entsprechender wirtschaftlicher Begleitumstände - so erfolgreich im Markt operieren, die aber auch so komplex agieren müssen, daß die Ursprungsprinzipien oft nicht mehr praktikabel erscheinen. Das einzelne Mitglied ist kaum mehr in der Lage, sich über die Geschäftsvorfälle so zu informieren, daß eine stetige fachkundige Beteiligung an Entscheidungsprozessen möglich ist. Die Führung der Geschäfte ist deshalb einem dafür geschaffenen, hauptamtlich bestellten Verwaltungsstab zu übertragen, wenn keine Effizienzverluste riskiert werden sollen: "Die Effizienz der Organisation scheint sich nur dann steigern zu lassen, wenn die individuellen Einflußmöglichkeiten der Mitglieder gesenkt werden." (ders. 10) Anders ausgedrückt: Die in wirtschaftlicher Hinsicht effizient gestaltete betriebliche Organisation des kooperativen Prinzips führte in einem bestimmten Stadium der wirtschaftlichen Entwicklung dazu, daß diesem Prinzip eine organisatorische Struktur gegeben wurde, die sich von den Betriebsstrukturen erwerbswirtschaftlich orientierter Unternehmungen anderer Rechtsform nicht mehr grundlegend unterschied. Der "kollektive Aktor", auf den die individuellen Leistungsvermögen freiwillig übertragen wurden, gewinnt in einem bestimmten Stadium seiner Institutionalisierung eine Wirkmächtigkeit, die ihn der Einzelverfügung entziehen muß, wenn sein Bestand nicht gefährdet werden soll - ein Prozeß, der sich im übrigen bei vielen Institutionalisierungen beobachten läßt.

Von Genossenschaften wird heute erwartet, daß sie als Unternehmen am Markt erfolgreich sind, aber auch, daß sie ihr Gebaren abweichend von den Praktiken in Unternehmen anderer Rechtsform an sozialen Normen orientieren, die das persönliche Wohlergehen des einzelnen Mitgliedes sehr wohl berücksichtigen. Dazu gehören nicht nur die Vorhaltung attraktiver und preiswerter Wohnungen und überdurchschnittliche Bestandspflege. Dazu gehören auch unbürokratische Verwaltungen und ein funktionierender Reparaturservice. Im Bereich der Eigentumsmaßnahmen werden umfassende Beratung, solide Bauqualität, technische und wirtschaftliche Nachbetreuung, nicht zuletzt aber auch Kostentransparenz erwartet. So gilt es, beide Ziele gleichzeitig zu verfolgen: mitgliedernah zu sein und wettbewerbsfähig zu bleiben. In der Semantik eines "kategorischen Imperativs" läßt sich das so formulieren: "'Handele so, daß möglichst viele Mitglieder ihre (objektiven) Interessenlagen durch die Genossenschaft berücksichtigt finden, die Genossenschaft ihrerseits dabei aber wettbewerbsfähig bleibt.'" (Draheim 1988, 68)

Wenn es denn so sein sollte, daß die ehemals mitgliederbezogene Genossenschaft abgelöst wird durch einen "neuen elastischen Unternehmungstyp, dem man wahrscheinlich noch 'Genossenschaftsähnlichkeit' attestieren könnte" (ders. 70), durch einen Unternehmungstyp, der der erwerbswirtschaftlichen Unternehmung weitgehend angeglichen wäre, aber noch genossenschaftsrechtliche Grundelemente enthält, dann muß gefragt werden, worin diese Grundelemente künftig noch bestehen sollen. Die Beantwortung dieser Frage muß rechtliche, wirtschaftliche und unternehmenskonzeptionelle oder "unternehmensphilosphische" Aspekte berücksichtigen.

XVI

Zunächst zu den rechtlichen Aspekten: Das geltende Gesellschaftsrecht bietet privatrechtlichen Personenvereinigungen, die zur Erreichung eines bestimmten gemeinsamen Zwecks gegründet werden sollen, eine Reihe vielfältig verwendbarer Organisationsmodelle. Neben den beiden im Bürgerlichen Gesetzbuch geregelten Rechtsformen, dem eingetragenen Verein (BGB §§ 21 ff.) und der Gesellschaft (BGB §§ 705 ff.) sowie den im Handelsgesetzbuch erfaßten Formen, insbesondere der Handelsgesellschaft (HGB §§ 105 ff.) und der Kommanditgesellschaft (HGB §§ 161 ff.), gibt es Organisationsformen, deren Rechtsgestalt jeweils durch Spezialgesetze geregelt ist. Hierzu zählen die Aktiengesellschaft, die Kommanditgesellschaft auf Aktien, die Gesellschaft mit beschränkter Haftung und die Erwerbs- und Wirtschaftsgenossenschaft.

Nicht jede dieser Gesellschaftsformen kann für jeden gewünschten Zweck verwendet werden. Aus unterschiedlichen Gründen hat der Gesetzgeber Beschränkungen verfügt, und zwar zum einen solche, die sich aus Schutzrechten und Schutzvorschriften erklären, zum anderen solche, die dazu dienen sollen, daß die jeweilige Funktion der Vereinigung dem am ehesten geeigneten Formtyp zugeführt wird. Das Gesetz über die Erwerbs- und Wirtschaftsgenossenschaften nennt in § 1 eine Reihe von Wirtschaftszweigen, in denen die Organisationsform "Genossenschaft" rechtlich ermöglicht wird. Zu diesen Wirtschaftszweigen gehört auch die Wohnungswirtschaft.

Die gemeinnützige Wohnungswirtschaft vereinigt in ihren Verbänden Unternehmen unterschiedlicher Rechtsform. Anders als die private

Wohnungswirtschaft kennt sie jedoch keine Unternehmen in der Rechtsform der offenen Handelsgesellschaft und der Kommanditgesellschaft.

Was bedeutet die Wahl der Rechtsform "Genossenschaft" für ein Unternehmen?

Gemäß der Legaldefinition in § 1 des Genossenschaftsgesetzes sind Genossenschaften "Gesellschaften von nicht geschlossener Mitgliederzahl, welche die Förderung des Erwerbs oder der Wirtschaft ihrer Mitglieder mittels gemeinschaftlichen Geschäftsbetriebes bezwecken". Ziel der Genossenschaft ist die Einrichtung und Aufrechterhaltung dieses gemeinschaftlichen Geschäftsbetriebes, nicht also zum Beispiel eine bloße Interessenvertretung ohne eigene betriebliche Einrichtung. Kraft ihrer Rechtsform ist die eingetragene Genossenschaft Kaufmann. Wie beim Verein gibt es bei der eingetragenen Genossenschaft keine Begrenzung der Zahl ihrer möglichen Mitglieder. Anders als bei Kapitalgesellschaften ist kein Grundkapital vorgeschrieben, das in der Satzung festzulegen und - wie bei der Aktiengesellschaft - in eine bestimmte Zahl möglicher Mitgliedsstellen oder - wie bei der GmbH - in eine bestimmte Zahl möglicher Geschäftsanteile aufzuteilen wäre. Stärker als bei anderen Rechtsformen privatrechtlicher Personenvereinigungen geht das Genossenschaftsgesetz von einer intensiven persönlichen Beteiligung der Mitglieder aus. Die Mitgliedschaft in der Genossenschaft ist Voraussetzung für die Wahl in den Aufsichtsrat oder Vorstand.

Alle Genossenschaften müssen einem Prüfungsverband angehören. Der Prüfungszwang erstreckt sich nicht nur auf die Vorschriftsmäßigkeit der Rechnungslegung (GenG, §§ 53ff.). Die Prüfung umfaßt auch die Feststellung der wirtschaftlichen Verhältnisse und der Ordnungsmäßigkeit der Geschäftsführung. Es werden also auch Zweckmäßigkeit und Effizienz der betrieblichen Einrichtungen kontrolliert. Im Bereich der gemeinnützigen Wohnungswirtschaft wird darüber hinaus geprüft, ob die Vorschriften des Wohnungsgemeinnützigkeitsgesetzes und seiner Durchführungsverordnungen eingehalten wurden.

Im Zuge der Entwicklung des Genossenschaftswesens wurde das Genossenschaftsgesetz so novelliert, daß es sich in einer Reihe von Punkten dem Gesellschaftsrecht der Kapitalgesellschaften annäherte. Wie bei Aktiengesellschaften bilden Vorstand, Aufsichtsrat und

Generalversammlung die Organe zur Bildung und Umsetzung des geschäftlichen Willens. Gemäß § 9, 2 GenG gilt jedoch der "Grundsatz der Selbstorganschaft" (Kübler 1986, 147). Dieser Grundsatz bedeutet, daß sowohl das geschäftsführende als auch das Aufsicht führende Organ von den Mitgliedern bzw. ihren Vertretern aus der eigenen Mitte gewählt wird. Dies und nur dies ist Selbstverwaltung.

In der Praxis dürfte es insbesondere bei größeren Genossenschaften heute jedoch fast immer so sein, daß die hauptamtlich tätigen Mitglieder des geschäftsführenden Organs vom Aufsichtsrat unter Professionalisierungsgesichtspunkten ausgewählt werden und vor ihrer Bestellung zur Vertretung der Genossenschaft die Mitgliedschaft erst noch erwerben müssen. Denkt man den "Grundsatz der Selbstorganschaft" konsequent durch, dann dürfte es für die Rekrutierung des Führungspersonals keine Stellenausschreibungen geben, jedenfalls keine, die über den Kreis der Mitglieder hinausgehen. Niemand wird dies angesichts der Aufgaben, die heute in der Führung einer Genossenschaft zu lösen sind, fordern können, ohne mit dem Grundsatz des verantwortungsvollen Umgangs mit einem stiftungsähnlichen gemeinschaftlichen Vermögen in Konflikt zu geraten.

Neben den häufig erst unmittelbar vor ihrer Bestellung zur Mitgliedschaft gekommenen hauptamtlichen Vorstandsmitgliedern wirken in zahlreichen Baugenossenschaften jedoch auch heute noch ehrenamtlich Vertretungsberechtigte mit. Auch heute noch wird mehr als die Hälfte der gemeinnützigen Baugenossenschaften neben- bzw. ehrenamtlich geführt. Bei den Vorständen beträgt das Verhältnis zwischen Ehrenamt und Hauptamt drei zu eins (vgl. Gesamtverband 1987, 15). Daß dies so ist, hängt mit dem Grundsatz der "Selbstorganschaft" zusammen und verleiht diesem Grundsatz weiterhin Lebendigkeit. Ohne die Einlagerung eines professionellen Elementes wäre dieser Grundsatz zumindest in größeren Genossenschaften jedoch kaum mehr praktikabel.

XVII

Die Frage lautete, welche wirtschaftlichen und unternehmenskonzeptionellen Aspekte neben rechtlichen Gesichtspunkten zu beachten sind, wenn die Grundelemente beschrieben werden sollen, die auch künftig den Unternehmenstyp "Genossenschaft" innerhalb der Wohnungswirtschaft von Unternehmen anderer Rechtsform unterscheidbar machen. Eine Verdeutlichung der wirtschaftlichen Aspekte dieser Frage ist ohne Einbeziehung politischer Umstände nicht möglich. Insbesondere gilt es, die Folgen zu erläutern, die sich aus dem anstehenden Wegfall des Wohnungsgemeinnützigkeitsgesetzes ergeben.

Das Steuerreformgesetz 1990 und die in ihm verkündete Abschaffung der Wohnungsgemeinnützigkeit haben auf die genossenschaftsrechtlichen Bestimmungen zunächst unmittelbar keinen Einfluß. Auch diejenigen Genossenschaften, die aus objektiven Gegebenheiten oder aufgrund entsprechender unternehmerischer Vorkehrungen und Entscheidungen von der in diesem Gesetz vorgesehenen Möglichkeit, als "Vermietungsgenossenschaft" auch nach der Abschaffung des Wohnungsgemeinnützigkeitsgesetzes steuerbefreit zu bleiben, keinen Gebrauch machen, müssen weiterhin einem Prüfungsverband angehören. Die Prüfung wird sich wie bisher nicht nur auf die Überwachung der Ordnungsmäßigkeit der Geschäftsführung erstrecken, sondern weiterhin auch die Kontrolle der Zweckmäßigkeit und der Effizienz der betrieblichen Einrichtungen umfassen.

Für "Vermietungsgenossenschaften" sind die Voraussetzungen der Steuerbefreiung nicht in einem wohnungsrechtlichen Sondergesetz, sondern in der Steuergesetzgebung geregelt, insbesondere in den Bestimmungen zu Körperschafts-, Gewerbe- und Vermögenssteuer. Ob eine Wohnungsbaugenossenschaft künftig steuerbefreit ist oder nicht, ist eine Frage der Regelung ihres Geschäftskreises. Andere Verhaltensbindungen - z.B. Mietpreisbeschränkungen, Dividendenbeschränkung, Vermögensbindung, Unabhängigkeit von Angehörigen des Baugewerbes - bestehen nicht mehr. Die steuerbefreit bleibenden Wohnungsbaugenossenschaften können entsprechende Bindungen und Verpflichtungen aus ihren Satzungen streichen. Die Tätigkeit der "Vermietungsgenossenschaft" hat sich im wesentlichen auf die Vermietung von hergestelltem oder erworbenem Wohnraum an Mitglieder zu beschränken. Darüber hinaus sind ihr auch die Herstellung oder der Erwerb sowie der Betrieb von Gemeinschafts- und Folgeeinrichtungen gestattet, wenn diese Einrichtungen überwiegend für Mitglieder bestimmt sind und der Betrieb durch die Genossenschaft notwendig ist. Steuerunschädlich sollen auch solche Geschäfte sein, die zur Abwicklung der begünstigten Tätigkeiten erforderlich sind und die der Geschäftsbetrieb der Vermietungsgenossenschaft mit sich bringt. Abgesehen von diesen Geschäften ist durch die am 25. Juli 1988 verkündete Änderung des § 5 Abs. 1 b Nr. 10 des Körperschaftssteuergesetzes die Steuerbefreiung ausgeschlossen, wenn die Einnahmen der Vermietungsgenossenschaften aus den nichtbegünstigten Tätigkeiten mehr als zehn Prozent der gesamten Einnahmen übersteigen. In diesem Fall ist das Einkommen aus der gesamten Geschäftstätigkeit zu versteuern.

Wenn die Einnahmen aus den nichtbegünstigten Tätigkeiten weniger als zehn Prozent der Gesamteinnahmen betragen, soll die "Vermietungsgenossenschaft" nur für diese Einnahmen aus den nicht steuerbegünstigten Tätigkeiten zu veranlagen sein. Ob eine Genossenschaft "Vermietungsgenossenschaft" ist oder nicht, hängt also von ihrer Ertragslage ab, genauer, von dem Verhältnis der Leistungsbereiche, in denen sie ihr Ergebnis erwirtschaftet. Hier gibt es zumindest in jenen Genossenschaften Entscheidungs- und Gestaltungsspielraum, in denen die nichtbegünstigten Tätigkeiten Einnahmen verursachen, die die steuerrechtlich gesetzte Grenze nicht wesentlich überschreiten. Die Entscheidung für die weitere Steuerbegünstigung impliziert allerdings den weitgehenden Verzicht auf eine Reihe von Tätigkeiten, die traditionell zum Geschäftskreis der Genossenschaften gehören und die sowohl vom Wohnungsgemeinnützigkeitsgesetz als auch von der Mustersatzung zugelassen wurden. Hierzu zählen insbesondere das Bauträgergeschäft, das heißt die Errichtung, der Verkauf und die Betreuung von Eigenheimen und Eigentumswohnungen - auch soweit Mitglieder betroffen sind - sowie die Betreuung der Modernisierung fremder Wohnungen. Ebenfalls steuerschädlich ist die Verwaltung "verschaffter Wohnungen", also auch die Verwaltung kommunaler oder sonstiger im Eigentum der öffentlichen Hand befindlicher Wohnungen. Gleiches gilt für "Nebengeschäfte", das heißt für Geschäfte, die nicht Haupt- oder Hilfsgeschäfte sind - hier steht eine endgültige Definition gegenwärtig noch aus -, für Nichtmitgliedergeschäfte, Beteiligungen an steuerpflichtigen Unternehmen, Verwaltungen von Wohnheimen und Immobilienfonds.

Auch für die Genossenschaften, die steuerpflichtig werden, entfallen die Beschränkungen, die bisher im Wohnungsgemeinnützigkeitsgesetz verfügt waren. Hierzu zählen im wesentlichen die Dividendenbegrenzung, die Vermögensbindung, die Unabhängigkeit von Angehörigen des Baugewerbes, die Beschränkung des Geschäftskreises, die Mietpreisbeschränkung, der Mustervertragszwang und die Begrenzung der Verwaltungskosten. Entscheidender Unterschied zu den Vermietungsgenossenschaften ist, daß weder in der Satzung noch in der unternehmerischen Praxis die in § 5 Abs. 1 Nr. 10 KStG als Voraussetzung für die Steuerbefreiung genannte Beschränkung des Geschäftskreises berücksichtigt werden muß. An die Stelle der bisherigen Staatsaufsicht tritt die Betriebsprüfung durch das Finanzamt.

Für die "Vermietungsgenossenschaften" gilt, daß die zur Vermeidung der Steuerpflicht erforderliche Beschränkung auf Zweckgeschäfte zugunsten der Mitglieder den Geschäftskreis stärker verengt, als sich dies bisher aus wohnungsgemeinnützigkeitsrechtlichen Vorschriften ergab. Darüber hinaus ist die Möglichkeit, Geschäfte mit Ausnahmebewilligung durchzuführen, verschlossen. Eine jede Überschreitung des steuerrechtlich bestimmten Geschäftskreises führt dazu, daß das Gesamtunternehmen in die Steuerpflicht überführt wird.

Zum gegenwärtigen Zeitpunkt noch nicht geklärt ist die Frage der dauerhaften Sicherung der bei manchen Genossenschaften bestehenden Spareinrichtungen. Nur wenn die Spareinrichtungen nicht an den Zwang zur Einhaltung des Status der steuerbefreiten "Vermietungsgenossenschaft" im Sinne von § 5 Abs. 1 Nr. 10 des Körperschaftssteuergesetzes gebunden werden, ist ihr dauerhafter Fortbestand gewährleistet.

Mit dem Fortfall der Bindungen des Wohnungsgemeinnützigkeitsgesetzes entfällt für die Baugenossenschaften auch die Baupflicht.

Eine entscheidende Änderung ergibt sich aus dem Wegfall der Vermögensbindung und der Dividendenbeschränkung. Die Entscheidungen der Mitgliederversammlungen über die Verwendung des Reingewinns werden nicht mehr durch die sich aus dem Wohnungsgemeinnützigkeitsgesetz ergebende Höchstgrenze einer vierprozentigen Gewinnausschüttung eingeschränkt. Die Vermögensbindung, die gemeinnützigen Wohnungsunternehmen unabhängig von ihrer Rechtsform bisher gesetzlich auferlegt wurde, bedeutete, daß die Anteilseigner keine Beteiligung an den Reserven des Unternehmens besaßen. Für den Fall einer Liquidation hatten sie nur Anspruch auf die einbezahlten Einlagen. Das verbleibende Restvermögen jedoch mußte wohnungsgemeinnützigen Zwecken zugeführt werden. Genossenschaftsmitglieder hatten bei ihrem Ausscheiden keinen anteiligen Anspruch auf Rücklagen oder sonstige Vermögenswerte der Genossenschaft. Sie erhielten lediglich die eingezahlten Geschäftsguthaben zurück. Nach dem

Wegfall des Wohnungsgemeinnützigkeitsgesetzes ist es bei Kapitalgesellschaften möglich, die Geschäftsanteile nach ihrer Werthaltigkeit
zu handeln oder Rücklagen in Stammkapital umzuwandeln. Im Rahmen
der jeweiligen gesellschaftsrechtlichen Bestimmungen ist es also
möglich, stille Reserven zu realisieren und zu transferieren, wenn
die Kapitaleigner dies für sinnvoll oder für erforderlich halten.

Bei denjenigen ehemaligen gemeinnützigen Wohnungsunternehmen,
deren Kapitaleigner die Kommunen sind, aber auch bei Genossenschaften gilt eine Bindung des Gesellschafts- bzw. Genossen-
schaftsvermögens im Wohnungsbestand auch nach dem Wegfall des
Wohnungsgemeinnützigkeitsgesetzes und der in diesem Gesetz veran-
kerten Vermögensbindung im allgemeinen als weitgehend gesichert.
Bei industrieverbundenen ehemaligen gemeinnützigen Wohnungsunternehmen könnte es jedoch durchaus zu Vermögenseingriffen kommen,
wenn die Muttergesellschaften aufgrund ihrer Unternehmensgesamt-
situation die Auflösung stiller Reserven für geboten halten.

Das Nebeneinander von ehemals gemeinnützigen Baugenossenschaften,
die sich für die Steuerpflicht entscheiden, künftig Steuern zahlen
werden wie gewerbliche Vermieter und sich "dann dem Profitstreben
widmen" können (Kahlen 1989), und solchen Genossenschaften, die
als "Vermietungsgenossenschaften" im Rahmen enger steuerrechtlicher
Vorschriften ihren Geschäften nachgehen, dürfte nicht unproblema-
tisch sein. Aber nicht nur dieses Nebeneinander schafft Probleme.
Die steuerpflichtig werdenden Genossenschaften haben - vom bisher
gültigen gesetzlichen Orientierungsrahmen nicht mehr eingeengt -
grundsätzliche, aber auch konkrete praktische Entscheidungen darüber zu treffen, wie denn künftig eine sozialverträgliche genossenschaftliche Wohnungswirtschaft auszusehen hat. Die "Vermietungsgenossenschaften" werden sich unter anderem damit auseinandersetzen
müssen, daß sie ihre Leistungsangebote künftig zu reduzieren haben.
Dies schafft Probleme nicht nur im Verhältnis zu Mitgliedern - etwa
solchen, die von der Genossenschaft, bei der sie Mieter waren, die
Trägerschaft oder Betreuung bei der Schaffung eigenen Wohnraumes
anstreben. Es schafft unter Umständen auch Probleme bei der Kapa-
zitätsauslastung der Mitarbeiter.

Ihrem Förderauftrag gemäß wird für beide Formen von Baugenossenschaften die Verpflichtung Bestand haben, qualitativ guten und
preiswerten Wohnraum zu bewirtschaften. Dies schließt Maßnahmen

zur Verbesserung des Wohnumfeldes ein. Dabei sollte auch die Ausrichtung an der Wohnraumversorgung einkommensschwacher Gruppen
erhalten bleiben. Richtig ist der Hinweis, daß ein "Zielsystem" (Pohl
1989, 592) geschaffen werden muß, ein Leitbild, das die "Gefahr
der Unternehmenssteuerung nur durch das Tagesgeschehen" vermeiden hilft (ebd.).

XVIII

Die Frage, worin die genossenschaftlichen Grundelemente noch bestehen sollen, wenn die Genossenschaften auch im Bereich der Wohnungswirtschaft "Transformationen in erwerbswirtschaftliche oder
verwaltungswirtschaftliche Gefüge" durchlaufen haben (Engelhardt
1988, 17), sollte nicht nur unter rechtlichen und wirtschaftlichen
Aspekten skizziert werden, sondern auch im Hinblick auf die Unter-
nehmenskonzeption, die "Unternehmensphilosophie", die während
dieses Transformationsprozesses zu entwickeln ist. Der Hinweis auf
ein "Zielsystem" berührt eben diesen Aspekt. Er thematisiert das
künftig noch mögliche Verständnis von Gemeinnützigkeit und Gemeinwirtschaft.

"Gemeinnützigkeit" und "Gemeinwirtschaft" sind inhaltlich und systematisch zu unterscheidende Begriffe. Ein erster wesentlicher Unterschied besteht in systematischer Hinsicht darin, daß "Gemeinwirtschaft" anders als "Gemeinnützigkeit" kein steuerrechtlich kodifizier-
ter Begriff ist. Auch außerhalb des Steuerrechts wird keine Legaldefinition gegeben. Der Begriff "Gemeinwirtschaft" wird einerseits
zur Bezeichnung einer globalen Wirtschaftsordnung verwendet - dann
wird er als Opponent zu "Erwerbswirtschaft" gesetzt und ist kaum
mehr vom Begriff der "Planwirtschaft" unterscheidbar (z.B. Model
1985, 814f.). Er wird andererseits aber auch verwendet zur Bezeichnung eines bestimmten Konzeptes des Sozialcharakters und der
Wirtschaftlichkeit der Bedarfsdeckung: Ziel der wirtschaftlichen
Tätigkeit ist die volkswirtschaftliche Bedarfsdeckung, nicht der
individuelle Nutzen der Wirtschaftssubjekte. Mit diesem Begriff von
"Gemeinwirtschaft" ließe sich etwa die Wirtschaft jener Betriebe
bezeichnen, deren Träger die öffentliche Hand ist.

Der Begriff "Gemeinnützigkeit" gehört zum steuerrechtlichen Voka-
bular. Die Abgabenordnung vom 16. März 1977 definiert die Krite-

rien, die erfüllt sein müssen, damit einer Körperschaft zugestanden werden kann, sie verfolge gemeinnützige Ziele. Sie tut dies dann, "wenn ihre Tätigkeit darauf gerichtet ist, die Allgemeinheit auf materiellem, geistigem oder sittlichem Gebiet selbstlos zu fördern" (AO § 52,1). Wenngleich der allgemein geltende Gemeinnützigkeitsbegriff des Steuerrechts mit dem Begriff der "Wohnungsgemeinnützigkeit" nicht gleichzusetzen ist, so definiert das Wohnungsgemeinnützigkeitsgesetz den Zweck der diesem Gesetz unterliegenden Unternehmen doch ebenfalls als Pflicht zur Gemeinwohlförderung. Das Gesetz schreibt ein förmliches Anerkennungsverfahren vor und läßt als "gemeinnützig" nur jene Wohnungsunternehmen gelten, "die ausschließlich und unmittelbar gemeinnützigen Zwecken dienen und deren wirtschaftlicher Geschäftsbetrieb über den Rahmen einer Vermögensverwaltung nicht hinausgeht" (WGG § 1,2).

Jenkis hat ausführlich belegt, daß diese Bestimmung keine "Legaldefinition" ist (Jenkis 1986, 69). Er betont die Unterschiede des in der Abgabenordnung verwendeten Begriffs der "Gemeinnützigkeit" gegenüber dem des Wohnungsgemeinnützigkeitsgesetzes: Die Gemeinnützigkeit nach der Abgabenordnung wird durch die Finanzämter festgestellt. Die Anerkennung eines Unternehmens als "gemeinnütziges Wohnungsunternehmen" wird von den Anerkennungsbehörden ausgesprochen (ebd.). Die Anerkennung gemäß dem Wohnungsgemeinnützigkeitsgesetz "enthält einen feststellenden und einen gestaltenden Verwaltungsakt, sie ist unverzicht- und unteilbar, sie verträgt weder Auflagen noch Bedingungen" (ebd.).

Für den Bereich der Wohnungswirtschaft lassen sich die Begriffe "Gemeinwirtschaft" und "Gemeinnützigkeit" aus den dargelegten inhaltlichen und systematischen Gründen nicht ineinander überführen. "Gemeinnützigkeit ist abgeleitet aus den Zielsetzungen des Staates, Gemeinwirtschaftlichkeit aus der Philosophie der jeweiligen Unternehmen bzw. Träger. Ob ein Unternehmen sich als gemeinwirtschaftlich versteht, wird von dem jeweiligen Träger, vor allem den Gewerkschaften, bestimmt. Ob es gleichzeitig gemeinnützig ist, ergibt sich aus den Zielsetzungen des Staates und wird von der Anerkennungsbehörde bestimmt." (Neumann 1983, 270)

Wenn man diese Begriffsdifferenzierung gelten läßt (vgl. kritisch Engelhardt 1988, 20), wäre folgende aktuelle Ableitung geboten: Wenn die Gemeinnützigkeit eines Wohnungsunternehmens sich aus den

Zielsetzungen des Staates ergibt und von der Anerkennungsbehörde festgestellt wird, dann gibt es diese Gemeinnützigkeit nicht mehr, wenn sie nicht mehr zu den Zielsetzungen des Staates gehört und wenn die Anerkennungsbehörden sie nicht mehr feststellen können. Vielleicht wird man sagen, dies sei keine besonders originelle Erkenntnis. Daß das Wohnungsgemeinnützigkeitsgesetz abgeschafft werde, bedeute eben, daß die Wohnungsgemeinnützigkeit nicht mehr existiere. Dabei gibt es jedoch ein Problem. Die gemeinnützige Wohnungswirtschaft hat gerade in der Diskussion um dieses Gesetz hervorgehoben, daß gemeinnütziges Verhalten älter sei als seine gesetzliche Ausformulierung. Das ist richtig und darf deshalb betont werden. Daß dieses Verhalten älter ist, bedeutet jedoch nicht, daß die Wohnungsunternehmen es nicht doch nach der Verabschiedung dieses Gesetzes sehr weitgehend mit dessen Inhalten, insbesondere mit seinen Verpflichtungen, gleichgesetzt haben. Wenn das so ist, dann ist die Befürchtung nicht grundlos, daß nach dem Wegfall dieses Gesetzes Konzeptionsprobleme auftauchen werden. Es wird sich zeigen, wie ernst die Ankündigungen zu nehmen sind, das vor dem Gesetz praktizierte gemeinnützige Verhalten werde auch nach dem Gesetz praktiziert werden. Eine derartige Ankündigung muß inhaltlich konkretisiert werden.

Der vorgeschlagene Austausch des Etiketts "gemeinnützige Baugenossenschaft" gegen den Begriff des "gemeinwohlorientierten Betriebes" (Engelhardt 1988, 24) besagt hier zunächst wenig (zum Verhältnis von Genossenschaft und Gemeinnützigkeit vgl. im übrigen z.B. Croll et al. 1982, Engelhardt 1981, Henzler 1970, Mändle 1980 und Weisser 1954). Als wichtiger Faktor ist zu bedenken, daß in der Bundesrepublik anders als in einigen westlichen Nachbarländern außerhalb der durch das Wohnungsgemeinnützigkeitsgesetz gebundenen gemeinnützigen Baugenossenschaften "ein 'privatwirtschaftliches' Selbstverständnis der Genossenschaften eindeutig Schule gemacht" hat (Engelhardt 1988, 11). Dies wird nach dem Wegfall des Wohnungsgemeinnützigkeitsgesetzes Wirkung haben. Es wird den Baugenossenschaften die Konzipierung eines nach-gemeinnützigen Unternehmensleitbildes zusätzlich erschweren.

Die Einigung auf ein Unternehmensleitbild bedeutet allgemein die "einvernehmliche Festlegung von materiellen Normen und Verfahrensrichtlinien, die Unternehmen auffordern, in bestimmten Situationen bestimmte Handlungen auszuführen oder zu unterlassen oder bestimmte Folgen und Wirkungen von Handlungen zu vermeiden oder herzustellen" (Gerum 1988). Grundzug des nach dieser Maxime gezeichneten Unternehmensleitbildes "gemeinwohlorientierter" Betriebe muß sein, was Weisser lange vor der Diskussion über das Wohnungsgemeinnützigkeitsgesetz und seinen endgültigen Wegfall so formuliert hat: Ein Unternehmen ist dann gemeinnützig - oder eben: gemeinwohlorientiert -, wenn sein Unternehmensleitbild ihm vorgibt, das Wohl einer Gesamtheit von Menschen um seiner selbst willen zu schätzen und um seiner selbst willen zu wollen (vgl. Weisser 1954, 13). Diese allgemeine Maxime muß operationalisiert, muß in Richtung konkreter Handlungsziele ausformuliert werden. Hierzu muß gehören, daß - nicht nur aus Wettbewerbsgründen - den potentiellen Nachfragern nach Wohnraum die Mehrleistung einer Genossenschaft deutlich sein muß. Hierzu gehören die Betonung des sozialen Förderauftrages, die erhöhte Mietsicherheit und die Wahrnehmung sämtlicher Vermieteraufgaben durch im Sinne der Gemeinwohlorientierung motivierte und qualifizierte Mitarbeiter - dies beinhaltet nicht nur technische und wohnungswirtschaftliche, sondern zunehmend auch soziale Betreuung.

Weiterhin sollten zum Unternehmensleitbild die Sorge um den Fortbestand der demokratischen Grundstruktur der Genossenschaft, nach Möglichkeit in Form intensivierter Mitbeteiligung und Mitbestimmung gehören. Eine Intensivierung setzt zunächst Informationsbereitschaft voraus. Hier ergibt sich aktuell für Genossenschaften angesichts der in die Unternehmensstruktur und Unternehmenspolitik umzusetzenden rechtlichen Neuregelungen eine besondere Bringschuld.

Wenn sich Baugenossenschaften auch nach dem Wegfall des Wohnungsgemeinnützigkeitsgesetzes zu einer sozialverträglichen Wohnungswirtschaft bekennen wollen, dann muß in ihnen ein Konsens darüber hergestellt werden, daß bestimmte traditionelle Verhaltensbindungen auch dann sinnvoll bleiben, wenn der Gesetzgeber ihre Einhaltung nicht mehr kontrolliert und wenn diese Einhaltung nicht mehr mit Steuerpräferenzen "abgegolten" wird. Hierzu zählt wesentlich der Verzicht auf Kapitalakkumulation mit dem Ziel sachfremder Entnahme, also der Fortbestand von Vermögensbindung, Kostendeckung und Dividendenbegrenzung.

Der Konsens hierüber wird leichter herzustellen sein, wenn das "spezifische genossenschaftliche Plus" (Pohl 1988, 599) deutlich gemacht wird. Hierzu reicht nicht die Schaffung und Vorhaltung von Wohnraum. Dies und die möglichst attraktive Gestaltung des Wohnumfeldes wird auch von anderen Vermietern geleistet. Das Plus kann aber in der wiederentdeckten Pflege der Solidarität bestehen. Anders gesagt: "Die Wohnungsgenossenschaften sind heute und in der Zukunft gut beraten, wenn sie neben der wirtschaftlichen Verfolgung des Förderungsauftrages die Genossenschaft als soziale Einrichtung weiter entwickeln." (ebd.)

Diese Weiterentwicklung, die Betonung der sozialintegrativen Kompetenz der Genossenschaften, sollte sich nicht beschränken auf eine Vergrößerung des Angebotes an sozialen Einrichtungen und sozialen Diensten sowie auf die Wiederbelebung der Mitwirkungrechte der Mitglieder - so wichtig dies alles auch ist. Genossenschaften sollten auch bemüht sein, sich an der aktuellen Diskussion um neue Formen des Wohnens, um künftige "Wohnreform" zu beteiligen. Vielleicht könnte ihre Beteiligung an dieser Diskussion unter anderem zu jener Beimengung von wohnungswirtschaftlichem Realitätssinn verhelfen, der nicht fehlen darf, wenn neue Konzepte mit der Aussicht auf eine gewisse Breitenwirkung und Dauer realisierbar gemacht werden sollen.

Neuerdings wird die These vertreten, der Wohnungsmarkt sei durch "neue Wohnleitbilder" gekennzeichnet, da "selbstnutzende Gemeinschaften" ihre "selbstgewählten sozialen Beziehungen" (gemeint sind: Nachbarschaften) in Formen des gemeinschaftlichen Lebens zu verstetigen suchten (vgl. Bärsch et al. 1989 z.B. S. 31ff.). Die bestehenden Wohnungsbaugenossenschaften werden aufgefordert, derartigen Initiativen vielfache Hilfe zu gewähren. Verschiedene Kooperationsmodelle werden vorgestellt und zur Nachahmung empfohlen (vgl. auch Cremer/Kujath 1988). Es sei dahingestellt, ob diese Modelle realisierbar sind und ob die eingeforderte Kooperation auf Dauer außerhalb jener Maßnahmen funktionieren würde, deren Fortbestand sich auch aus den besonderen Erwartungen und aus dem sozialen Druck ergäbe, denen "Pilotprojekte" während der Laborphase ausgesetzt sind. Es wäre abzuwarten, ob sich dauerhaft neuartige wohnungswirtschaftliche Strukturen bilden würden.

Die These, der Wohnungsmarkt sei von "neuen Wohnleitbildern" gekennzeichnet, generalisiert ein gruppenspezifisches Paradigma und greift zumindest vorläufig zu weit. Fraglos haben sich in der letzten Zeit die Wohnvorstellungen und auch die Wohnformen bei einer ganzen Reihe von Gruppen geändert (vgl. Siebel 1989). Unbestreitbar ist, daß es in bestimmten Gruppen - am ehesten bei solchen, deren Mitglieder kürzlich Haushalte gründeten und die deshalb noch nicht lange Wohnraum nachfragen - eine Suche nicht nur nach neuen Wohnformen, sondern auch nach einer adäquaten Verrechtlichung dieser Formen gibt. Rückgriffe auf genossenschaftliches Gedankengut und auf die von Genossenschaften erprobten Rechtskonstrukte liegen nah.

Diese Suche ergibt natürlich noch kein neues "Leitbild". Gleichwohl ist nicht auszuschließen, daß hier ein sozialer Prozeß begonnen hat, der sich - möglicherweise in vielfältigen Transformationen - im Laufe der Zeit über seine ursprünglichen Trägergruppen hinaus verbreitet. Immerhin ist dies ein nicht selten zu beobachtendes Muster sozialer Dynamik: Neuerungen in allen möglichen Lebensbereichen werden von Gruppen propagiert und praktiziert, die zunächst eher einen Außenseiter-Status besitzen und diesen häufig auch bewußt betonen. Nachdem diese Neuerungen eine gewisse Zeit von diesen Gruppen erfolgreich ausprobiert wurden, werden sie - oft inhaltlich transformiert, von ihren Ursprungsmotiven gelöst und stets hinsichtlich ihrer ökonomischen Effizienz funktionalisiert - von etablierten Gruppen und Institutionen übernommen und in den Markt gebracht.

Ob sich ein derartiger Prozeß auch im Bereich des Wohnens kurzfristig ergeben könnte, erscheint zweifelhaft angesichts der festgefügten wirtschaftlichen Einbindungen, die "Immobilien" nun einmal haben, und angesichts der Wirkung traditioneller Normen auf das Wohnverhalten und die Wohnbedürfnisse. Dennoch gibt es hier Ideen und Initiativen, die für die künftigen Vorstellungen des Wohnens nicht uninteressant sind, nicht zuletzt, weil sie wesentlich von dem Motiv bestimmt sind, die Bestände preiswerten Wohnraumes jenseits gesetzgeberischer Zweckbindungen zu sichern. Ob sie die Praxis des Wohnens nachhaltig beeinflussen können, hängt von vielen ökonomischen, sozialen und wohnungspolitischen Bedingungen ab. Zu diesen Bedingungen zählt auch die Akzeptanz, die solche Vorstellungen bei den im Markt durchgesetzten Anbietern haben. Wo es sich um wohnungswirtschaftlich vernünftige Vorschläge, insbesondere um solche zur Versorgung unterprivilegierter Nachfrager handelt, sollten sich die Wohnungsbaugenossenschaften nicht verschließen. Ohne ihr Engagement hätte eine modifizierte Neuauflage des Konzeptes genossenschaftlichen Wohnens wohl kaum eine Chance auf dauerhafte Verbreitung.

Soll sich ein neues "Wohnleitbild" tatsächlich breitenwirksam durchsetzen, ein Leitbild, das genossenschaftliches, gemeinschaftliches Eigentum zum wesentlichen Inhalt hat, dann müßten die Genossenschaften ihren möglichen neuen Mitgliedern plausibel machen, daß es sich lohnt, jenes allen kooperativen und solidarischen Konzepten anhaftende Risiko zu tragen, das die Spieltheorie als "Gefangenendilemma" bezeichnet: Daß die genossenschaftlich-solidarische Lösung gerade im Bereich des Wohnens grundsätzlich viele Vorteile bietet, werden viele einzelne zugeben. Diese vielen einzelnen werden sich aber in der Regel für diese Lösung nur dann entscheiden, wenn sie gewiß sein können, daß viele andere dies ebenfalls tun - sonst würden sie fürchten, ungünstiger optiert zu haben als diejenigen, die sich dafür entschieden haben, ihre Einzelinteressen zu verfolgen. Das aber bedeutet - und hier liegt das Dilemma: Bei der Entscheidung für die solidarische Lösung fordern die Träger der Entscheidung jene Solidarität bereits ein, die sich doch erst als Folge ihrer Entscheidung ergibt.

Ein solches grundsätzliches Dilemma läßt sich nicht vollständig beseitigen, schon gar nicht ausschließlich aus den Genossenschaften heraus. Diese können die Vorteile der Option für die solidarische Lösung jedoch verdeutlichen, und zwar nicht zuletzt, indem sie auf ihre traditionelle Solidarkompetenz verweisen - und indem sie diese gleichzeitig entschlossen wiederbeleben. Die Genossenschaft als "soziale Einrichtung" weiter zu entwickeln, wird demjenigen leichter möglich sein, dem bewußt ist, daß er damit eine demokratische Tradition fortführt, die am Beginn der Bewegung entstand. In der Fortführung dieser Tradition liegt die Chance, die zukünftigen Ziele zu formulieren und sie auch zu erreichen.

Anmerkung

(1) Die folgenden, in die Geschichte der Genossenschaftsbewegung greifenden Ausführungen verstehen sich lediglich als Randnotizen zu einer systematischen Historiographie dieser Bewegung. Vieles kann hier nur angedeutet werden. Manches muß unerwähnt bleiben. Nicht nachgegangen wird etwa der Geschichte einzelner baugenossenschaftlicher Gründungen, ihrer Verwurzelung in der christlich-sozialen oder der gewerkschaftlich organisierten Arbeiterschaft sowie den Gründungshilfen durch ein sozialreformerisch engagiertes Bürgertum und anderen, für eine Historie des modernen Genossenschaftswesens wichtigen Zusammenhängen. Dazu sei verwiesen auf eine Reihe von genossenschaftsgeschichtlichen Darstellungen und theoretischen Arbeiten, die einen wesentlich breiteren Ansatz wählen und dabei umfangreiches Material präsentieren (z.B. Back 1958, Engelhardt 1985, Engelhardt/Thiemeyer 1980ff., Engelhardt/Thiemeyer 1988, Faust 1977, Gierke 1988, Jenkis 1973, Novy 1983, Novy/Prinz 1985, Peters 1984, Tillmann 1980, Weisser 1971).

In der Geschichte des Wohnens ist die Entstehung und Entwicklung der Baugenossenschaften lediglich ein Kapitel. Hier sollen zu diesem Kapitel nur historische Randbemerkungen gegeben werden. Man wird also keine Sozialgeschichte des Wohnens erwarten. Eine derartige Sozialgeschichte setzt detaillierte alltagsgeschichtliche Forschungen voraus, um die sich Historiker und Sozialwissenschaftler seit einiger Zeit bemühen (vgl. z.B. die beiden Sammelbände von Niethammer 1979 und Teuteberg 1985).

Entstehung und Entwicklung der deutschen Baugenossenschaften können nicht beschrieben werden, ohne auf die Wohnreformbewegung einzugehen. Auch dies kann hier jedoch weder mit systematischem Anspruch noch in extenso geschehen. Hier liegen andernorts ausführliche, materialreiche Darstellungen vor (vgl. z.B. Bullock/Read 1985 und Teuteberg/Wischermann 1985).

In der Geschichte des Wohnens hat der Beitrag der öffentlichen Hände, insbesondere der Kommunen, größere Bedeutung als mancherorts dargestellt. Hier kann dieser Beitrag nicht im einzelnen geschildert werden. Im übrigen liegen Forschungen vor, auf die verwiesen sei (z.B. Berger-Thimme 1976, Blumenroth 1975, Brandert 1984,

Häring 1974, Rodriguez-Lores/Fehl 1988, bes. 242-340, von Saldern 1988).

Die Baugenossenschaften sind nicht die einzige Selbsthilfebewegung, die in einer Sozialgeschichte des Wohnens beschrieben werden müßte. "Wildes Siedeln" und Kleinsiedlungsbau sind ein weiteres wichtiges Kapitel in der Selbsthilfebewegung des Siedelns, das neuerdings in der Forschung aufgearbeitet wird (vgl. Harlander et al. 1988), hier aber vernachlässigt werden muß.

Literaturverzeichnis

Back, J.M., Genossenschaftsgeschichte, in: Handwörterbuch der Betriebswirtschaft, 3. Aufl., Bd. 2, Stuttgart 1958, Sp. 2191-2210

Bärsch, J., Cremer, C., Novy, Kl., Neue Wohnprojekte, alte Genossenschaften: Kooperationsformen zur Bestandssicherung im Wohnungssektor, Darmstadt 1989

Berger-Thimme, D., Wohnungsfrage und Sozialstaat. Untersuchungen zu den Anfängen staatlicher Wohnungspolitik in Deutschland (1873-1918), Frankfurt a.M. Bern 1976

Bernsdorf, W. (Hg.), Wörterbuch der Soziologie, 2. Aufl., Stuttgart 1969

Bernsdorf, W., Bülow, Fr. (Hg.), Wörterbuch der Soziologie, Stuttgart 1955

Bludau, K., Nationalsozialismus und Genossenschaften, Hannover 1968

Blumenroth, U., Deutsche Wohnungspolitik seit der Reichsgründung, Münster 1975

Böhme, H., Prolegomena zu einer Sozial- und Wirtschaftsgeschichte Deutschlands im 19. und 20. Jahrhundert, 8. Aufl., Frankfurt a.M. 1981

Brandert, S., Wohnungspolitik als Sozialpolitik. Theoretische Konzepte und praktische Ansätze in Deutschland bis zum ersten Weltkrieg, Berlin 1984

Brech, J. (Hg.), Neue Wohnformen in Europa, Darmstadt 1989

Brecht, J., Die Betriebsleistungen der Wohnungsunternehmen, in: Brecht, J., Klabunde, E. 1950, 69-181

Brecht, J., Klabunde, E., Wohnungswirtschaft in unserer Zeit. Hg. vom Verband norddeutscher Wohnungsunternehmen anläßlich seines 50jährigen Bestehens und des Inkrafttretens des Ersten Bundes - Wohnungsbaugesetzes, Hamburg 1950

Brede, H., Kujath, H.J., Finanzierung und Wirtschaftlichkeit des Kleinwohnungsbaus. Zu den Marktwiderständen und der Reformökonomie bis 1914, in: Rodriguez-Lores, J., Fehl, G. (Hg.) 1988, 135-156

Bullock, N., Read, J., The movement for housing reform in Germany and France 1840-1914, Cambridge 1985

Cremer, C., Kujath, H.J., Neue Aufgaben für gemeinnützige Wohnungsbaugenossenschaften, in: Der langfristige Kredit 1988, 236-241

Croll, W., Schramm, B., Klußmann, H.-J., Genossenschaften sind keine Gemeinwirtschaften! In: Genossenschaftsforum 1982, 198-201

Dahrendorf, R., Konflikt und Freiheit, München 1972

Danto, A.C., Analytische Philosophie der Geschichte, Frankfurt a.M. 1980

Draheim, G., Aktuelle Grundsatzprobleme des Genossenschaftswesens, in: Engelhardt, W.W., Thiemeyer, Th. (Hg.) 1988, 65-77

Drupp, M., Zur sozialpolitischen Instrumentalfunktion von Genossenschaften im Rahmen zielgruppenbezogener Wohnversorgung, in: Engelhardt, W.W., Thiemeyer, Th. (Hg.) 1987, 113-124

Engelhardt, W.W., Das Verhältnis von Genossenschaftswesen und Gemeinwirtschaft, in: Archiv für öffentliche und freigemeinwirtschaftliche Unternehmen, Bd. 13, Göttingen 1981, 97-122

Engelhardt, W.W., Allgemeine Ideengeschichte des Genossenschaftswesens, Darmstadt 1985

Engelhardt, W.W., Zu einer morphologischen Theorie des Wandels der Genossenschaften - Bemerkungen zur ideen-, real- und dogmengeschichtlichen Entwicklung gemeinwirtschaftlicher/gemeinwohlorientierter Kooperativen, in: Engelhardt, W.W., Thiemeyer, Th. (Hg.) 1988, 1-25

Engelhardt, W.W., Thiemeyer, Th. (Hg.), Schriften zum Genossenschaftswesen und zur Öffentlichen Wirtschaft, Berlin 1980ff.

Engelhardt, W.W., Thiemeyer, Th. (Hg.), Gesellschaft, Wirtschaft, Wohnungswirtschaft. Festschrift für Helmut Jenkis, Berlin 1987

Engelhardt, W.W., Thiemeyer, Th. (Hg.), Genossenschaft - quo vadis? Eine neue Anthologie, Zeitschrift für öffentliche und gemeinwirtschaftliche Unternehmen, Beiheft 11, Baden-Baden 1988

Faust, H., Geschichte der Genossenschaftsbewegung, 3. Aufl., Frankfurt a.M. 1977

Fehl, G., "Der Kleinwohnungsbau, die Grundlage des Städtebaus"? Von "offenen Kleinwohnungen" in Berlin und vom unbeirrt seit 1847 verfolgten Reformprojekt der "abgeschlossenen Kleinwohnung", in: Rodriguez-Lores, J., Fehl, G. (Hg.) 1988, 95-134

Forsthoff, E., Der totale Staat, Hamburg 1933

Freyer, H., Schwelle der Zeiten, Stuttgart 1965

Führ, E., Stemmrich, D., Nach gethaner Arbeit verbleibt im Kreise der Eurigen. Arbeiterwohnen im 19. Jahrhundert, Wuppertal 1985

Gehlen, A., Einblicke. Gesamtausgabe Bd. 7, Frankfurt a.M. 1978

Gehlen, A., Schelsky, H. (Hg.), Soziologie, 5. Aufl., Düsseldorf Köln 1964

Gerum, E., Teures Defizit, in: Die ZEIT Nr. 18 vom 28. Apil 1989

Gesamtverband Gemeinnütziger Wohnungsunternehmen e.v., Erste Stellungnahme zum Gutachten der Unabhängigen Kommission zur Prüfung der steuerlichen Regelungen für gemeinnützige Wohnungs- und Siedlungsunternehmen, Materialien Heft 14, Köln 1985

Ders., Tag der Deutschen Wohnungsbaugenossenschaften Wiesbaden 1984. Eine Dokumentation, Köln 1985a

Ders., Der lange Weg. Positionen der Gemeinnützigen Wohnungswirtschaft, Köln 1986

Ders., Wohnen bei Genossenschaften, Köln 1987

Ders., Zahlen Daten Fakten, Köln 1987a

Ders., Die Wohnungsgemeinnützigkeit im Widerstreit der Interessen, Materialien Heft 22, Köln 1988

Ders., Arbeitsbericht 1988/89, Ms., Köln April 1989

Gibowski, W.G., Quittung für die Union. in: Die ZEIT Nr. 12 vom 17. März 1989

Gierke, O. von., Perioden der Rechtsgeschichte der deutschen Genossenschaft und insbesondere die "freie Association" (1868), Wiederabdruck in: Engelhardt, W.W., Thiemeyer, Th. (Hg.) 1988, 26-38

Gutachten der Unabhängigen Kommission zur Prüfung der steuerlichen Regelungen für gemeinnützige Wohnungs- und Siedlungsunternehmen. Hg. vom Bundesministerium der Finanzen, Schriftenreihe des Bundesministeriums der Finanzen, Heft 35, Bonn 1985

Habermas, J., Die Neue Unübersichtlichkeit, Frankfurt a.M. 1985

Habermas, J. (Hg.), Stichworte zur "Geistigen Situation der Zeit", 2 Bde., Frankfurt a.M. 1979

Hämmerlein, H., Die steuerfreie Vermietungsgenossenschaft, in: Deutsche Wohnungswirtschaft, 1988, 309-313

Häring, D., Zur Geschichte und Wirkung staatlicher Interventionen im Wohnungssektor, Hamburg 1974

Hamm, H., Wohnungsbau 1988 - Umschwung auf den Wohnungsmärkten, in: Bundesbaublatt, April 1989, 172-175

Harlander, T., Abschaffung der Wohnungsgemeinnützigkeit - Ende des sozialen Wohnungsbaus? In: Prigge, W., Kaib, W. (Hg.) 1988, 46-55

Harlander, T., Hater, K., Meiers, Fr., Siedeln in der Not. Umbruch von Wohnungspolitik und Siedlungsbau am Ende der Weimarer Republik, Hamburg 1988

Hengsbach, Fr., Gegen die Blockade. Soziale Bewegungen haben den Kapitalismus ethisch verwandelt, in: Die ZEIT Nr. 17 vom 21. April 1989

Henzler, R., Der genossenschaftliche Grundauftrag: Förderung der Mitglieder, Frankfurt a.M. 1970

Infield, H.F., Genossenschaften, in: Bernsdorf, W. (Hg.) 1969, 345-349

Jantke, C., Vorindustrielle Gesellschaft und Staat, in: Gehlen, A., Schelsky, H. (Hg.) 1964, 93-120

Jenkis, H.W., Ursprung und Entwicklung der gemeinnützigen Wohnungswirtschaft - eine wirtschafts- und sozialgeschichtliche Darstellung, Bonn Hamburg 1973

Jenkis, H.W., Genossenschaftlicher Förderungsauftrag und Wohnungsgemeinnützigkeit - ein Widerspruch? Hamburg 1986

Jonas, Fr., Sozialphilosophie der industriellen Arbeitswelt, 2. Aufl., Stuttgart 1974

Kahlen, R., Flickwerk im Wohnungsbau, in: Die ZEIT Nr. 3 vom 13. Januar 1989

Karthaus, Fr. et al., Baugenossenschaften - die schwierige Selbstorganisation des Häuserbaus, in: Novy et al. 1985, 61-102

Kastorff-Viehmann, R., Kleinwohnung und Werkssiedlung. Zur Erziehung des Arbeiters durch Umweltgestaltung, in: Rodriguez-Lores, J., Fehl, G. (Hg.) 1988, 221-241

Klabunde, E., Grundlagen, in: Brecht, J., Klabunde, E. 1950, 7-65

König, R., Soziologie der Familie, in: Gehlen, A., Schelsky, H. (Hg.) 1964, 121-158

Kornemann, R., "Ausgangstatsachen" für das Entstehen der Wohnungsgemeinnützigkeit, in: Engelhardt, W.W., Thiemeyer, Th. (Hg.) 1987, 125-137

Koselleck, R., Kritik und Krise. Eine Studie zur Pathogenese der bürgerlichen Welt, 3. Aufl., Frankfurt a.M. 1979

Krischausky, D., Mackscheidt, Kl., Wohnungsgemeinnützigkeit, Köln Berlin Bonn München 1984

Kübler, Fr., Gesellschaftsrecht. Die privatrechtlichen Ordnungsstrukturen und Regelungsprobleme von Verbänden und Unternehmen, 2. Aufl., Heidelberg 1986

Mackensen, R., Die Entwicklung der Bevölkerung und der Haushalte in der Bundesrepublik Deutschland bis zum Jahr 2040. Arbeitspapier zu einem am 23.09.1986 während der Ersten Bad Kreuznacher Tage des Verbandes rheinischer Wohnungsunternehmen e.V. gehaltenen Vortrag.

Mackscheidt, Kl., Der genossenschaftliche Förderungsauftrag im System der sozialen Marktwirtschaft, in: Gesamtverband 1985a, 6-17

Mändle, E., Gemeinwirtschaft und Genossenschaft, in: Mändle, E., Winter, H.-W. (Hg.) 1980, Sp. 594-611

Mändle, E., Winter, H.-W. (Hg.), Handwörterbuch des Genossenschaftswesens, Wiesbaden 1980

Mersmann, A., Wirtschaftliche Selbsthilfe und Selbstverwaltung als politische Bewegung, in: Novy et al. 1985, 17-38

Mitscherlich, A., Die Unwirtlichkeit unserer Städte, 5. Aufl., Frankfurt a.m. 1968

Model, O., Staatsbürger-Taschenbuch. Fortgef. von Carl Creifelds und Gustav Lichtenberger, 22. Aufl., München 1985

Müller, W., "Zahlen sind Symbole des Vergänglichen", in: Gemeinnütziges Wohnungswesen, 1989, 200-201

Neumann, M., Der genossenschaftliche Förderungsauftrag und die Wohnungsgemeinnützigkeit im Wohnungswesen im System der sozialen Marktwirtschaft, in: Zeitschrift für das Gemeinnützige Wohnungswesen in Bayern, 1983, 269-272

Niethammer, L., Kein Reichswohnungsgesetz! Zum Ansatz deutscher Wohnungspolitik 1890-1898, in: Rodriguez-Lores, J., Fehl, G. (Hg.) 1988, 52-73

Niethammer, L. (Hg.), Wohnen im Wandel. Beiträge zur Geschichte des Alltags in der bürgerlichen Gesellschaft, Wuppertal 1979

Novy, Kl., Genossenschafts-Bewegung. Zur Geschichte und Zukunft der Wohnreform, Berlin 1983

Novy, Kl., Prinz, M., Illustrierte Geschichte der Gemeinwirtschaft, Berlin Bonn 1985

Novy, Kl. et al. (Hg.), Anders leben. Geschichte und Zukunft der Genossenschaftskultur, Berlin Bonn 1985

Peters, K.-H., Wohnungspolitik am Scheideweg. Wohnungswesen, Wohnungswirtschaft, Wohnungspolitik, Berlin 1984

Pfeiffer, U., Auf Sand gebaut. Ein Programm gegen den Wohnungsmangel, in: Die ZEIT Nr. 12 vom 17. März 1989

Pohl, H., Wie geht es weiter? Wohnungsgenossenschaften im Wandel der Zeit, in: Gemeinnütziges Wohnungswesen 1988, 590-599

Prigge, W., Kaib, W. (Hg.), Sozialer Wohnungsbau im internationalen Vergleich, Frankfurt a.m. 1988

Rodriguez-Lores, J., Fehl, G. (Hg.), Die Kleinwohnungsfrage. Zu den Ursprüngen des sozialen Wohnungsbaus in Europa, Hamburg 1988

Saldern, A. von, Kommunale Wohnungs- und Bodenpolitik in Preußen 1890-1914, in: Rodriguez-Lores, J., Fehl, G. (Hg.) 1988, 74-94

Samuelson, P.A., Volkswirtschaftslehre, 2 Bde., 7. Aufl., Köln 1981

Siebel, W., Wandlungen im Wohnverhalten, in: Brech 1989, 13-40

Simon, H.-V., Konsequent zu Ende gedacht! Wie denken wir über das gemeinnützige Verhalten nach Fortfall des WGG? In: Gemeinnütziges Wohnungswesen 1989, 166-169, 183

Smith, A., Theorie der sittlichen Gefühle, Leipzig 1791

Steinert, J., Die gemeinnützige Wohnungswirtschaft in der sozialen Marktwirtschaft, in: Engelhardt, W.W., Thiemeyer, Th. (Hg.) 1987, 269-278

Teuteberg, H.J. (Hg.), Homo habitans. Zur Sozialgeschichte des ländlichen und städtischen Wohnens in der Neuzeit, Münster 1985

Teuteberg, H.J., Wischermann, Cl. (Hg.), Wohnalltag in Deutschland 1850-1914, Münster 1985

Tillmann, H., Genossenschaft, in: Bernsdorf, W., Bülow, Fr. (Hg.) 1955, 157-161

Tillmann, H., Genossenschaftsgeschichte, in: HdG 1980, Sp. 757-794

Verband rheinischer Wohnungsunternehmen e.V., Sonderrundschreiben NW 4 vom 04. April 1989

Vogt, W., Politische Ökonomie 1979, in: Habermas, J. (Hg.) 1979, Bd. 1, 381-407

Weber, M., Wirtschaft und Gesellschaft, 5. Aufl., Tübingen 1976

Weiland, A., Die Arbeiterwohnungsfrage in der Sozialdemokratie und den Arbeitervereinigungen bis zur Jahrhundertwende, in: Rodriguez-Lores, J., Fehl, G. (Hg.) 1988, 27-51

Weisser, G., Die Lehre von den gemeinwirtschaftlichen Unternehmen, in: Archiv für öffentliche und freigemeinwirtschaftliche Unternehmen, Bd. 1, Göttingen 1954, 3-33

Weisser, G., Genossenschaften, Hannover 1968

Weisser, G. (Hg.), Genossenschaften und Genossenschaftsforschung, 2. Aufl., Göttingen 1971

Wiegand, G., Gemeinnützige Wohnungsunternehmen, Hamburg 1962

Bildnachweis

Text Betker/Hater, S. 31-56

Abb. 1 u. 2: Archiv der Aachener Volkszeitung (AVZ)
Abb. 3 bis 7: Privatarchiv R. Kugelmeier

Text Gödde, S. 57-88

Abb. 1: eigene Darstellung
Abb. 2: Privatarchiv R. Kugelmeier
Abb. 3 u. 4: Archiv der Aachener Volkszeitung (AVZ)
Abb. 5: Kirchenzeitung für das Bistum Aachen
      oben links: 1952 Nr. 10, S. 7
      oben rechts: 1954 Nr. 12, S. 6
      unten links: 1955 Nr. 11, S. 8
      unten rechts: 1956 Nr. 11, S.11
Abb. 6: Kirchenzeitung für das Bistum Aachen 1951 Nr. 9, Titelseite
Abb. 7: Privatarchiv R. Kugelmeier

Text Hater, S. 89-115

Abb. 1 bis 8: Privatarchiv R. Kugelmeier

Text Betker/Gödde, S. 117-166

Abb. 1: Darstellung der Standorte im amtlichen Plan der Stadt
Aachen von 1949 (stark verkleinert), Archiv des Planungsamtes
Abb. 2 u. 3: eigene Darstellung auf Grundlage der Pläne des Kataster-
amtes der Stadt Aachen und der Akten der Eigenheimbau
Aachen e.G.m.b.H.
Abb. 4 u. 5: Privatarchiv R. Kugelmeier
Abb. 6: eigene Photographie
Abb. 7: Privatarchiv Familie Thelen
Abb. 8: eigene Photographie

Abb. 9 u. 10: eigene Darstellung auf Grundlage der Pläne des Katasteramtes der Stadt Aachen und der Akten der Eigenheimbau Aachen e.G.m.b.H.

Abb. 11 bis 14: eigene Photographien

Abb. 15: eigene Darstellung auf Grundlage der Pläne des Katasteramtes der Stadt Aachen und der Akten der Eigenheimbau Aachen e.G.m.b.H.

Abb. 16 u. 17: eigene Photograhien

Abb. 18: eigene Darstellung auf Grundlage der Pläne des Katasteramtes der Stadt Aachen und der Akten der Eigenheimbau Aachen e.G.m.b.H.

Abb. 19: Archiv der Eigenheimbau Aachen e.G.m.b.H.

Abb. 20 u. 22: Privatarchiv R. Kugelmeier

Abb. 21 u. 23: eigene Photographien

Abb. 24: Privatarchiv R. Kugelmeier

Abb. 25: Festschrift zur Grundsteinlegung der Siedlung Hörnhang 1949

Abb. 26 u. 27: Archiv der Eigenheimbau Aachen e.G.m.b.H.

Abb. 28: eigene Darstellung auf Grundlage der Bauakten der Eigenheimbau Aachen e.G.m.b.H.

Abb. 29 u. 30: Privatarchiv R. Kugelmeier

Abb. 31: eigene Darstellung auf Grundlage der Bauakten der Eigenheimbau Aachen e.G.m.b.H.

Abb. 32: Privatarchiv R. Kugelmeier

Abb. 33 bis 37: eigene Photographien

Text Wahlen I, S. 167-218

Abb. 1: Archiv der Eigenheimbau Aachen e.G.m.b.H.

Abb. 2 bis 5: Stadtarchiv Aachen

Abb. 6 bis 31: Archiv der Eigenheimbau Aachen e.G.m.b.H.

Autoren

Frank Betker, geb. 1960, Studium der Stadtplanung und Sozialwissenschaften an der RWTH Aachen

Dipl.-Ing. Hermann Gödde, geb. 1958, Stadtplaner; bis 1987 wissenschaftlicher Angestellter am Lehrstuhl für Planungstheorie der RWTH Aachen, z. Z. Städtebaureferendar in NW; Lehrbeauftragter an der Fachhochschule Aachen

Dr. rer. pol. Tilman Harlander, geb. 1946, Soziologe; Akademischer Rat am Lehrstuhl für Planungstheorie der RWTH Aachen; Arbeits- und Forschungsschwerpunkte Wohnungspolitik und Siedlungswesen

Katrin Hater M.A., geb. 1957, Soziologin; verschiedene Forschungsarbeiten und Gutachtertätigkeiten in den Bereichen Siedlungswesen und Sozialverträglichkeit

Dr. phil. Heinrich Wahlen, geb. 1951; seit 1976 Forschungstätigkeit an der RWTH Aachen; seit 1984 Mitarbeiter, seit 1985 Vorstand der Eigenheimbau Aachen e.G.; seit 1989 Vorstand der GEHAG, Gemeinnützige Heimstätten-Aktiengesellschaft, Berlin und der SaGeBau-AG, Sanierungs- und Gewerbebau-Aktiengesellschaft, Aachen